臺灣歷史與文化 研究輯刊

十 四 編

第 10 冊

當代臺灣布袋戲「主演」之研究（上）

劉信成 著

花木蘭文化事業有限公司

國家圖書館出版品預行編目資料

當代臺灣布袋戲「主演」之研究（上）／劉信成 著 — 初版 —
新北市：花木蘭文化事業有限公司，2018〔民107〕
序4+ 目4+172 面；19×26 公分
（臺灣歷史與文化研究輯刊十四編；第10冊）
ISBN 978-986-485-593-3（精裝）
1. 布袋戲 2. 臺灣
733.08   107012698

ISBN-978-986-485-593-3

9 789864 855933

臺灣歷史與文化研究輯刊
十四編　第十冊   ISBN：978-986-485-593-3

當代臺灣布袋戲「主演」之研究（上）

作　　者　劉信成
總 編 輯　杜潔祥
副總編輯　楊嘉樂
編　　輯　許郁翎、王筑　美術編輯　陳逸婷
出　　版　花木蘭文化事業有限公司
發 行 人　高小娟
聯絡地址　235 新北市中和區中安街七二號十三樓
　　　　　電話：02-2923-1455／傳真：02-2923-1452
網　　址　http://www.huamulan.tw 信箱 hml810518@gmail.com
印　　刷　普羅文化出版廣告事業
初　　版　2018 年 9 月
全書字數　283080 字
定　　價　十四編 16 冊（精裝）台幣 38,000 元

當代臺灣布袋戲「主演」之研究（上）

劉信成　著

作者簡介

劉信成，國立中央大學中國文學系博士。跟隨已故戲劇大師王生善教授習修編、導多年，碩論《臺灣「歌仔戲導演」之探討》為國內第一本研究臺灣本土戲曲導演之論文。曾獲教育部全國文藝創作獎。曾任臺北城市科技大學、致理技術學院、華梵大學、國立台灣戲曲學院兼任講師。曾專職黃梅戲、歌仔戲、客家戲、布袋戲等劇團專任研究助理、企劃行政專員及執行製作。著有《台灣客家外台札記》、布袋戲劇本《鯤島奇俠》、《高平關》、《雙龍護斗》、舞台劇劇本《明天》。導演《黑金英雄淚》、《高平關》、《劈山救母》、《雙龍護斗》等北管布袋戲。於各大學學報及國際學術研討會議發學術論文十餘篇、以及四十餘篇有關戲曲之期刊。

提　　要

　　布袋戲是臺灣目前擁有最多劇團、最多觀眾、生命力最強的劇種之一，最具代臺灣文化特色的傳統表演藝術。其源自於大陸閩南地區，隨著閩南移民傳入臺灣，受到本土自然環境與時代變遷的影響，與民眾的生活產生密切關係，為順應臺灣環境的變遷，其演出的題材、形式、排場與場合、戲偶的造型/構造與操作方式、後場音樂的形制，甚或組織結構等，皆產生種種變革與新的藝術觀點，發展出獨具色彩的一門表演藝術。

　　本論文乃探討「人」的表演為議題，所取材研究範疇以「當代」布袋戲主演為主，1980年代以降，本土意識抬頭，官方及民間開始重視本土傳統文化，民間戲班除了平日「民戲」演出形式外，亦多了「文化場」演出場域，使得布袋戲藝人為了爭取演出機會，提昇個人或各派的知名度，就得考量藝術內容、形式的發展與創新，費盡心思端出自家的拿手技藝來凸顯其藝術，以期受人青睞與重視。本論文為避免僅藉由史料上的文字記錄，而流於寫作上過於主觀性的判斷，故以向活躍於當今舞台的演師為主要考察、訪談、研究對象。

　　臺灣布袋戲各時期有著不同指標性的演出內容與形式，從「古冊戲」→「劍俠戲」→「金光戲」，以至現今的「文化場」型態等，各時期的劃分其實並不明顯，各有其重疊的部分。就演師個人的生長過程，多數劍俠戲的演師大多出身於源自傳統鑼鼓的古冊戲時期、而金光時期的演師亦多走過劍俠階段，呈現是一脈相連、交疊發展且不可切斷之關係。本論文採集目標盡量能涵蓋老、中、青等各年齡層之演師，分別就「主演」對關目編排、場上五音與口白的運用、操偶的技藝，與後場音樂、布景特效等場上的配合，做分析與探討，印證「主演」有其編、導之功能，是影響整齣戲的呈現，為掌一劇成敗之舵者。

自　序

　　閩南語（臺語）是從小在日常生活所用的母語，小時候在家附近習以常見的演出不外乎大多是講臺語的外台的「歌仔戲」或「布袋戲」。記得兒時，個頭小常鑽於「外台歌仔戲」戲棚下，感覺到頭頂上的戲台地（木）板被演員踩著乒乒乓乓地作響，雖不知到底演得有多精彩，甚至爬上戲棚前沿盯著正跪在台上演出的苦旦，聽不懂她在唱些甚麼？唱得有多苦、多悲？總注意到眼睛底下順次畫著幾點銀色的妝，看似眼淚般，心想好假，連眼淚都要用畫的。雖是與演員近距離的相望，演員卻私毫不受面前的陌生小孩所影響。

　　在家鄉看到臺南市開山路（俗稱小南）小城隍廟前及附近整排騎樓下盛演著布袋戲、或有蔓延至店（住）家的二樓、或三樓、或四樓的陽台上，也是排排的布袋戲演出，即在同一時間裡至少有著一、二十棚的演出，喇叭聲、鞭炮聲……好不壯觀的場面！甚或記憶中，好像常夢見「外台布袋戲」的場景，而布袋戲尫仔無人操弄，卻是一尊尊自動地走在繫於舞台鐵架上的繩子巡繞，行至眼前的戲尫仔即對著我微笑。此同樣畫面的夢境，還不僅於一次，每次夢醒景象依稀歷歷在目，不禁感覺毛毛的。五、六歲時，臺灣正激起一股黃俊雄電視布袋戲「史艷文」的熱潮，擁有的玩具就只有「尫仔標」（ang-á-piāo；小小圓圓直徑只有幾公分的紙牌，周圍剪裁成圓滑的鋸齒狀，上面印有布袋戲、卡通、電視劇角色……等各種圖）、及兩尊塑膠製的史艷文、孫悟空的布袋戲尫仔。現在回想起來，這是否早已注定與本土戲曲有著一種無可言語之緣份。

　　自大二時就一直跟隨恩師王生善（1921～2003）學習編導課程，及至唸

碩班之時，堅持就是要撰寫以「導演」爲研究方向的碩士論文，幾經王生善老師的開導與建議，最後終以屬於自己母語的劇種──《臺灣「歌仔戲導演」之探討》論文取得學位。畢業後，卻工作流離不定，原蒙恩師曾永義老師推荐我參與文建會的「重要民族藝師保存與傳習計畫」，至雲林投入記錄「黃海岱」之工作，卻在陰錯陽差之際，當聯絡上時，就差那麼一天，另有研究生早已報到了。一晃八個多月後，曾師再引薦至「小西園」，做的同樣是保存傳習計畫。雖與紅岱伯沒緣，反而與許伯伯（許王）結緣，布袋戲也從此深入了我的生活之中，故此亦逐漸結識更多布袋戲業界好友。

二十多年來接觸布袋戲的機會頻繁，以及對臺灣本土劇種的情感與經驗，當然在立定撰寫博士論文時，就抱著與碩班時同樣的堅持，以「戲曲導演」爲研究方向的心態。再反思於布袋戲的演出過程中，其「主演」可說是扮演著功不可沒的角色，擔負著不可或缺之職責，在表演藝術上其效應更影響了整齣戲的呈現，深具編、導之功能，因此本論文題目也就是博士論文所談論之內容。雖然沒有延續（伸）、拓展碩論臺灣歌仔戲導演，甚或臺灣戲曲導演之議題。但終也讓我在碩、博論兩階段中，能夠更深入的接觸、了解臺灣最具生命力、勢力範圍最大的兩個劇種。

做本土戲曲之研究，參閱、研析歷年來前輩們的研究成果與文獻記載是必要的、也是基礎功課。除此之外，深耕田調的觀察與記錄更是最重要之工作。也隨著年紀、經驗的增長，深感與藝人的接觸訪談與記錄，不只是爲採訪而設題問。熟識到博感情，受訪者談話或交流之中自然流露的言語，所表達出來的言詞大多是直率的，鮮少會經過太多修飾後才回應所問，往往會有意料不到的內容。尤其做本土藝人的訪談用最直接、最能貼近藝人習慣的閩南語（臺語）來進行訪談，亦可看出藝人講話的習慣與態度，更能拉近與藝人之間的距離。故本論文所採用的訪談記錄，大多盡以逐字稿的方式表示，期能呈現藝人當下的態度與想法。

本論文之考察對象，除了本身二十多年來所認識交往的業界友人外，更要感謝江武昌學長帶著我、引薦我結識北、中、南部值得受訪的布袋戲藝人，提供我許多珍貴資料，有了武昌學長的幫忙，讓我在訪談的過程中備受禮遇、相當順遂。論文的撰寫過程可真是「一步一腳印」，總是追著時間跑，走過撞牆期、焦慮期、躁鬱期……等起伏不定的心路歷程，多虧指導教授國俊老師的鼓勵、耐心指點、提醒。茲本論文得以出版，也是國俊老師所促

成，由衷地致上萬分的感恩之心。

　　由於本文時是爲博士論文而撰寫，所採用、記錄之資料內容僅止於 2014年。隨著時間流逝，不僅現實環境漸有變易，尤其這兩、三年文內所及藝人也有相繼離世者，故於出版前夕還是僅能做局部修正。當然其中必還有見識未及或錯繆之處，亦尚祈　各位方家不吝賜正。

　　　　　　　　　　　　2018/4/10臺北市內湖新明路租屋

目

次

表目次

第一章　緒　論

第一節　研究動機與目的

　　布袋戲與歌仔戲是臺灣目前擁有最多劇團、最多觀眾、生命力最強的兩大劇種〔註1〕，也是最具代臺灣文化特色的傳統表演藝術。布袋戲源自於大陸閩南地區，明末清初隨著閩南移民傳入臺灣〔註2〕，尤其在十九世紀後，受到

〔註1〕　布袋戲與歌仔戲是現今臺灣戲曲中，擁有最多劇團與人口的兩大劇種，尤是布袋戲乃臺灣目前存在最多劇團（戲班）的劇種。

〔註2〕　關於布袋戲傳入臺灣的確切時間，眾說紛紜，據依沈平山之《布袋戲》記載（頁76、328），潮調布袋戲來臺時間是清代乾隆年間；詹惠登《古典布袋戲演出形式之研究》（頁46）推斷認爲：「布袋戲很可能嘉慶以後來到臺灣演出。」在謝中憲的《台灣布袋戲發展之研究》一書中，特別針對各種布袋戲來臺年代的說法據以分析後之結論，亦是以「推論布袋戲傳入臺灣的時間應該早於同治十三年，甚至可能是在乾隆、嘉慶年間就已經傳入臺灣。」（頁80）；陳龍廷之《臺灣布袋戲發展史》中，融會江武昌（〈布袋戲簡史〉頁90），以及邱坤良《日治時期臺灣戲劇之研究》（頁173）所云：「咸信布袋戲傳到臺灣的年代，約在清代道光、咸豐年間」；又於陳木杉之《雲林縣布袋戲發展史暨布袋戲宗師黃海岱傳奇》（頁25）言道：「臺灣掌中戲大約是在道光、咸豐年間從漳州、泉州以及廣東的潮川地區承襲過來」；再按陳正之所撰之《掌中功名──臺灣的傳統偶戲》一書之第三篇第二節〈掌中撒播的種籽──布袋戲傳入臺灣〉文中，雖道盡早期福建漳州（光緒年間）、泉州（同治年間）來台戲班、藝人演出狀況，亦也未能明確說明傳入年代，唯一句含糊卻無庸置疑的說法：「一如各種民間戲曲的傳遞，布袋戲也是藉由先民渡海來到臺灣；不過，它比其他戲種來得晚些。」（頁186～191）此中從乾隆至同治之間，也相差近140年之久；亦有認爲明末清初時就隨鄭成功移民來臺（語出廖昆章

臺灣本土自然環境與時代變遷的影響，與臺灣民眾的生活產生密切關係，為順應臺灣環境的變遷，其演出的題材、形式、排場與場合、戲偶的造型／構造與操作方式、後場音樂的形制，甚或組織結構等，皆產生種種的變革與新的藝術觀點，發展出獨具色彩的一門表演藝術。

　　由於二十多年來接觸布袋戲的機會頻繁，以及對臺灣本土劇種的情感與經驗，對這門偶戲藝術產生莫大之興趣。再回顧筆者碩論時是以臺灣歌仔戲「導演」為研究論題〔註3〕，反思在布袋戲的演出過程中，其「主演」可說是扮演著功不可沒的角色，在表演藝術上其效應卻影響了整齣戲之呈現，亦有其編、導之功能，所擔負的確有其不可或缺之職責。故本論文試圖就布袋戲在臺灣的歷史發展中，不同的時代環境、「主演」所呈現的藝術特色來做通論性的探討；從不同的角度與面向來剖析、試圖尋求藝術表現的共通性。同時亦藉由其藝術形式變異的樣貌與大環境變遷的關係，全面地探索布袋戲演出在臺灣發展的藝術價值。

　　本論文以透過訪談、觀察與資料蒐集，就筆者所考察的現象，做通論的敘述與剖析，並歸納、探究臺灣布袋戲各不同形式主演的藝術技巧與通性、及其藝術價值，提出個人記錄、分析的研究結果，其目的除了試圖從布袋戲演師的表演視角來重新記述、建構臺灣的布袋戲發展變遷史外，亦冀能藉以釐清臺灣布袋戲在不同時期所呈現出來的面貌，以及戲曲特質之間的關聯性與獨特性之差異，進而探索出其藝術定位與美學價值。同時亦能對臺灣的布袋戲發展狀況做一通盤整理，期能提供未來布袋戲的研究者、演出者，甚或劇團經營者，能有所助益。

第二節　文獻回顧

　　關於臺灣布袋戲的論著或研究，根據呂理政對於「臺灣布袋戲參考資料簡編」所述，最早論述布袋戲之資料乃於 1928 年臺灣總督府文教局社會課所出版的《臺灣に於ける支那演劇及臺灣演劇調查》，全文共計 135 頁，簡略記

2014.11.21）。甚至諸多談論布袋戲專書中，對於起源或傳入臺灣的時間皆避而不談，或未提出強而有力的佐證資料。的確，此議題是有待於學專家或有識之士學廣續努力考究之。

〔註 3〕　筆者碩論議題為《臺灣「歌仔戲導演」之探討》，中國文化大學藝術研究所戲劇組，1996 年 6 月。

－2－

載臺灣當時的演劇情形。〔註4〕於 1942 年日籍畫家立石鐵臣（1905～1980 年）於《民俗台灣》〔註5〕第 2 卷第 1 期發表了〈布袋戲の人形〉的隨筆短文。再而，是許丙丁（1900～1977 年）〔註6〕於 1954 年起連續三年，於《台南文化》季刊〔註7〕發表了〈台南地方戲劇〉共三篇。

直至 1961 年呂訴上先生出版《臺灣電影戲劇史》乙書，其於 40 年代時，即開始收集整理有關臺灣的戲劇與電影方面的素材，為臺灣戲劇史留下重要的研究資料，堪稱有關臺灣戲劇之重要論述。惟，全書 577 頁裡，論及「臺灣布袋戲」者僅有 13 頁（第 411～423 頁），且所引用之資料與立論亦有多處猶待商榷，雖然論述篇幅不多，但卻也提供後學者一些寶貴的史料。

1990 年以前談論臺灣布袋戲的專書可謂寥寥無幾，更遑論有其體具的研究成果。此之前以布袋戲專論的書籍亦僅有沈平山著的《布袋戲》（1986 年10 月）乙書，以及雄獅美術月刊社發行的《布袋戲特輯》〔註8〕。其他若有談論布袋戲短文者，也僅散見於《民俗曲藝》、《臺灣風物》、《雄獅美術》等期

〔註4〕　這是官方首次有計劃的進行調查臺灣地區傳統戲曲在民間實際演出的概況，此調查中包括劇種、團名、代表者姓名、經常演出之劇目，以及劇團演出的延日數（即一年演出的日數）等。在全臺五州三廳中「布袋戲」計有 28 團，以「臺南州」就有 15 團居冠。內容雖簡要，卻是日治時期臺灣地區戲劇發展的重要文獻資料。

〔註5〕　《民俗台灣》1941 年創刊，是由日本人編輯的刊物，發起人有：岡田謙、須藤利一、金關丈夫、萬造寺龍（本名山中登）、陳紹馨、黃得時等六人。實際參與編輯者為主編池田敏雄、立石鐵臣、松山虔三及金關丈夫等四人。1945年停刊，共計發刊四十三期。無論是在節俗、民藝、謠諺、傳說、歲時、食俗、語言、古蹟，乃至於舊慣習俗的整理與研究、專題的設計，皆有廣延而深入的涉及。

〔註6〕　許丙丁，臺南人，日治時期為警務人員。1924 年參加「桐侶吟社」的音樂社團外；戰後再組織「天南平劇社」推廣京劇票房。曾於《臺灣警察時報》、《臺灣警察協會雜誌》發表漫畫。1945 年轉任政壇，歷任臺南市市議員。退休之後，轉任臺南市文獻委員會委員。戰後期間，他根據南管古調填詞成臺語流行歌曲，作品有【六月茉莉】、【卜卦調】、【牛犁歌】等知名歌曲，亦涉獵文藝創作。

〔註7〕　《台南文化》季刊為臺南市文獻委員會發行，內容涉及科學、藝術、宗教、道德、法律、風俗與習慣之綜合體，舉凡文化活動皆為其領域。1951 年 10 月創刊，至 1972 年由於臺灣省政府飭令各縣市政府精簡其附屬之機構，臺南市文獻委員會因而遭裁撤，《台南文化》於 6 月亦因此而停刊，為期共發刊了 32期。1976 年復刊後，於期別冠上「新」字，並以新的風貌發行。

〔註8〕　雄獅美術月刊社發行之《雄獅美術》第 62 期乃集結廖雪芳、沈平山、黃永川等人所撰述之專篇布袋戲文章，合為《布袋戲特輯》，1976 年發行。

刊、或少數散見報紙之短論。然自 80 年始，臺灣主體意識的覺醒、古蹟與民俗文化的維護、藝師技藝的保存與傳承，漸成了時代潮流所關注的話題，這也是「臺灣本土化」（Taiwanization）〔註9〕的抬頭。也因此本土的戲劇研究與論述漸開始受到重視，陸續有劉還月的《風華絕代掌中藝——臺灣的布袋戲》（1990 年 8 月）、呂理政的《布袋戲筆記》（1991 年 2 月）、陳正之的《掌中功名——臺灣的傳統偶戲》（1991 年 6 月）等專書之發行，以及財團法人施合鄭民俗文化基金會出版的《民俗曲藝》第 67、68 期「布袋戲專輯」（1990 年 10 月）；其後，陸續有官方主辦，委託學者專家、或基金會〔註10〕所做的專輯、或教材、或調查研究報告等。但大部分的內容還是較偏向於通論敘述布袋戲在臺灣社會變遷下所呈現的面貌與文化意涵，對於「主演」這位掌控了布袋戲全盤演出的靈魂人物少有聚焦，雖然也出現了幾位資深藝師的生命史，卻鮮少著重於布袋戲在表演上的分析與論述。

綜觀目前國內對於本土劇種的學術研究，在全國的碩、博士論文中，自 1979 年起中國文化大學藝術研究所方始出現第一位以研究布袋戲為題〔註11〕。直至 90 年代末，才有一些相關的碩士論文出現，然卻多偏向專題性

〔註 9〕 「本土化」是社會發展趨勢逐漸朝向與本地固有的文化型態相結合。乃意指強調臺灣在地文化及主體意識，去殖民化的文化層面為宗旨，打破過去普遍以中華文化為主體性，而回歸到重視「臺灣價值」，強調臺灣文化的多元性，珍惜臺灣這片土地上特有的事物，不論是語言特色、文化特色、族群特色、自然資源，皆加以維護，發揚臺灣本土文化。然而，臺灣本土化並無特定的發展期間，不同時代背景之下就有不同層面的意涵，如：日治時期，臺灣的本土化是為了對抗日本文化，以維護漢文化；解嚴後的本土化乃為對抗國民黨政府早期灌輸原居臺灣人民中國意識政策，以恢復臺灣在地的文化習慣；至今日仍然在不斷推展變化當中。惟，現若提及「本土化」大多是指 1980 年代末期解嚴以來一連串的行動，影響層面擴及臺灣的文化發展、政治、經濟、社會、教育等多方面的變遷。官方始重視居住於臺灣土地上的人文生活與價值觀、甚或民間亦自行發起各種活動也促成此種變化快速的推廣。

〔註 10〕 如：中華民俗藝術基金會（1979 年成立）、施合鄭民俗文化基金會（1980 年成立）、西田社布袋戲基金會（1985 年成立）、國家文化藝術基金會（原隸屬教育部，1974 年成立，為國家文藝基金管理委員會，1996 年文建會輔導改組為財團法人機構）……等。

〔註 11〕 中國文化大學藝術研究所詹惠登的《古典布袋戲演出形式之研究》碩士論文，事隔了 11 年之久才又有陳龍廷的《黃俊雄電視布袋戲研究（民國五十九～六十三年）》碩士論文，以及國立中央大學中文所鄭慧翎的《臺灣布袋戲劇本研究》碩士論文（1990 年）。再隔兩年，同樣的文化大學藝研所傅建益自大學參加文大地方戲曲社後，自己投身野台布袋戲的演出，並拜師、習藝、整團，

的研究，如：以針對劇本方面、或音樂方面、或偶頭雕刻、或區域性、或流派、單一劇團、抑是以劇中單一人物爲主題、甚或小學藝術教育的探討。二十一世紀初則更多偏向於文化意象〔註12〕、產業經營行銷或管理，特別是針對霹靂現象的熱潮。經統計，自 1979 年第一本布袋戲碩士論文始，至 2015 年止（即民國 68 至民國 104 年）以研究布袋戲而取得碩、博士學位的論文，共計 173 篇（參閱附表一），從其研究的論文題目中，很明顯的可以看出才十年之久，以「霹靂布袋戲」爲研究對象者，就占了三分之一強，有了 59 篇之多。

　　而這些學位論文也不僅限於藝術研究所或中文研究所的學生，有來自「傳播學院」的大眾傳播、新聞、公共關係暨廣告等研究所；有來自「商學院」與「管理學院」的國際企業、企業管理、經濟學、應用統計學、行銷管理、出版與文化事業管理、旅遊事業管理、休閒與遊憩管理等研究所；有來自「設計學院」的視覺傳達設計、建築及都市設計、商業設計、文化創意設計等研究所；來自臺灣文化及語言研究所、歷史研究所、社會科教育研究所、資訊社會學研究所，甚至宗教研究所、生死學研究所等，也都對「霹靂」的研究有顯著的興趣（參閱附表一「備註欄」），這也說明了這種布袋戲的「霹靂現象」在學院派的研究上是愈趨熱門、愈受到關注。然這也僅就於題目上所呈現之訊息，其他有些雖無以霹靂爲題目，但在研究的內容有涉及以霹靂爲討論對象的論文亦大有人在。

　　此外在本論文完成前，就博士論文而言，於 2000 年始有論及「偶戲」的研究，且至今亦僅有八篇而已，其中且有三篇，也只是一小部分論及布袋戲，並非以「布袋戲」爲主要研究重點〔註13〕；另五篇中，雖以「臺灣布袋戲」爲研究主題，其中又三篇較非關於布袋戲表演藝術方面〔註14〕，這三篇之中以

　　　以實際的體驗而撰寫《當前臺灣野臺布袋戲之研究》碩士論文。之後的六年中，對於研究布袋戲的相關論文又呈現停頓的紀錄。

〔註12〕行政院新聞局於 2006 年 2 月 23 日公布其所主辦的「SHOW 臺灣！尋找臺灣意象」活動票選結果，「布袋戲」以 130,266 票（獲得總票數的 24.95%）佳績拔得頭籌，榮獲「臺灣意象」的封號寶座。

〔註13〕國立政治大學中國文學研究所邱一峰的《閩台偶戲研究》（2003）、國立高雄師範大學國文研究所高碧蓮的《福建泉州及臺灣高雄懸絲傀儡戲劇本研究》（2000）與金清海的《台閩地區傀儡戲比較研究》（2001），此三人所討論「布袋戲」亦僅是博士論文裡的一小部分而已。

〔註14〕此三篇博士論文分別爲：國立臺灣師範美術研究所許清源的《臺灣布袋戲偶

臺灣師範大學美術研究所許清源的《臺灣布袋戲偶的模件體系之成形與發展》論文，所涉的布袋戲議題較爲深廣，惟其論述的焦點乃在於戲偶的雕刻與造型，幾乎未及表演層面的探討。因此，純以討論有關臺灣布袋戲的「表演元素」者，也僅有臺灣師範大學國文所的吳明德與成功大學台文所的陳龍廷二人〔註15〕，其論述較有助於本論文以布袋戲的表演藝術爲重點之參考。

惟吳明德引用「傳統古典布袋戲」及「霹靂電視布袋戲」兩種甚爲相異的表演形式爲重點，此兩種類型的布袋戲表演形式，亦不能全面地涵蓋臺灣布袋戲的演出特質；陳龍廷則偏重於布袋戲的口頭表演文本，雖論述精闢卻還是較重於「語言文學」方面的研究。而本論文與之不同之處，主要試圖藉由布袋戲的各表演元素中，分析討論布袋戲演師的演出技法與風格，擬就布袋戲在臺灣的演變過程中，針對「主演」的角度與面向來進行剖析、探討其藝術特質與功能。

第三節　研究範圍、方法與架構

本論文以運用蒐集、分析各相關文獻資料，同時採與實際田野調查並進之方式，試圖從臺灣各時期的布袋戲演出環境裡，探討布袋戲主演在臺灣的發展與演變過程中所產生的質變，而呈現出不同時期的藝術質感，並討論其布袋戲主演本身在演出中的功能性與價值感，及其所具有的時代意義。

壹、研究範圍

綜觀布袋戲在臺灣的發展歷史過程至少也超過一個多世紀〔註16〕，這也

　　　的模件體系之成形與發展》（2009）、原來的《無形文化資產振興管理系統之建構──以臺灣布袋戲發展爲例》（2010），以及國立臺灣大學國際企業學研究所的陳俊良的《臺灣布袋戲國際市場拓展與文化產製創新關係之研究》。

〔註15〕 吳明德，《台灣布袋戲的表演藝術研究──以小西園掌中戲、霹靂布袋戲爲考察對象》，國立臺灣師範大學國文研究所博士論文，2003年6月；陳龍廷，《台灣布袋戲的口頭文學研究》，國立成功大學台灣文學研究所博士論文，2006年6月。

　　　本論文完成後，2014年12月國立東華大學中國語文學系陳正雄，《戰後臺灣布袋戲技藝與文學之研究》博士論文。內容談論臺灣布袋戲演出的內在風格、創作、口白及外在環境、表演形態……等變異性，最後並以陳俊然的「世界派」第三代蕭添鎮（1951年生）藝師爲主要論述分析對象。

〔註16〕 同註2。

歷經了無數藝師的努力與改革，方能呈現今日之樣貌。然而，布袋戲這項綜合藝術〔註17〕固然是以表演者爲主，「主演」更在布袋戲的演出中佔有舉足輕重的地位。從文獻的回顧中，特別是在 80 年代「臺灣本土文化論戰」，臺灣響起回歸鄉土的聲音，全臺興起一股挖掘傳統技藝珍寶的熱潮〔註18〕；無論在學界上、或政府官方開始重視本土藝師的技藝保存與傳承問題，除了在相關研究與論著數量的徒增外，甚至對資深藝人的肯定，如：頒贈民族藝術薪傳獎、民族藝師、國家文藝獎〔註19〕等，以鼓勵藝人的貢獻與成就。自此，比較有名氣的藝師〔註20〕已大多有人引以作爲研究的對象，或爲其記錄／出版生命史了。

　　本論文的議題以當代臺灣布袋戲的「主演」爲研究對象，難免會讓人以爲取材那幾位布袋戲演師爲主要考察、研究對象？其實本論文範圍並不以特定的人物爲主要論點，也不是專爲某一位特定的藝師做生命史或傳記。誠如呂理政於其所著之《布袋戲筆記》中所述：「布袋戲的歷史如果只有戲界名家的故事和各大流派的傳承系譜，頂多只能視爲戲界英雄史，也只能勾繪出布袋戲歷史的片鱗而已。」〔註21〕故本論文乃以探討布袋戲「主演」在藝術表現上技法與功能，將呈現的是「主演」這個（項）工作在布袋戲裡的重要性與特殊性，以歸納其共通性的表演特質。

　　環觀臺灣布袋戲發展歷史，從事「主演」工作者已不計其數，素質亦是良莠不齊，故對於採集、觀察、討論、研究的對象，勢必有所篩選。首先在於時代性的考量，既是探討「人」的表演問題，就得盡量以還活躍於舞台表演的藝人爲主要考察、訪談之對象，亦可避免僅藉由史料上的文字記錄，而流於寫作上過於主觀性的判斷；又顧及布袋戲已隨著臺灣演出環境的變異，各時

〔註17〕布袋戲除在表演上蘊含著各演師們的表演技巧與藝術美學外，還深具有雕刻、繪畫、音樂、造型、刺繡、口頭文學等藝術特質，故爲一門綜合表演藝術。

〔註18〕參閱註9。

〔註19〕「民族藝術薪傳獎」由教育部於1985～1994年辦理，歷時十屆，以作爲「傳統藝術在臺灣」的代表，總計有 132 人及 42 個團體獲獎。「國家文藝獎」係政府爲獎助優良文藝創作及各項文藝活動而設，成立於1974年，1982年（第八屆）起，並設特別貢獻獎得獎人。自1997年改由「財團法人國家文化藝術基金會」接辦（新制），至去（2017）年已辦理二十屆。

〔註20〕就布袋戲方面，如：黃海岱、李天祿、許王、鍾任壁、江賜美、陳錫煌……等，其生命史皆已出版、或已留有技藝保存等成果報告。

〔註21〕詳閱呂理政，《布袋戲筆記》（臺北：臺灣風物雜誌社，1991年2月），頁15。

期有著不同指標性的演出內容與形式，故在本論文所取材的研究範疇，乃以「當代」的布袋戲主演為主；亦即界定於 1980 年代以降，本土意識抬頭，官方及民間開始重視本土傳統文化，民間戲班的演出形態，除了平日主要生計來源的「民戲」演出形式之外，又多了一種「文化場」〔註22〕的演出場域。

　　在此環境的影響下，不論是官方或民間為了顧及傳統的延續，也考量當下的發展與創新，使得布袋戲藝人為了爭取演出機會，提昇個人或各派的知名度，費盡心思端出自家的拿手技藝來凸顯其藝術，以期受人青睞與重視。江武昌於 2006 年所撰的一篇〈布袋戲的興起和民間劇場的關係〉文中曾提到：

> 我從 1981 年起大量接觸傳統藝曲的研習、調查和活動的策劃辦理，其中對布袋戲的接觸尤其多，敢稱是這二十幾年來臺灣布袋戲發展的見證人。……布袋戲在臺灣文化學術界和得到政府重視的現象，個人認為是從 1982 年的民間劇場開始，由邱坤良策劃主辦的民間劇場活動，對於臺灣傳統表演藝術文化之突破政治考量，的確發揮了極大的啟發和影響作用，對往後各種臺灣傳統文化藝術活動的舉辦也頗具影響。……對於這麼多的布袋戲團參加演出，一時間不知如何在宣傳上著手，遂以「外江派」、「五洲派」、「新興閣派」、「小西園」、「泉閣派」作為布袋戲活動的宣傳方針，並將此構想告知當時仍在法國深造的邱坤良，邱教授回信「臺灣布袋戲界雖有流派，卻沒有這樣的派別說法，需謹慎處理」。然媒體宣傳都已經發出去，已然收不住腳步了。……沒想到經此作為第三屆的民間劇場活動裡以布袋戲表演內容和風格的多樣最為成功，此後的許多報導、研究和調查報告，也多以「××派」區別其不同。從 1984 年迄今，已經二十幾年過去了，除了已經過世的小西園許國良幾次和我談起這件「布袋戲流派」的始作俑者，布袋戲流派的說法也已經流毒甚廣而深了！雖然迄今對於布袋戲流派的製造仍深感不安，但無可否認的，當初以「布袋戲流派」作為宣傳方針的主要用意是為宣傳，並讓文化學術界及傳播媒體將視野延伸到中南部，打破過去一直以臺北為主的媒體報導現象，這樣的目的確實是達到了。〔註23〕

〔註22〕 「文化場」乃由政府機關或民間單位所出資主辦、或補助之演出場域；相對於戲班一般於廟埕演出的「民戲」之稱呼。

〔註23〕 詳見江武昌，〈布袋戲的興起和民間劇場的關係〉，《傳藝雙月刊》第 63 期（宜

從江武昌這段敘述，不僅說明了臺灣布袋戲「流派說」之原委，也見證了「文化場」的演出自 1980 年代起是一個很重要的轉捩點，特別是「民間劇場」的舉辦，開啓了布袋戲「流派」一詞之說法。雖然，「布袋戲流派說」是頗有問題的，但用「流派」來宣傳確實是達到其意想不到的功效。

其實，布袋戲主演技藝的養成與其師承有著重要的關係，從前人的研究上，大多也已經採用其傳承體系下的「流派」爲研究議題。〔註 24〕然而布袋戲在臺灣的環境發展下所發生的「流派」現象，的確又不同於一般戲曲中的「流派」定義，故在傳承上的關係更形複雜。

由於布袋戲在臺灣發展的傳承過程中，師徒之間的關係又甚爲紛亂。常常有的狀況是，某人雖拜了某位藝師爲師，但實際授藝者卻又是另一位藝師；或者向某師父甚至三、四個藝師學戲之後，再認某個較出名的藝人爲師，甚或同一師門的輩份關係都有顚三倒四，如昨日叫某人師姪，今日卻有稱呼他爲師叔的情形〔註 25〕。縱然這些現象皆在大環境狀況下所發生的，在本論文中亦將會論及到。惟本論文並不以研究「布袋戲流派」爲主要目標，議題重點還是聚焦於演師的表演手法爲主，以免混亂、模糊了研究方向。

茲爲能充實本研究所考察內容的廣度與深度，本論文在田野調查所採集的對象範圍上，做了幾點條件考量：

一、盡量尋求前輩研究者，較少記載或論及之藝人爲優先採訪對象。

二、目前還活躍於布袋戲圈內之主演。

三、須涵蓋到有老、中、青等各年齡層的演師。

四、須能包含到各類演出形式的主演，如：傳統、金光、廣播……等等。

五、所師承之技藝須涉及到不同各「派門」的演師，甚或自學成師者。

六、曾於全省（全臺）戲劇比賽、或地方戲劇比賽、或各項布袋戲比賽，如：「青年主演賽」……等之獲獎者。

蘭：國立傳統藝術總處籌備處，2006 年 4 月），頁 13～15。

〔註24〕 以「布袋戲流派」爲研究議題者，如：徐志成《「五洲派」對臺灣布袋戲的影響》（1998 臺灣大學中國文學研究所碩論）、謝佩螢《臺灣布袋戲之武俠敘事風格研究——以洲派媒體布袋戲爲例》（2004 暨南大學中國語文學研究所碩論）、黃偉嘉《閣派布袋戲陳深池系統眞興閣之研究》（2011 台北大學古典文獻與民俗藝術研究所碩論）、李昆彥《臺灣戰後布袋戲的媒體化過程——以五洲派爲例》（2013 淡江大學歷史研究所碩論）等。

〔註25〕 參閱江武昌，〈布袋戲簡史〉，《民俗曲藝》「布袋戲專輯」（臺北：財團法人施合鄭民俗文化基金會，1990 年 10 月），頁 119。

七、曾獲中央或地方機關認定之傑出扶植演藝團隊者。

八、受訪者於其所在地區須有其知名度者。

九、從事專職「主演」工作，至少已具有十年以上經驗之演師。

又顧及受訪者所敘述之真實性與客觀性，得先過濾受訪者所論述之自我膨脹、浮誇部分，故筆者試以十多年來較常接觸之劇團（戲班）與人物為首先採集對象，由於觀察時間較為長久，對於演師的習性與其演出生態亦較為熟悉，是記錄的主要考量，再加以拓展延伸考察對象與範圍。其次，引用前輩曾耕耘記錄的文獻資料，在原有資料中摘取與本研究有關之演師進行探討與剖析，必要時再做人物追蹤、採訪工作，以補足所缺。

貳、研究方法與架構

本論文主要是針對布袋戲演師中專司「主演」之職為研究對象，其在整個布袋戲的演出過程中是深具重要性與關鍵性的人物，所涉層面甚廣，臺灣的布袋戲史可說幾乎是由歷來各個主演者的藝能所建構而成，故在追溯其歷史意義的過程，務必得藉助於文獻的閱讀與整理，同時當下尚還持續考察與記錄人物的現況發展，則得藉由實際的田調、訪察、記錄，以及觀察其演出過程。因此，本論文運用之研究方法有：

一、歷史研究法：從文獻資料中，對布袋戲傳入臺灣之始，受臺灣地區大環境變遷之影響，所產生的嬗變做深入的探討。

二、比較研究法：比較各時期流變下不同的演出形式，經由不同演師的詮釋及技法的運用，所呈現之差異性；並就戲劇原理與編劇學之觀點，比對布袋戲主演對於所搬演戲齣的關目編排技法，以辨證民間藝師掌握戲劇性之能力。

三、田野調查法：對於當代還活躍於布袋戲舞台上的演師，做實地田野訪談調查，及觀摩其實地演出，並蒐集其相關文獻資料。

四、內容分析法：對於文獻、田野實地訪談紀錄及專書資料，採取內容分析，詳定其應有之價值。

研究過程中，文獻的分析和田野調查工作須同時併進，特別是文獻資料的閱讀，以及做資料的蒐集，乃是本研究基礎性的認知，再透過深入實際地對各類形式演出的布袋戲團、演師，甚或演師周遭人物做訪談記錄，方得以做較為客觀的分析。進而針對演師的作品，取樣比對，找出差異性、歸納共

通性，同時藉以戲曲／劇美學之概念，以對各演師的表演技巧與其藝術內涵提出研究論點。

在討論布袋戲主演的技藝養成與其藝術表現之前，本論文第二章即以先論說布袋戲在臺灣的環境歷史，因為大環境的變異往往是影響一位布袋戲演師的技藝成長，及其演出內容、形式改變的最大因素。在第二章中則從布袋戲傳入臺灣地區後談起，其發展時期劃分為「清領至日據時期的臺灣布袋戲」（1895～1945 年）、「光復後至 80 年代的臺灣布袋戲」（1945～1980 年），以及「政府重視本土化後的臺灣布袋戲」（1980 年～）等三大時期，分別來闡述布袋戲在臺灣落地生根以來所產生的變異現象。

第三章由演師的從藝史來看布袋戲主演技藝之養成，即以實地的田野調查訪談方式為主、文獻參考為輔，針對於前述採集對象所考量的條件，分別採訪了「小西園」許王、邱燈煌及第四代主演邱文建、「輝五洲」廖昆章、「昇平五洲園」林宗男與林政興父子、「華洲園」林振森、「諸羅山木偶劇團」吳萬成、「大台灣神五洲」陳坤臨與陳坤德兄弟、「大中華五洲園」蕭寶堂與蕭孟然父子、「新天地掌中劇團」黃聰國、「大台員」劉祥瑞、「中國太陽園」林大豐與林坤寶父子、「眞快樂」柯加財、「江黑番掌中劇團」江欽饒、「高雄新世界」王泰郎與王義郎兄弟，以及「臺北木偶劇團」黃僑偉等二十餘位藝人。並依其性質歸納為「拜師習得一技之長」、「受父影響克紹箕裘」、「親戚家族耳濡目染」，「興趣喜好自學成師」等四大章節。對於其習藝過程做了生平的整理與概略敘述，重點置於各主演習藝上的口白〔註 26〕五音〔註 27〕、操偶技巧，以及對於戲齣編排的訓練過程，並從中探討其技藝養成背景環境因素的共通性，與其演師技藝的特殊性。

第四章則特別專論布袋戲主演關目編排之手法，主要在於探討主演者對於戲齣的編、導功力。文分四節，以「取材歷史事件或神話典故的古冊戲」、「取材章回小說的劍俠戲」、「天馬行空正邪之爭的金光戲」，及「因應文化場演出而創的新題材」等不同時期所呈現的內容與形式，試從戲劇原理與編劇技法的觀點切入，藉由實務演出的觀察，以探究布袋戲主演在演出內容上的共通性與其技巧上的差異。

〔註 26〕 主演的口白：即包括所有角色的台詞及旁白。其涵蓋對於咬字清晰、唸詞抑揚頓挫、五音變化運用、氣口的縮放等技巧與功力。

〔註 27〕 有關「五音」，詳閱本論文第五章第一節內文。

第五章布袋戲主演的表演技藝與成就，即以舞台上與主演者息息相關的各類元素來談論主演場上功夫的運用。文分有：「主演的口白技藝」、「主演的操偶技藝」、「主演與音樂的搭配」和「主演對於布景特效的運用」等四大部分，最後則論及「前輩主演的舞台成就」。從主演自己本身所擔綱的口白、五音的使用技巧，到其他與其搭配的助演（操偶師）、後場音樂，以及「電光手」等人員，在演出時與主演的默契配合，如何聽令於主演者的總指揮，以達成一場完美的演出。並論述主演者因資質天賦，各有其擅長呈現的演出風格，特別是只要論及個人的表演走向，會提到的「三大戲」或「三小戲」之區分，以及前輩主演在舞台上所展現出吸引觀眾的魅力。

最後在結論中，文分「本論文綜述」與「當前之侷限及未來的展望」兩部份，回顧全文所探討的主演在布袋戲演出中的重要性，並對本研究提出看法與建議。

第四節　布袋戲班（團）的編制與職能

「布袋戲」在常見偶戲的種類〔註 28〕中算是出現較晚的一項表演藝術。而最早描述布袋戲的演出形式是在清代乾隆年間，李斗《揚州畫舫錄》之卷十一〈虹橋錄下〉記載：

> 鳳陽人蓄猴令其自爲冠帶演劇，謂之猴戲。又圍布作房，支以一木，以五指運三寸傀儡，金鼓喧闐，詞白則用叫顙子，均一人爲之，謂之肩擔戲。二者正月城內極多，皆預於臘月抵郡城，寓文峰塔壺蘆門客舍。至元旦進城，上元後城中已遍，出郭求鬻於堤上。二者至此，湖山春色闌矣。〔註29〕

從這段文字裡，形容說明了戲偶的尺寸只有三寸之大，此演出形式乃被稱之爲「肩擔戲」，亦意指由一個人就可以到處的游動演出。而這種由一人獨演，形式非常簡單、流動性質的小戲棚，任何地方皆可演出的偶戲表演，在是全中國大陸各地皆有之〔註30〕。然而，「布袋戲」一詞最早出現的記錄卻在稍晚

〔註28〕 常見的偶戲種類不外乎有：傀儡戲（分杖頭傀儡、提線傀儡等）、皮影戲及布袋戲等三大類。

〔註29〕 詳閱李斗，《揚州畫舫錄》（臺北：世界書局，1963 年 5 月），頁 263。

〔註30〕 根據呂理政整理中國各地流動的小棚戲名稱，大略分四大類：（一）以戲偶命名的有：耍苟利子、耍果立子、小木頭人戲、耍傀儡子、鬼頭戲·木頭戲、

的嘉慶年間所刊印的福建《晉江縣志》卷七十二〈風俗志・歌謠〉裡：

> 蓋聞共歌爲歌，徒歌爲謠。歌謠之流傳，舊矣。晉人之習於風騷者
> 不少，其發於情性者復多。咏嘆淫泆，不必如震木過雲也，不必如
> 陽春白雪也。苟叶律諧聲，即足傾聽入耳。有習洞簫、琵琶而節以
> 拍者，蓋得天地中聲，前人不以爲樂，操土音而以爲御前清客，今
> 俗所傳弦管調是也。又如七子戲，俗名土班。木頭戲，俗名傀儡。
> 近復有掌中弄巧，俗名布袋戲。演唱一場各成音節。〔註31〕

這已明顯的可以看出，布袋戲的演出已有了較爲複雜的樂器伴奏，並且在表
演形式上也加入了演唱部分了；易言之，也就是布袋戲的演出已從一人獨演
加入了樂隊伴奏的組合團隊。

林鋒雄所撰〈布袋戲之成立及其表演藝術特質〉一文中提到：

> 清嘉慶三年（1798）福建泉州晉江縣「金永成班」是現今所知歷史
> 最爲久遠的布袋戲班。其全班只有八個人，即兩個演員、四個樂
> 員、一個挑戲籠、一個挑牌樓。傳統布袋戲的演出只有兩個演員，
> 一爲頂手、一爲下手。頂手一人要能演全場戲，熟悉各種人物的唱
> 腔道白。下手即爲助手，從小就要跟班學習，分擔一些次要角色。
> 〔註32〕

從《揚州畫舫錄》中所提及布袋戲原始演出「肩擔戲」形式，到最早出現「布
袋戲」一詞的《晉江縣志》，以至目前紀錄最爲久遠的布袋戲班「金永成班」
的編制觀之，明顯的可以看出，布袋戲班的編制上，從簡單的一人獨自表演，
已發展成有「前場」與「後場」〔註33〕的等專業人員各司其職。「前場」是由

彫猴戲、木人投影、木頭孩戲、木頭公仔戲、尪仔仙戲、鬼仔戲、木頭仔戲
等。（二）以舞台形式命名的有：肩擔戲、扁擔戲、被袼戲、布袋戲、被單戲、
帳幔戲、獨戲台、獨腳戲、凳頭戲。（三）以操演技術命名的有：掌中戲、掌
中班、穿頭班、手掌木偶等。（四）其他名稱者：葫蘆頭戲、剃葫蘆頭、嘟嘟
戲、獨獨戲等。詳閱呂理政，《布袋戲筆記》（臺北：臺灣風物雜誌社，1991
年 2 月），頁 33。
〔註31〕 詳見周學曾等纂、胡之鋘修，《晉江縣志》（福建：福建人民出版社，1990 年
7 月），頁 1755。
〔註32〕 詳閱林鋒雄，《中國戲劇史論稿》（臺北：國家出版社，1995 年 7 月），頁 235
～243。
〔註33〕 「前場」乃指演員扮演，相對的布袋戲前場亦意指「演師」（操偶師，含講口
白）；「後場」即是戲曲所謂的「場面」，戲曲裡所用的各種伴奏樂器的總稱。
分「文場」和「武場」，文場乃指吹拉彈撥各種管弦樂器的部分、武場即指打

一主一副的雙人配合演出；而「後場」則至少得有四位，其他再加上負責挑戲籠與挑牌樓各一位。挑戲籠與挑牌樓者，於現今的布袋戲團中應屬於運送戲籠、搭台、搭景之職能。因此一個戲班的基本編制就有八個人。

「小西園」許王敘述布袋戲團的基本組織如下：

> 一團的「前場」就是二個人，一個頭手、一個二手；「後場」有四個，在這四個當中，就有一個是唱曲的。而二手不一定是自己的徒弟，也可以是外請別團的人。雖然請來的人在別團已是當頭手了，但來這團時還是當二手的職務，也有可能是我請來做頭手，自己雖是團主反而來擔任二手。二手除了不開口而已，他要做的事情相當多，要扮尪仔（pān-ang-á）〔註34〕、倒茶……等，二手等於是當徒弟要做的事了。〔註35〕

從許王的這段描述中，也說明了在「後場」的四個樂師中，其中至少就有一位要負責唱曲；而前場中的「二手」，除了不負責開口講口白外，其他須做的事務既多且雜，就如同是當學徒所要做的一切工作。

通常負責「前場」者至少得有兩人，一主一副，擔任口白及操偶之工作。而常見的「後場」樂師，亦稱為「先生」，若以北管布袋戲為例至少四人，有「鼓佬」、「頭手吹」（弦）、「二手吹」（弦），以及「鑼鈸手」等四人。〔註36〕

一、「鼓佬」亦稱「頭手鼓」，是後場的指揮者，負責的樂器有單皮鼓、扁鼓、拍板、叩仔板（卜魚）及通（堂）鼓〔註37〕等，得隨時注意

擊樂器方面。詳參閱《中國戲曲曲藝詞典》（上海：上海辭書出版社，1985年），頁84～85。

〔註34〕「扮尪仔」（pān-ang-á）指為戲偶穿戴，演出前學徒得先認識即將演出戲齣的各角色，針對角色人物的行當、身份、地位等為戲偶扮上。

〔註35〕2013.09.07晚上於新北市「新莊文化中心」訪談許王記錄。

〔註36〕依筆者觀察「蕭添鎮民俗布袋戲團」於臺北教育大學演出，後場是由「員林新樂園掌中劇團」支援伴奏，其人員為五人，其中「二手吹」兼彈奏電吉他，外加一位唱曲（2011.04.26）；「西田社」於大稻埕戲苑演出，後場人員五人，即多一名 keyboard 手（2013.11.09）；「臺北木偶劇團」於大稻埕演出，後場樂師增加了揚琴、笛、三弦與中阮等，共計八人（2013.11.29）。另按徐雅玫所撰《臺灣布袋戲之後場音樂初探》碩士論文中，其考察臺北「小西園」（北管外江系統）、臺中「春秋閣」（北管系統），及屏東「新復興」（雜曲系統），分類出其後場的編製表「北管外江系統」為四人、「北管系統」為五人、「雜曲」為二人。詳參閱徐雅玫，《臺灣布袋戲之後場音樂初探》（臺北：國立臺灣師範大學音樂研究所碩士論文，2000年1月），頁19～25。

〔註37〕通（堂）鼓有時由「頭手弦吹」兼之。

主演者的口白、動作與手勢，以單皮鼓的節奏帶領其他樂師。

二、「鑼鈸手」，即負責打大鑼（文鑼）、中鑼（武鑼）、小鑼（滴鑼）、鈸等樂器。

三、「頭手弦吹」，則負責通（堂）鼓、京胡（吊鬼仔）、或殼仔弦、嗩吶等樂器。

四、「二手弦吹」，又稱「副吹」，擔任小鑼（滴鑼）、嗩吶、二胡、三弦或月琴等樂器。

另，「唱曲」者並不固定，或由前場頭手擔任、或由後場打鑼、弦吹者兼任，後場樂師能唱者皆可兼之，亦有固定「唱曲者」等。以至延伸至後來原傳統的「唱曲者」變為唱主題歌的「歌手」〔註 38〕，而傳統鑼鼓後場的樂隊編制漸為一人「放樂」（配樂）者編制所取代。

雖然後場的編制銳減了，但隨著因應時代環境的變遷，演出形式的改變，尤其在「內台戲」〔註 39〕的全盛時期，不僅演出劇目內容上大有突破，在戲偶構造、舞台與後場的音樂等方面皆有所改革，戲偶的加大、多變的大型布景、舞台特效的運用等，演出形式大改造。在前場的操偶者已非單純二人即可完成之演出形態，其他工作項目的人員組成亦可能增加了「布景師」、「電光手」、「放樂師」（音效師），甚或「排戲先生」……等職務。（詳見本論文後各章節內容）

因此，在陳正之所撰的《掌中功名──臺灣的傳統偶戲》一書中提到：

> 「演師」是布袋戲班的靈魂人物，通常也都是戲團「頭家」，撐偶者分頭手及二手等助手，看戲團的大小，有者高達六七人，也有一人者。〔註 40〕

可知臺灣布袋戲班的人員組織編制是不固定的，實因各戲班本身的組織與經濟差異條件、或當下演出形式之不同，而各有所迥異。這也說明了布袋戲的演出人員編制上是極有彈性空間的組織。

〔註 38〕 在古冊戲及劍俠戲形式裡，亦有特別只為唱曲的「歌手」，到了金光戲全盛時期更發展在後台主唱流行歌曲的女歌手，曾經風靡一時，後又漸為錄音帶、唱片所取代。

〔註 39〕 「內台戲」興於日據時期，指在戲園裡做商業性的售票演出形式。

〔註 40〕 陳正之，《掌中功名──臺灣的傳統偶戲》（臺中：臺灣省政府新聞處，1991年 6 月），頁 209。

第五節　「主演」之釋義與功能

　　不論布袋戲演出形式如何的改革、戲班（劇團）編制結構怎樣的改變，前場僅由一人執行「講口白」是一直不變的。「布袋戲」發展至今，其演出始終由主演（頭手）獨當一面，與獨腳戲時代並無不同。〔註41〕大陸學者丁言昭於《中國木偶史》的〈清代木偶戲〉一文裡提到：

> 清代中期，漳州（龍溪）及其鄰近的漳埔、海登、長泰等縣，布袋戲木偶戲開始興盛起來。……當時，布袋戲的設備極為簡陋，只有高僅八寸的一袋木偶，長僅六尺的一塊台板，還有一條布帘圍在台板下面以遮住表演者；既無燈光，也無布景，夜裡只能用油燈照明。演員只有兩個，主演稱作「正手」或「頭手」，除操縱木偶進行表演外，還兼唱、念、道白；配演稱作「副手」或「二手」，只操縱木偶配合正手表演。〔註42〕

從文獻的記載中，約略可得知「主演」一職，於清代大陸福建地區乃稱之為「頂手」、「正手」、「頭手」或「師傅」；相對地，協助搭配「主演」擎偶者，即現職臺灣目前所稱的「助演」者，於當時則稱為「下手」、「助手」、「副手」或「二手」。

　　在呂理政的《布袋戲筆記》中介紹了前場師傅的職責如下：

> 戲班中負責戲偶演出及口白的藝人，稱前場，也稱師傅。傳統鑼鼓布袋戲均有前場二人，一為頭手，一為二手。頭手是戲班的主演者，掌理大部份戲偶演出，及全場口白。是布袋戲班的靈魂人物。出色的頭手是成名班的必要條件，戲界的成名人物，大部份都是頭手出身。二手是頭手的助手，有時以學徒充任，通常幫助頭手「扮尪仔」，並操演較不重要的戲偶，搭配頭手演出，除了替頭手應聲外，不負責口白。其演出的份量，完全視其資歷而定。有的二手，由被入門的學徒充任，有的成名頭手也會在老年時退居二手。〔註43〕

從這段文字中，概略扼要地為本論文點出將陸續討論的重點內容。「頭手」通常都是一人兼演數個腳色，不管多少腳色上場，從生、旦、淨、丑、末，甚至老生、小生、文生、武生……十多種腳色都由他一人獨唱獨白，當然各種

〔註41〕詳閱呂理政，《布袋戲筆記》（臺北：臺灣風物雜誌社，1991年2月），頁35。
〔註42〕丁言昭，《中國木偶史》（上海：學林出版社，1991年8月），頁54。
〔註43〕呂理政，《布袋戲筆記》（臺北：臺灣風物雜誌社，1991年2月），頁41。

腳色各有特殊的聲調，一點都不會混淆。〔註44〕

又於林鋒雄之〈布袋戲之成立及其表演藝術特質〉裡亦敘述：

> 一個布袋戲演師的雙手，往往只能用來深刻表達一個人的性格、感情或技能，在戲台上常常需要另一個二手（或稱下手）來演出對手戲。……在布袋戲創建的時候，演師，已由肩擔戲的一人操演，趨向發展單人或雙人共同操演的混合型演出樣式。〔註45〕

接著又談道：

> 二手只負責擎戲偶，賓白唱曲由頭手演師一人包辦。木頭偶人的性別、年齡、身份、個性，都要演師透過聲調、口氣加以塑造。一個布袋戲演師，要能模仿各種劇中腳色和動物的聲音與口技，同時也要能唱動聽的曲子。演師的說唱能力，決定了劇場中戲劇情感的感染力，是布袋戲表演藝術中，深具關鍵性的藝術。〔註46〕

陳金次也於所主持的《臺灣布袋戲女演師的研究與調查》成果報告書中所說道：

> 傳統布袋戲裡，頭手演師是一個劇團的靈魂，一個布袋戲的成敗，完全繫於頭手演師口白、動作的優、劣。而觀眾評比的對象也幾乎全在頭手師傅個人技藝的好壞上。尤其，一個布袋戲團的組成包含著前場、後場兩部份，頭手演師不但要縱橫前場，更要不時引導後場敲打演唱的節奏。一個成功的布袋戲頭手演師往往是一個戲班強勢的領導。〔註47〕

以上兩位所撰述的兩段文字中，已很明顯地可以看出布袋戲的演出中，前場演師工作的職能，皆以「頭手」之稱謂來說明其職務的重要性。然而，回顧當今對於前場演師的稱呼上卻未有其統一性，甚或翻閱了目前已出版或刊登過的書籍與史料中，也常有稱呼「頭手」或時而叫「主演」，前後不一致的出現在同時一刊物上。故再試以藉由田野調查訪談中，能從演師的觀念與印象，重新來釐清前場演師職稱之釋義。

〔註44〕陳正之，《掌中功名——臺灣的傳統偶戲》（臺中：臺灣省政府新聞處，1991年6月），頁209。

〔註45〕林鋒雄，《中國戲劇史論稿》（臺北：國家出版社，1995年7月），頁238。

〔註46〕同上，頁240。

〔註47〕陳金次主持，西田社布袋戲基金會，《女頭手》（臺灣布袋戲女演師的研究與調查成果報告書）（宜蘭：國立傳統藝術中心，1997年7月），頁27。

　　當諮詢受訪演師們此問題時，大多數的受訪者皆曾未去注意到或思考過此名稱之問題。顯然對於這位負責掌控全場口白、氣氛者，不論是稱「主演」者、或是叫「頭手」者，似乎皆已約定俗成地知道這兩個名詞所意指的是同一個人的稱謂。因此，經演師們重新回想後的回答，概略彙整受訪演師的說法，其大部分的說法是，「頭手」是北部班的稱號；「主演」是南部班的稱呼。

　　既是南北稱謂有別，試再針對南部班出身的演師，及北部的演師分別探詢，其中就以「小西園」許王（1936 年生）的說法最為堅持：

> 我以前演戲就都稱「頭手」，也有說是「老手」，沒有在講「主演」的。至於說南部班都稱「主演」、北部班叫「頭手」，這個我不太清楚，也都不知他們的狀況。但我跟我爸爸的時候就已都稱「頭手」。文化場稱「主演」，是後來才講的。照理講，我們都說「頭手」、「二手」。我沒有下到南部，與南部班交流，所以不知道他們是叫「頭手」與還是「主演」？黃海岱那時就也叫「頭手」，「主演」是後來才出現的名稱。我們現在傳承下去也都稱「頭手」不叫「主演」。現在我們的第三代第四代也都稱「頭手」，雖然他們都寫著「主演」，但在我的認為是「頭手」，我還是不認同「主演」這個詞。「二手」是幫頭手請尪仔，也不叫「助演」就叫「二手」，不論幾個人都叫「二手」。現在只剩我們這幾班有稱「頭手」了。我對學生講還是稱呼「頭手」。請戲的主家，不管是頭手或二手，都稱呼「師傅」。〔註48〕

基隆「新天地」黃聰國（1953 年生）〔註49〕也補充，其拜師許王時，就聽許王都叫「頭手」，但他在桃園整班時也是稱為「主演」。此外，「小西園」的資深後場藝師邱燈煌（1930 年生）〔註50〕亦說：

> 以前「禁鼓樂」〔註51〕時期，我曾在嘉義住了 10 年，遇有一個許正

〔註48〕　2013.09.07 晚上於新北市「新莊文化中心」訪談許王記錄。

〔註49〕　有關黃聰國，請詳閱本論文第三章第四節「興趣喜好自學成師」。

〔註50〕　邱燈煌（1930 年生），父親邱樹，師承「錦上花樓」主演王定，曾自組「新興樓」，日據時期禁鼓樂舉家遷居嘉義；光復後，搬回臺北新莊轉搭班「錦上花樓」擔任主演（當時王定已去世）。邱燈煌幼年隨父學習布袋戲後場，原在「錦上花樓」表演，該班解散後加入「新西園」七年，1970 年改入「小西園」，司鑼兼副唱曲。

〔註51〕　「禁鼓樂」詳閱本論文第二章第一節。

忠是北部班，但他也是住在嘉義，他的做戲攏是做北部款ㄟ〔註52〕，與南部做的不同款。那時的徒弟稱師父都叫「師父」，沒有稱「主演」或「頭手」；外人稱呼也叫「師傅」。那時嘉義也稱之為「頭手」。阿岱伯那時我才十多歲，所以我也不知他們怎麼稱呼。我們後輩嘛攏〔註53〕講「頭手」，到現在政府有在獎勵，政府講需要有個名稱，所以就寫稱為「主演」。以前攏講「頭手」，沒有在講「主演」的，是後來才有說「主演」。咱們下港話就叫做「前棚」〔註54〕。後場就講「後場」。北部攏叫「師傅」也不講「前棚」，人家若要請戲都講「頭手ㄟ」，就是指在叫「主演」。我們北部上一輩的攏叫「師傅」，沒有在叫「主演」啦！南部的我就比較不知道。「助演」就叫「二手」，只有主演才有叫「師傅」而已。打鼓的就叫「頭手鼓」，其實「頭手」嘛比較少用，大多叫「師傅」。依我自己的判斷，但也不大肯定啦！「主演」可能是根據「新劇」或是「電影」才有這個「主演」叫某某人。〔註55〕

從「小西園」這兩位資深藝師所言，皆極堅定地說明北部班確實是稱之為「頭手」〔註56〕，但北部比較統稱的還是「師傅」較為確認。至於許王所言，黃海岱那時就也叫「頭手」之說，筆者再繼續追詢中、南部戲班黃海岱的第二代及第三代徒弟們，卻所得的答案皆一致性很肯定地答覆，黃海岱時期就叫「主演」，並不曾稱「頭手」。其中「西螺輝五洲」廖昆章（1941～2017）〔註57〕更詳盡地解釋：

許王他們說「頭手」，是因為他們北部泉州的派別與咱們漳州的派別不同。海岱伯那時就已都說「主演」了，其實那時候也不叫「主演」，而是叫「棚前」。我們中南部漳州的都說做「棚前」、後場就稱「頭

〔註52〕「款」指形式。「北部款ㄟ」指北部演出的形式、樣式。

〔註53〕「嘛攏」（mah-lóng），也都是。「嘛」（mah），也、亦。「攏」（lóng）乃都、全、皆、總之意。

〔註54〕據邱燈煌所說的「前棚」，經研析應是語誤，正確說法應是「棚前」。按沈干山所著之《布袋戲》一書中，頁32亦提到「代表布袋戲師傅，又稱『坪前』。」其「坪」字應為「棚」字，可能因此二字之臺語音似而繕誤。

〔註55〕2013.09.01晚上於臺北市「歸綏戲曲公園」訪談邱燈煌記錄。

〔註56〕再訪問同是北部班的「亦宛然」系統之主演黃僑偉，所言亦然。「以前李天祿也都不叫我們『主演』，我們也是說『頭手』。」

〔註57〕有關廖昆章，請詳閱本論文第三章第一節「拜師習得一技之長」。

手」。如文棚〔註58〕就叫做「頭手弦吹」，那就是指賺比「下手」還
多，頭手如果賺二五、下手差不多賺十五，所以後場叫「頭手」、「下
手」；武場叫「頭手鼓」。「弦」要跟「吹」一起，「頭手」就是要會
歕吹（pûn-tshue）〔註59〕、拉弦仔、彈三弦、吹洞簫、吹笛子，各
項一定都要會；「二手」是歕吹、弦仔、廣弦這樣而已。〔註60〕

若按廖昆章之說法，「頭手」甚至「下手」皆指的是後場樂師的稱謂，而前場
的「棚前」一詞應該也包含了所謂的「主演」與「助演」兩者。但中部的「大
台灣新五洲」陳坤臨（1950年生）與「中國太陽園」林大豐（1954年生）卻
都很斷定地說，「我們這個系統沒有在講『頭手』，都叫『主演』或『棚前』，
且以前也不是叫『主演』都叫做『棚前』」〔註61〕。

　　既然有南北涇渭之分，筆者再試以訪談原為南部班，後長久遷駐北部之
戲班，再次求證。所得「真快樂」柯加財（1955年生）的回應是：

南部班都說「主演」，北部班才說「頭手」，我媽媽算南部班，都已
說「主演」。以前沒說頭手的，都說主演；北部班大多說「頭手」、「二
手」。以我所了解，以前我阿公在掌園時，人家請戲會交代說「你要
叫那女生『主演』來做喔！」……像我們劇團，在我囝仔（gín-á）
的時候，我媽媽有時也要叫人家來幫忙做，我家以前剛上臺北是跟
人家租的房子，房子很小，有時遇到大日子時，一小間客廳都擠滿
了人，都是給師傅睡，像是在演歌仔戲般，一個客廳睡十多個，每
個男生女生都一起睡。所以那時候就有的人講「頭手」、有的人講「主
演」，那時候的稱呼就有好幾種了。像我自己本身也可能講出兩種名
稱出來。〔註62〕

依據眾演師們的敘述，再次歸納起來，北部的戲班在早期是稱之為「師傅」，
之後才稱為「頭手」；而中、南部戲班則早期叫「棚前」，後來方稱謂「主演」。

〔註58〕「文棚」是指文場樂師。

〔註59〕「歕吹」（pûn-tshue），指吹嗩吶者。「歕」（pûn）為動詞，乃吹之意；「吹」（tshue）
　　　　為名詞，指鼓吹（kóo-tshue），即嗩吶之意。嗩吶臺語也稱「吹」。

〔註60〕其中，對於廖昆章所指出的「咱們漳州的派別」一詞乃尚存有質疑，其應屬
　　　　「洲派」黃海岱系統之下；惟，往前推論查閱黃海岱的師承源頭為來自泉州
　　　　的師父而非漳州。2013.11.21下午於桃園青田街廖昆章租屋處訪談記錄。

〔註61〕2013.10.22上午於臺中烏日林大豐自宅訪談記錄。

〔註62〕囝仔（gín-á），指孩童時期。2013.12.13上午於新北市新莊「真快樂木偶工作
　　　　室」訪談柯加財記錄。

　　其實，自 1950 年代左右南部戲班已陸續發展至北部，如此南北戲班開始互為交流，各自的習慣用語也會有所雜混，自然而然就會被混用，只要對方聽得懂所指是何者，根本不會在乎中、南部稱「主演」、北部則稱「頭手」。況臺灣布袋戲的師承或派別又過於冗雜，難免也會有不同的稱呼，而造就成各說各有理。就當前所見者，其「主演」一詞大多已廣被接受且通用之，反而「頭手」這兩字對一般人來講較不為所知。從現今各團隊所提出的演出計畫書，皆很一致地皆標註為「主演」與「助演」。從字面看來，的確是明瞭易懂，就是指「主要的演出人員」。

　　至於「主演」一詞究竟是從何時而起，已無人查起。或許是承上邱燈煌所臆測的「主演」可能是根據「新劇」、或是「電影」才有的稱呼。從「新劇」與「電影」的人員職稱中，也常標註著某某人「導演」及某某人「領銜主演」等字樣。至於布袋戲方面，從「內台時期」北、中、南各戲班的海報、或報紙的演出廣告、或是戲園的看板中，都已標榜著「某某人主演」的宣傳字樣。故我們可以非常確定的「主演」一詞早於 1950 年代時就完全被通用。

　　此外，除了柴棚仔彩樓形式外，其所搭的戲棚前景常會看到的是「某某人領銜」（如「光興閣」鄭武雄領銜）、或「某某人團主」（如「春秋閣」施秋旺團主）、或「某某人領導」（如「大中華五洲園」蕭寶堂領導）。這領導或團主顯然是比「主演」大得多，因為領導或團主或許就是「老闆」，而「主演」者也有可能是受雇者。但後來漸也看到有改成或外加上「某某人主演」等字樣。

　　總之，布袋戲演出的主要靈魂人物，掌其一劇之成者，皆乃「主演」之功。而通常的布袋戲「主演」之職責大略有：對於劇情結構的安排、角色性格與情緒的拿捏、人物的口白、內容主題的掌握、演出排場的調度、節奏快慢的控制、全場氣氛的操縱、後場音樂的配合等重責，甚或還得身兼操偶之任務。故此本論文將採用眾所認知的「主演」統稱，以其為重心來進行分析說明，討論其影響力與重要性，及所具之時代意義。

第二章　布袋戲在臺灣的環境歷史

　　布袋戲自傳入臺灣後，受到本土自然環境與人文環境的影響，儼然成了臺灣在地文化現象之一環，更爲因應時代環境的變遷，產生不同時期的風貌。故本章試從臺灣的環境歷史來看布袋戲各時期的發展狀況。然布袋戲從大陸閩南地區傳入臺灣的確切年代是各家說法，而本論文重點以「主演」爲研究對象，乃是以「人」爲主，茲討論布袋戲在臺灣的環境歷史議題，就以最早在臺灣實際有名字紀錄的布袋戲演師做爲起點。

　　沈平山《布袋戲》書中記載：

> 臺灣潮調布袋戲，源自福建省漳州府詔安縣西坑鄉三都港頭村，清朝乾隆年間，鍾五（兄弟五人）攜帶協典（按：協興）掌中班來到彰化縣溪州鄉水尾庄定居，傳到第四代鍾登風、鍾登錄、鍾登壽三兄弟，逐漸擴展到南投竹山斗六西螺荊桐斗南等地。〔註1〕

這是記錄最早來臺灣的布袋戲藝人，但沈平山的資料從何而來？也無法得知。大抵可知，推測福建漳州府詔安人鍾五，帶著他的「協興」掌中戲班來到臺灣中部濁水溪北岸溪州水尾村，開墾農地過著日出而作日落而息的莊稼人生活，晚上無事則以管弦唱曲自娛，在節慶的日子常應邀在村裡的廟前，以牛車搭臨時戲棚上演潮調布袋戲。〔註2〕由此可見，布袋戲班剛進臺灣時，屬於業餘的農暇活動，平日以務農爲生，逢節慶之時才受邀廟前演出，演出的環境與性質主要是以廟前的宗教活動爲主。

〔註1〕 沈平山，《布袋戲》（自行出版，1986 年 10 月），頁 76。
〔註2〕 詳閱陳正之，《掌中功名──臺灣的傳統偶戲》（臺中：臺灣省政府新聞處，1991 年 6 月），頁 188。

直至同治年間，臺灣的北部與中部陸續有布袋戲演師從福建泉州來臺謀生。陳正之《掌中功名——臺灣的傳統偶戲》一書提到：

> 同治年間，泉州演師童銓聽說臺灣好賺食，單槍匹馬地從家鄉來到
> 臺灣北部的艋舺闖天下。童銓滿腮鬍鬚所以人稱「鬍鬚全」，生於清
> 文宗咸豐四年，他沒唸過書，年輕時憑力氣為布袋戲挑戲籠到各地
> 演出。他雖不識字，卻天生聰明，利用閒時坐在戲棚上觀看演師撐
> 演戲偶，暗地苦練，終於學得一手好技巧。於是自己挑著戲籠跑江
> 湖以「金泉同」為名字演布袋戲。在艋舺由於唱腔宏亮，擅長演丑
> 腳及彩旦腳，演來動作惟（按：唯）妙唯肖，被譽為臺灣南管布袋戲
> 的開山祖。〔註3〕

從上段敘述判斷，鬍鬚全（1854～1932 年）年輕時苦練的技藝，在未到臺灣時就自己挑戲籠跑江湖四處演出布袋戲了，而來到臺灣已是職業性質的演出。的確，在清康熙 22 年（1684 年）曾頒布渡臺禁令，渡臺者得依臺灣海防同知審驗批准，若潛渡者嚴處。渡臺者不准攜帶家眷，業已渡臺者亦不得招致〔註4〕。此禁令到了同治 13 年（1874 年）欽差大臣沈葆楨來臺辦理防務，開山撫番，招徠墾野，才開豁一切舊禁上奏，獲准解令，所以鬍鬚全隻身來臺謀生是有可能。惟其來到臺灣演出是否搭別人之班？或是其演出時外請艋舺地區的南管樂師為其後場？有待再進一步查考。

第一節　清領至日據時期的臺灣布袋戲（1895～1945）

渡臺禁令解禁後，兩岸間人民的流動更為頻繁，這期間應已陸續有許多來自泉州、漳州及潮州的掌中戲班藝人來臺演出或定居授徒。故在此之前臺灣已有了「潮調」與「南管」音樂形式的布袋戲演出了，且廣受民眾歡迎。誠如陳正之所提：

> 同治年間，中部鹿港富商日城商行曾回故鄉泉州聘請著名布袋戲藝
> 人算師、狗師及施阿圳〔註5〕師徒三人到鹿港演南管布袋戲，在媽

〔註3〕 詳閱陳正之，《掌中功名——臺灣的傳統偶戲》（臺中：臺灣省政府新聞處，
　　　 1991 年 6 月），頁 189。

〔註4〕 詳閱林衡道主編、臺灣省文獻委員會編，《臺灣史》（臺北：眾文圖書股份有
　　　 限公司，2004 年 12 月），頁 290～295。

〔註5〕 有關「施阿圳」之記載各資料中均略有不同，於陳木杉《雲林縣布袋戲發展

祖廟前連演三個月，燈火綿延數里，場場萬頭聳動，本是預定半年結
束，那裡想到觀眾欲罷不能，祇好待在鹿港長達四年之久。〔註6〕

這些來自大陸的第一代師傅不僅是帶來偶戲技藝的演出，也帶來了自家的劇
碼傳給第二代，而成了後輩的所稱的「籠底戲」〔註7〕。而關於「施阿圳」其
人，在張溪南所著的《黃海岱及其布袋戲劇本研究》一書中，對黃海岱（1901
～2007年）之研究，談到黃海岱的五洲園布袋戲團源於「圳師」：

> 「圳師」是早期由大陸的布袋戲師傅，說他來自泉州、屬於南管戲
> 的「白字仔」布袋戲，「圳師」傳藝給「錦春園」的蘇總，當時北管
> 亂彈戲曲逐在臺灣流行起來，蘇總鑑於此，開始改採北管福路後場
> 來配戲，演出內容甚至也改編自北管亂彈戲。〔註8〕

若以黃海岱之父黃馬生於同治3年（1863年），而15歲就拜師蘇總的年代推
算，至少在同治年間臺灣就有「北管布袋戲」的演出。又於光緒年間，雲林
斗南的望族沈國珍聘請福建詔安的一位「法仙」來臺演戲與教戲。沈平山《布
袋戲》裡還記載：

> 朴子陳家掌有一個歌仔戲班，因戲路很多，到了他的兒子陳貯又增
> 加一團布袋戲班，時常延聘陳金興、法仙兩位師傅演戲，若是大節
> 日，就由法仙的徒弟曾問、曾材出戲，陳貯的兒子（陳深池）偶爾

　　史暨布袋戲宗師黃海岱傳奇》（頁118）中稱為「俊師」；陳正之的《掌中功名
　　——臺灣的傳統偶戲》（頁194）則稱「施阿圳」；沈平山的《布袋戲》一書中，
　　前在「五洲派師承表」中稱「施阿圳」（頁107）、後於內文（頁373）中又叫
　　「俊師」；而在呂理政的《布袋戲筆記》（頁90）中又言「黃阿圳」別號「圳
　　師」。故張溪南則統以「圳師」稱之。
〔註6〕　詳閱陳正之，《掌中功名——臺灣的傳統偶戲》（臺中：臺灣省政府新聞處，
　　1991年6月），頁191。
〔註7〕　於呂理政所撰之《布袋戲筆記》一書中，對「籠底戲」之解釋為：戲班稱其
　　師承先輩所傳的單齣戲目為「籠底戲」或「落籠戲」，其意為與戲籠俱存的壓
　　箱底戲齣。往昔戲班能出的籠底戲並不多，能精演二、三十齣籠底戲目，即
　　為一派名師，而擁有出色的籠底戲訓練，更是成名頭手所必須具備的要件。
　　詳見呂理政，《布袋戲筆記》（臺北：臺灣風物雜誌社，1991年2月），頁63。
　　又據江武昌對「籠底戲」的說明：指的是一代傳一代，口耳相傳的老劇目，
　　亦全都是「唐山過臺灣」的布袋戲戲齣，按不同的戲曲流派而有不同的劇目。
　　參閱江武昌，〈光復後臺灣布袋戲的發展〉，《民俗曲藝》第71期（臺北：財
　　團法人施合鄭民俗文化基金會，1991年5月），頁56。
〔註8〕　詳見張溪南，《黃海岱及其布袋戲劇本研究》（臺北：臺灣學生書局，2004年
　　2月），頁33～34。

也在棚上做助手……後來曾財、曾問自組戲班，帶著陳深池到臺南、屏東一帶演出，深池的技藝從此日愈巧絕……陳深池只得自個兒在麻豆、善化、關廟、林邊、鳳山、東港闖天下，風靡整個南臺灣……。〔註9〕

從沈平山的這段記錄中，有部分的資料是深值商榷的，光緒年間臺灣歌仔戲應尚未興起，更遑論在朴子地區就有其歌仔戲班〔註10〕。但可以了解的是，最遲在光緒年間臺灣早已存在職業的布袋戲班，民間各地應是極為風行請布袋戲演出，以致陳家的戲班戲路接不應暇；而且地方望族不僅會邀請至家中演出外，甚至還把演師留在臺灣收徒授藝。但沈平山卻未明確說明是光緒幾年？故筆者試從陳深池（1899～1973 年）〔註11〕的年代回溯，卻查知沈平山亦將陳深池之父親搞錯了。陳深池之父親應是陳奎，而陳奎之父才是陳貯，且陳深池的女兒陳淑美（1936～1999 年）可用腳踢戲庇仔，是在南臺灣遠近馳名的第一代女主演。若用 1894 年中日甲午戰爭年代來判斷，這位「法仙」是陳深池的祖父陳貯時即被請來演戲與教戲，那應該是更早於光緒二十年。

1895 年（光緒 21 年）中日簽訂「馬關條約」，將遼東半島、臺灣和澎湖

〔註9〕 「法仙」係屬於潮調系統的布袋戲演師。參閱陳正之，《掌中功名——臺灣的傳統偶戲》（臺中：臺灣省政府新聞處，1991 年 6 月），頁 189 及沈平山，《布袋戲》（自行出版，1986 年 10 月），頁 76。

〔註10〕 臺灣歌仔戲的形成時期，雖亦說法不一，經查證各史料，最遲應在民國初年（1912 年）以後才興起，且發展之初也不會在雲嘉地區開始。參閱劉信成，《臺灣「歌仔戲導演」之探討》（臺北：中國文化學院藝術研究所碩士論文，1996 年 6 月），頁 47～53。

〔註11〕 陳深池（1899～1973 年），嘉義六腳更寮人。祖父陳貯經營大籠、小籠戲班，父親陳奎開始經營布袋戲班「瑞興閣」，外聘主演來演出。陳深池 11 歲入私塾學漢文，暇時跟父親的戲班跑戲，模仿各路主演師父前後場的技巧。某次，因主演誤戲，父親臨時要他上台，因無經驗，遂請「財仙」以二齣戲點破陳深池演戲的竅門，陳深池因此拜財仙為師，並開始擔任「瑞興閣」的主演。收徒鄭全明（全樂閣）人，日後均為布袋戲的一方霸主。「皇民奉公會」時期，加入「小美園人形劇團」，未久倒班，再加入「東光人形劇團」。1945 年臺灣光復，重整「瑞興閣」，在臺南、高雄一帶與歌仔戲拼戲，連贏七天，竟遭對方計陷，遂致失聲，從此退居幕後。1948 年，收徒楊金木（興旺閣）；1955 年收徒鄭能波（天天興），亦皆布袋戲界知名演師。詳閱石光生、王淳美，《屏東布袋戲的流派與藝術》（宜蘭：國立傳統藝術中心，2007 年 6 月），頁 25；及國立傳統藝術中心「布袋戲主題知識網」http://kn.ncfta.gov.tw/NCFTA/palm/show_node.jsp?id=1.1.1.2.1.9&rid=1.1。（最後查核日期 2014.03.10）。

割給了日本。臺灣從此受到日本人統治長達半個世紀。初期日本當局除以武力鎮壓外，是竭盡全力地建立其「殖民地體制」，部署統治機構，鞏固開發基礎，設法安撫人民，對於臺灣人民原有的風俗習慣，無暇干涉，一切以樹立臺灣殖民地體制之全面基礎爲首要〔註 12〕。因此臺灣布袋戲可說還是充滿著活力的蓬勃發展，只要布袋戲演出內容不危害日本人的統治基礎，通常是不加以過問的。

在此日治時期，布袋戲除了民間各廟會的外台演出外，還有一種售票方式的商業劇場演出形式，就是「戲園」〔註 13〕的出現，讓戲班們更有發展的空間。而這種商業劇場基本上有四種不同的形式，一爲固定建築物之劇場建築，一般設於較大的城鎮；二爲利用公眾集會場所充作演出空間；三爲臨時木構的簡易封閉表演空間，大多在尙無劇場建築之前的城鎮或無劇場建築的村莊聚落；四爲利用當地宮廟內圈圍一塊區域作爲表演空間。〔註 14〕而戲園經營的方式，一種是演出團體簽訂合同，依門票收入雙方作六四（戲園六、劇團四）或七三、五五分配，其比例端看戲班名氣、戲院的地點、設備與聲譽等條件，以及演出季節而定；另一種方式是按日出租，供戲班及其他團體使用，租金自定。〔註 15〕而這種出租的方式，就相當於劇團用錢包下戲園，票房收入就全歸戲班所有，因此戲班就得更推陳出新在演出的內容上，以吸引觀眾進戲園看戲。〔註 16〕

雖然當時兩岸政治大不相同，但雙方的文化交流並未因此中斷，在戲劇方面還是有超過 60 個不同劇種的中國戲班渡台商業演出（布袋戲以泉州、漳州二地爲重心）；這不僅促進了臺灣戲劇的發展，更對臺灣戲劇在表演、劇目、舞台美術等各部分皆起了豐富與提升的作用。此時來臺的掌中班及傀儡

〔註12〕 詳閱林衡道主編、臺灣省文獻委員會編，《臺灣史》（臺北：眾文圖書股份有限公司，2004 年 12 月），頁 491～494。

〔註13〕 「戲園」，日治時期的戲院（也常放映電影），多以「座」、「戲園」、「劇場」、「舞臺」爲名；戰後則多稱爲「戲院」，即使專映電影者亦然。詳參閱邱坤良〈大眾表演文化的資料蒐集與研究〉，《飄浪舞台——臺灣大眾劇場年代》（臺北：遠流出版事業股份有限公司，2008 年 11 月），頁 37。

〔註14〕 詳見徐亞湘，《日治時期臺灣戲曲史論——現代化作用下的劇種與劇場》（臺北：南天書局有限公司，2006 年 5 月），頁 152。

〔註15〕 邱坤良，《舊劇與新劇——日治時期臺灣戲劇之研究（1895～1945）》（臺北：自立晚報社文化出版部，1992 年 6 月），頁 79～92。

〔註16〕 詳參閱吳立萍、董逸華、蔡亞倫，《戲說人生》（臺北：慈濟傳播文化志業基金會，2006 年 6 月），頁 26。

班爲商業性質的演出，已與傳入初期之野台演出形式不同。〔註17〕誠如 1908
年（光緒 34 年）《臺灣日日新報》的記載：

> 近者泉州掌中班亦設戲園，一在艋舺舊街、一在大稻埕永和街。日
> 夜繼演，且公然印刷戲單。分佈市內，招人往觀，是亦維新之一現
> 象也。（1908.01.22）〔註18〕

> 臺南三郊中人創設之慕古戲園聘來泉州掌中班演於水仙宮內，有
> 《晉司馬再興避難》一齣，被識爲淫風敗俗。（1908.01.25）〔註19〕

由於是售票的商業性質，故而布袋戲戲班就必須考量觀眾的視野與舞台美
感，一切有關視覺、聽覺的感官享受。且這種商業性的經營方式，也形成了
劇團、戲院與觀眾三方互爲影響、相互牽制的主要關鍵，觀眾越喜愛願意掏
錢到戲院來看戲，造成戲院的盈收。當然就愈希望能留下好的戲班，而戲班
也不得不絞盡腦汁，使出全力的創作出好的作品來吸引觀眾，三者是互爲循
環的密切關係。

在演出的劇目內容亦不僅是所謂的「籠底戲」就能討好觀眾的需求，因
此吸收、涉取新的演出題材亦是戲班必須考量的因素。1909 年（宣統元年）2
月 25 日的《臺灣日日新報》有刊登這麼一段：

> 竹城南管布袋戲龍鳳閣，演劇之佳，有目共賞。該班主近見本報紙
> 小說欄中，所載《金魁星》一部，其屬膾炙人口，彼遂依樣演出，
> 手弄口述，神情逼肖。觀者竟大加喝采，每夜臺下，男女爭集，幾
> 於地無立錐云〔註20〕

此竹城指的就是當時的新竹，且從這則新聞中，很明顯地可以看出，這內台
的演出的班主（團主）本身亦就身兼「主演」之任務。資深演師廖昆章對內
台布袋戲團主亦有這麼一段說法：

> 歌仔戲一人演一角是沒甚麼，但布袋戲一定要團主兼主演，就是要

〔註17〕 詳閱徐亞湘，《日治時期中國戲班在臺灣》（臺北：南天書局有限公司，2000
年 3 月），頁 25、92、101。

〔註18〕 徐亞湘，《史實與詮釋——日治時期台灣報刊戲曲資料選讀》（宜蘭：國立傳
統藝術中心，2006 年 12 月），頁 98～99。

〔註19〕 徐亞湘，《日治時期臺灣戲曲史論——現代化作用下的劇種與劇場》（臺北：
南天書局有限公司，2006 年 5 月），頁 300。

〔註20〕 徐亞湘，《史實與詮釋——日治時期台灣報刊戲曲資料選讀》（宜蘭：國立傳
統藝術中心，2006 年 12 月），頁 111。

本人可以當主演，你才能整團。當然也有自己整團但不會當主演，
主演都是請人家的，但這是做民戲的戲班才有。現在講的攏是內台
演布袋戲的本質，你有能力做團主，也就有能力做主演。〔註21〕

當然，亦有的主演者常為內台時的班主所聘請，其狀況有二：其一、或許團
主本身就是主演，卻同時接了不止一戲院的檔期，不得不再外聘主演以協助
分團的演出；其二、或許班主只負責接戲或擔任後場人員，自己不會當主演，
得外找主演來幫忙，惟筆者觀察若似此情形，大多在較為偏鄉地區的戲院才
常會發生。畢竟都會地區觀眾的看戲動機多少也會因主演名氣影響，故而稍
具有名氣的主演就自己組班當團主。因此，廖昆章的這段話，說明團主必須
具有主演的能力，這也是布袋戲與其他劇種大不同的地方，乃在於布袋戲的
主演就相當於代表著戲班的班號；易言之，臺灣的布袋戲史就等同於布袋戲
演師史，即由各時代傑出藝師的努力所建構成的。

又於邱坤良所著的《舊劇與新劇——日治時期臺灣戲劇之研究（1895～
1945）》一書中亦敘述：

日治初期的布袋戲不論屬南北管、白字戲和潮調系統，基本上都走
傳統路線，演出各自的籠底戲、正本戲，大約在 1910 年代，布袋戲
師傅傳統劇目之外，開始從傳奇、小說改編一些新戲，融合說書和
布袋戲的特色，產生一些古書戲、劍俠戲。雖然仍用傳統後場伴
奏，但已大量減少唱腔，並能自由擷取其他戲曲的特色，在傳統基
礎上不斷求變，也使得布袋戲較能掌握觀眾心理而有良好的發展環
境。〔註22〕

邱坤良這裡所說的「古書戲」即「古冊戲」，臺語「書」的白話音與「冊」之

〔註21〕 「攏是」都是、皆是之意。2013.11.21 下午於桃園青田街廖昆章租屋處訪談
記錄。的確，又按徐亞湘《史實與詮釋——日治時期台灣報刊戲曲資料選讀》
（頁 111）中，對 1909 年 2 月 25 日的《臺灣日日新報》這則〈演金魁星〉新
聞之解說：此南管布袋戲「龍鳳閣」為外號「婆師」、「貓婆」的陳婆所整。
陳婆（1848～1936 年），泉州人，具有讀書人的背景，故而文辭優雅，長於南
管文戲，最著名的戲齣有《回番書》、《孫叔敖復國》等，於光緒年間八次來
臺，1936 年逝於臺。是臺灣最早南管布袋戲的知名演師與「金泉同」童全
（1854～1932 年）合稱「南管雙璧」，並留下「鬍鬚全與貓婆拼命——鬍的奸
臣，貓的不仁」的戲諺；19 世紀末、20 世紀初，兩人活躍於北臺灣艋舺一
帶。
〔註22〕 邱坤良，《舊劇與新劇——日治時期臺灣戲劇之研究（1895～1945）》（臺北：
自立晚報社文化出版部，1992 年 6 月），頁 177～178。

讀音同。如：「讀書」即爲「讀冊」（thagzheq）。故「古書戲」泛指改編自章回小說、各朝歷史演義等故事之戲齣，即所謂的「古冊戲」。

　　另一方面，自民國初年（1912 年）以來，臺灣各地布袋戲班紛紛興起，競演於廟埕，逐漸蔚爲風潮。在臺北艋舺有泉州紳商支持的南管布袋戲班，中南部有潮調、白字戲等布袋戲班；同時，流行於臺灣各地的北管子弟也組班演出布袋戲，並且逐漸取代其他戲曲後場，開啓了北管布袋戲的全盛時代。由於民間演戲的習俗盛行，布袋戲應聘出演於各地廟會，到了 1930 年代，戲界名家並起，布袋戲愈熾，達到第一階段的發展高峰期。〔註 23〕

　　1936 年 9 月新任總督小林躋造（1877～1962 年）上任後，爲了動員臺灣的資源、強化臺灣人對日本的忠誠度，制定了「皇民化政策」〔註 24〕，欲將臺灣人同化成皇國民。1937 年抗日戰爭爆發，日本泥足深陷，全國逐漸進入戰時體制，更積極從精神上企圖消滅臺灣人的民族意識，生活上脫離漢民族生活樣式及色彩，全面動員臺灣民眾參加戰時工作，大倡臺人之全面日本化。日本政府對臺灣文化約束日趨嚴厲，禁止臺灣傳統民間戲曲的演出，即施行所謂「禁鼓樂」政策，頓時布袋戲的外台戲幾乎消聲匿跡。因而造成許多戲班紛紛收班、遠走他鄉投靠親戚另謀生計。「小西園」的資深後場藝師邱燈煌〔註 25〕敘述：

> 以前「七七事變」日本時代「禁鼓樂」，戲都不能搬。我當時七歲，我爸爸帶著我們搬去嘉義，是因爲我有一個阿姑住在大林，我們才搬去嘉義。嘉義那時候也是不能搬戲，他是下去改做生意。「禁鼓樂」連外台戲都不能搬。我在嘉義住十年，所以我十七歲又搬回臺北。〔註 26〕

其他如「亦宛然」李天祿封箱，改行開茶店仔；「小西園」許天扶收籠，隔年帶著妻、兒（許王）與戲籠遠赴廈門謀求發展；「五洲園」黃海岱暫停外台戲，在鄉下賣豬肉、種田維生；「哈哈笑」王炎則到瑞芳當礦工；「玉泉閣」黃添泉替人畫肖像；「金樂閣」鄭全明以推五分仔車維生；「新興閣」鍾任祥

〔註 23〕　呂理政，〈演戲、看戲、寫戲：臺灣布袋戲的回顧與前瞻〉，《民俗曲藝》第67、68 期「布袋戲專輯」（臺北：財團法人施合鄭民俗文化基金會，1990年），頁 7。

〔註 24〕　小林躋造上任後，發表統治臺灣三原則：「皇民化、工業化、南進基地化」。

〔註 25〕　參閱第一章第五節，註 50。

〔註 26〕　2013.11.27 下午於新北市新莊區新泰路邱燈煌之次子住宅訪談邱燈煌記錄。

則到臺南永康為人看病等等。〔註 27〕可說是全臺灣南北各地的戲班無不被波及者。

　　1940 年長谷川清（1883～1970 年）接任臺灣總督更極力推行「皇民化運動」，並採用迂迴策略，表面上不全面禁止具有中國民族風格的民間戲曲，成立了「皇民奉公會」以徹底實踐日本帝國主義。1941 年於中央本部下增設「娛樂委員會」，企圖將臺灣傳統的民間戲曲全盤日本化。

　　1942 年則成立由官方控制的「臺灣演劇協會」，將臺灣的民間技藝日本化，戲班須加入演劇協會會員才能公開演出，且演戲需先辦理登記，凡要公開演出的劇本都得經過日本政府的審查。全臺僅准許七個布袋戲戲班〔註 28〕在戲園演出，並在「皇民奉公會本部」策劃之下，創造了帶有濃厚日本色彩的內台布袋戲。演出時禁止使用漢樂鑼鼓管絃，伴奏一律採用西樂或留聲片，服裝則採中日式並用，口白（台詞）可以使用臺語，但必須摻用日常用的日語、或用日語說明，舞台增設立體化的布景片，企圖改變傳統的表演型式。〔註 29〕甚至將七個布袋戲班組成「演劇挺身隊」作為宣傳皇民化運動的工具，將皇民化運動徹底宣傳至全臺各角落，特別是較偏僻地區為主，此時布袋戲演出僅存的價值，也只是為日本做政治性的服務而已。

　　當然，日本政府這樣拑制布袋戲的演出內容與形式，對於臺灣人民所早已長期養成的民族習性、與民族情感濃厚的藝人們而言，其熟悉的布袋戲習慣突然地被強制性的改變，並非是日人所想像一蹴可幾之事。聰明的演師們當然了解這種帶有異族政治的宣傳內容，是不會吸引觀眾所共鳴的；因此為了討好觀眾，表面上雖是依規定行事，實際上卻在伺機展現出演師的另一種創作力。「五洲園人形劇團」黃海岱（1901～2007 年）回憶：

　　　　我們手中雖然擁有許多可演出的劇本，但是為了滿足觀眾的要求，

〔註 27〕詳見吳明德，《臺灣布袋戲表演藝術之美》（臺北：臺灣學生書局，2005 年 7 月），頁 97。

〔註 28〕七個戲班有：陳水井的「新國風人形劇團」（臺北）、謝得的「小西園人形劇團」（臺北）、黃海岱的「五洲園人形劇團」（虎尾）、鍾任祥的「新興閣人形劇團」（西螺）、邱金墻的「旭勝座人形劇團」（永靖）、蘇本地的「東光人形劇團」（岡山）、姬文泊的「福光人形劇團」（高雄）等。詳閱呂訴上，《臺灣電影戲劇史》（臺北：銀華出版部，1952 年 9 月），頁 419～420。

〔註 29〕呂理政，〈演戲、看戲、寫戲：臺灣布袋戲的回顧與前瞻〉，《民俗曲藝》第 67、68 期「布袋戲專輯」（臺北：財團法人施合鄭民俗文化基金會，1990 年），頁 8。

總是在演出後半段，也就是督察先生被請去喝酒作樂時，偷偷的調
演戲碼，加演一段本地戲。想當時，只要鑼鼓漢樂一轉，台下的觀
眾就預知待會兒就會有好戲可看。有時在加演一段後，群眾掌聲欲
罷不能，還得一段一段的演下去，直到深夜才息鼓。我們當年就是
經常這樣的在日本劇裡偷偷演出漢劇，雖然偷演漢戲心裡一直很緊
張，可是一想到只有這樣演才能大快人心時，就不管三七二十一的
演下去了。〔註30〕

而「新國風人形劇團」的李天祿〔註31〕（1910～1998年）也有這樣的描述：

當時的「時代布袋戲」，就是將尫仔穿上日本服、講日本話、配樂則
用唱片放西樂，尫仔拿著武士刀在台上砍來砍去的「皇民劇」；我們
臺灣的地方戲「支那戲」完全被禁演。有時大家還是偷演，看到警
察來檢查才趕快換上穿日本服的尫仔，改成軍歌的配樂。〔註32〕

當時的「支那」是日本用來稱呼中國的方式，特別是在中日戰爭時期，日本
常用「支那人」來稱呼「中國人」；其實是日文從英文"China"的發音而來的。
故「支那戲」即時當下指稱臺灣的地方戲。

因此，日據時期臺灣布袋戲在受「皇民化」的壓制下，雖然處境坎坷，
甚至差點息鼓待泯。也多虧了這些聰敏藝師們的智慧才能該布袋戲在隙縫中
延喘持續下來。在此時期也激發主演們的民族情操和韌性的性格，更可看出
當時藝人們對於藝術上的執著與機智反應力。

第二節　光復後至80年代的臺灣布袋戲（1945～1980）

1945年戰後臺灣光復，政權交替，九月國民政府任命陳儀為臺灣省行政
長官兼臺灣省警備總司令。十月中國戰區臺灣省受降典禮在臺北市公會堂
〔註33〕舉行，由陳儀代表中國戰區最高統帥受降。在此時期，由於民眾已長

〔註30〕 蘇振明、洪樹旺，〈木頭人淚下——訪黃海岱談日據時代的布袋戲〉，《大世界》
　　　　第10期（臺北：大世界國際旅遊雜誌社，1980年7月），頁24。

〔註31〕 「禁鼓樂」當時，1942年李天祿又重操舊業，與其大徒弟張火木、紀秦等加
　　　　入陳水井的「新國風人形劇團」擔任主演。

〔註32〕 詳閱曾郁雯撰錄、李天祿口述，《戲夢人生——李天祿回憶錄》（臺北：遠流
　　　　出版事業公司，1991年9月），頁97。

〔註33〕 「臺北市公會堂」即現在的臺北市中山堂。乃日本知名建築家井手薰（いで
　　　　かおる，1879～1944年）所設計，落成於1936年12月26日，位在臺北市延

期未見傳統式的戲劇，亟期盼見到的中國傳統形式的戲曲演出，故當時戲班的演出可說是到處受歡迎，甚至「連最不起眼的劇團演出布袋戲都有人看，搶著邀請」、「常有一團拆做二、三團出去演，沒戲台，用兩張椅條疊起便演，觀眾滿滿都是」〔註 34〕。因此各地廟會活動重新熾盛起來，民間請戲日益不斷，在戰爭中蟄居各地的布袋戲演師們亦陸續復班演出，新的戲班也接連出籠，可說是在臺灣各地的布袋戲演出有如遍地開花般地紛紛湧現。

　　南部的臺南、高雄各市場均設有布袋戲專用小劇場，在臺中市某合作社二樓的會議室、臺北市大稻埕某茶行倉庫，及萬華龍山寺邊書場等，均改為布袋戲劇場。無論是外省人或本省人都喜歡它，在街頭巷尾時常能看到布袋戲、或在農場的曬稻場、或在寺廟的廣場，甚或在屋內，只要能夠容納八尺四方的「戲台」，就是利用兩部牛車連接架起來、或一大卡車也都可以取以運用。〔註 35〕正值盛壯之年的布袋戲名師，如李天祿、黃海岱、鍾任祥、黃添泉……等，更大肆組編戲籠，廣傳門徒接戲演出於各地廟埕，並嘗試進入專屬戲院，演出長篇戲齣。在一片請戲的熱潮中，布袋戲進入繁華盛極的黃金歲月。

　　雖然日本風格的布袋戲已成過眼雲煙，但是這段時間開始採用的大型舞台佈景，西洋音樂伴奏，以及新劇場觀念的介入，也造成了光復後內台布袋戲逐漸在表演形式上求新求變的重要因素之一。〔註 36〕就是因為觀眾是買票進戲院看戲，演出的好壞全看觀眾的反應，一旦票房不好，戲院老闆也不會冒虧本之險再請該劇團繼續演出。所以能夠長時間在戲院演出的劇團，必須具有相當實力。唯有戲院賺了錢，才會再聘請該團下回再來演出，且別的戲院也會打聽劇團的水準，以決定是否聘請。〔註 37〕當時美國電影西部片亦曾在臺灣流行一段時期，也有所謂的「二輪」戲院，即俟大戲院下片過後不久二輪戲院再拿來上映，這種二輪戲院更成為平民階級的娛樂場所，除了各大

　　　　平南路上，是臺灣第一個會展建築，為國家二級古蹟。
〔註 34〕語出黃海岱。見江武昌，〈光復後臺灣布袋戲的發展〉，《民俗曲藝》第 71 期（臺北：財團法人施合鄭民俗文化基金會，1991 年 5 月），頁 59。
〔註 35〕詳閱呂訴上，《臺灣電影戲劇史》（臺北：銀華出版部，1952 年 9 月），頁 414。
〔註 36〕呂理政，〈演戲、看戲、寫戲：臺灣布袋戲的回顧與前瞻〉，《民俗曲藝》第 67、68 期「布袋戲專輯」（臺北：財團法人施合鄭民俗文化基金會，1990 年），頁 8。
〔註 37〕石光生、王淳美，《屏東布袋戲的流派與藝術》（宜蘭：國立傳統藝術中心，2007 年 6 月），頁 16。

城市都有此二輪戲院，於鄉下則更多。特別在 40 年代中葉，這些二輪戲院幾乎全都成了布袋戲的天下。〔註38〕

由於國共內戰情勢對國民黨執政的政府趨於不利，國民黨軍隊在大陸節節敗退；而臺灣省行政長官公署種種的不當措施，引起臺灣人民的不滿，逐漸失去人心，故行政長官公署為挽回人心，鞏固統治基礎，便開始限縮人民的言論與戲劇的自由〔註39〕。1946 年四月國民政府成立「臺灣省國語推行委員會」，八月臺灣省行政長官公署制定「臺灣省劇團管理規則」，嚴格執行「凡在本省組織劇團者，須由主持人向宣傳委員會申請登記，經核准發給登記證後，方准於臺灣省境內演出。」不但劇團需要申請登記（牌照），每一場演出前也必須先繳驗劇本，劇本不得違反三民主義、國民政府政令、時代精神、以及妨害風化等內容；且劇本資料中還須記載劇名，故事說明、劇情大綱、對白、鼓介、作者姓名、著作時間，以及上演地點與時間，經政府機關層層關卡的審核，核准後才能在本省境內演出。〔註40〕

1947 年初，因查緝私菸引發警民衝突，人民從單純的請願治安事件演變為社會運動，大規模民眾反抗政府、以及政府派遣軍隊鎮壓屠殺臺灣人民、捕殺臺籍人民事件。更爆發自國民政府接管臺灣以來所累積的民怨，也造成了臺灣人和外省人之間的省籍衝突。抗爭與衝突事件在數日內蔓延全臺，釀成臺灣史上的「二二八事件」。自此，國民政府當局對群眾聚會變得極為敏感，對民眾的公開聚會採取嚴格的管制，更禁止了民間戲曲的外台演出，這也是對臺灣的戲曲產生了重大的影響與變化。

1949 年國民政府更展開長期的「戒嚴」〔註41〕，大動作地限制人民的思想與行動自由，為防範匪諜活動，嚴格限制外台戲的演出，規定各劇團在正

〔註38〕 參閱陳正之，《掌中功名——臺灣的傳統偶戲》（臺中：臺灣省政府新聞處，1991 年 6 月），頁 222。

〔註39〕 謝中憲，《雲林布袋戲誌》（雲林：雲林縣政府文化處，2011 年 10 月），頁 29。

〔註40〕 見邱坤良〈臺灣戰後臺語新劇劇本〉一文，《飄浪舞台——臺灣大眾劇場年代》（臺北：遠流出版事業股份有限公司，2008 年 11 月），頁 37。

〔註41〕 臺灣省政府主席兼臺灣省警備總司令陳誠於 1949 年 5 月 20 日以「國民政府」之名義，頒布實施「戒嚴令」，規定：「戒嚴期間擾亂治安者處死刑」。臺灣省警備總司令部又制定「戒嚴期間防止非法集會、結社、遊行、請願、罷課、罷工、罷市、罷業等規定管理辦法」、「戒嚴期間新聞雜誌圖書管理辦法」，以及「臺灣地區戒嚴時期出版物管制辦法」等。直至 1987 年 7 月 15 日，方由前總統蔣經國先生頒布總統令，宣告解除戒嚴令，共計「戒嚴令」施行了 38 年。

戲演出之前須演一段「反共抗俄劇」〔註42〕，以做政令宣導，並於演出前就需提申請，故布袋戲班為了怕麻煩遂趁勢轉入戲院做「內台」〔註43〕，試圖利用勞軍義演活動以示支持國策。此時，「五洲園」與「新興閣」二派年輕一輩的高手競起，除承襲師輩之精湛演技外，更積極創編新的戲齣，從事舞台與後場音樂的更新，成為後來「金光戲」風行之濫觴，漸而造成了百家爭鳴之局勢，並且締造了十數年間戲園內台戲的全盛時代。〔註44〕

　　1952 年三月成立了「臺灣省地方戲劇協進會」，並每年舉辦地方戲劇比賽〔註45〕，參賽劇團所演出之劇本，大多為「反共抗俄劇」；當時這種充斥教條式的政令宣導內容，並不受觀眾喜好。雖然這種政宣劇的題材是廣不為大眾所接受，但筆者認為這類「地方戲劇比賽」的做法，長久下來，也足以影響各劇團對於藝術創作的整體性與團結性的素（品）質要求，對劇團而言無非是一種極為重要的推動力。誠如「中國太陽園」林大豐〔註46〕（1954 年生）表示：

> 我們以前在比賽是看實力、看功夫ㄟ，尪仔坐椅子不能這樣拖的，不然就扣分；未出戲尪仔桌就要擺好位置。尪仔聽樂、聽後場，腳步行上寶台來，這張椅子就不行屁股坐下去後又往後推，不然就扣分。起來要下去，腳要跨過去，坐下去就定位，椅子也不能動到。這做戲完全都要實力的，一來 85 分以上的都是差零點幾零點幾，優等的、特優的都是差一點點而已。就差在抓尪仔的楣角（mê-kak）〔註47〕、跟你的口白講錯了，評審都在抓你的把柄，所以說裁判是在判你抓尪仔的基本動作。民國 78 年我參加比賽，我、我師父、德性〔註48〕我的先生公本人下去幫我拿大刀。我的先生公跟我講這些

〔註42〕 「反共抗俄劇」是一種政令宣導劇的演出，演情節內容帶有濃厚的政治色彩，大多在主戲演出前 20 分鐘。

〔註43〕 當時演出「內台戲」，於週六與週日的上午還得演出一場「勞軍戲」。詳閱郭端鎮，《掌藝游俠——陳錫煌生命史》（臺北：臺北市政府文化局，2010 年 12 月），頁 46。

〔註44〕 呂理政，〈演戲、看戲、寫戲：臺灣布袋戲的回顧與前瞻〉，《民俗曲藝》第 67、68 期「布袋戲專輯」（臺北：財團法人施合鄭民俗文化基金會，1990 年），頁 8。

〔註45〕 地方戲劇比賽自 1952 年開辦，每年舉行，直至 1999 年停辦，共計辦理了 47 年。

〔註46〕 有關林大豐請詳閱本論文第三章第一節。

〔註47〕 「楣角」（mê-kak）指技巧、竅門。

〔註48〕 德性，是指曾德性，是林大豐的師公。詳見本論文第三章第一節註42。

　　裁判攏眞嚴格〔註49〕哦！以前比賽都是看榻角的。我光只做一個岳飛就刻了三個，三個頭盔跟服飾都不一樣。文的未出征，在裡面就是穿文衣，就要扮的斯文斯文；出征就戰甲頭盔，還有點兵的時候就不能插頭槍；要到出戰時刀槍都拿著，出兵的姿勢又一顆；另外還有騎馬的。光這些我就花了不少錢了，我是費盡心血。光排演就排練七天，擱尷哪（ko-kan-á）排練〔註50〕喔！〔註51〕

從林大豐的這段敘述可證明，劇團經過地方戲劇比賽的磨練與激勵，相對地在演出的素質上是有加分作用的，且獲獎對於劇團更是一種至高的榮耀，也能爲劇團甚或演師個人打響知名度的一項品質保證。

　　同年，政府對於外台戲演出，更以「改善民俗，節約拜拜」的名義嚴格限制，所有的外台戲演出，「限於祭典日及平安祭日，各舉行一次，每次最多不超過二日，並須呈報該管縣市警察局核准舉行」。〔註52〕又於 1959 年省政府根據副總統陳誠更提倡節約送禮辦法及內政部頒布試行的禮儀規範，公布施行「臺灣省改善民間習俗辦法」，其中，對民間寺廟祭典舉行方式規定如下：

（一）農曆七月普度，統一於農曆七月十五日舉行一次。

（二）各寺廟庵觀每年分別舉行祭典一次，日期由各寺廟庵觀自行決定後報請縣市政府備查；但在同一鄉鎮市區分別供奉一主神之寺廟庵觀，仍應合併統一舉行。

（三）平安祭典以鄉鎮市區域依當地習慣爲單位，於稼穡收穫後每年舉行一次，其日期由鄉鎮公所商定之。

（四）祭品應限用清香、茶果、鮮花，其須用牲祭者，寺廟以豬、各一頭爲限；信民供祭不得以全豬羊作爲祭品。

（五）祭典日演戲，以當天一天演出爲原則。

（六）寺廟庵觀暨祭祀公業管理人，不得藉用祭典濫募斂財。

（七）各寺廟庵觀平時舉行宗教儀式，信徒燒香朝拜暨先哲先烈之

〔註49〕　「攏眞嚴格」，都很嚴格的意思。

〔註50〕　「擱尷哪排練」，意指「單僅在排練上所花費的精神與工夫」。「擱尷哪」（ko-kan-á）乃林大豐特別強調的語氣。

〔註51〕　2013.10.22 下午於南投「金聖宮」訪談林大豐記錄。

〔註52〕　見林明德、吳明德，《戲海女神龍——眞快樂・江賜美》（新北市口述歷史），新北市：新北市政府文化局，2011 年 3 月，頁 41。

祭祝，不受限制。〔註53〕

在這些規定下，不僅是破壞了戲劇與民間宗教活動的生態與習慣，也使得布袋戲在民間的廟宇祭典演出機會遂自然地銳減，而這也僅限定於民俗慶典，並不包括戲劇內台演出。因此，臺灣各種民間戲班再紛紛轉戰內台戲院，開拓另一波的表演商機。

隨著科技娛樂之興，布袋戲亦搭上大眾傳播媒體的順風車，再開創布袋戲另類的表演形式。1956 年「寶五洲掌中劇團」的鄭一雄在「中廣臺南台」錄製布袋戲《三國演義》，一齣三十分鐘，節目連播三個月左右，〔註54〕正式開創了布袋戲在廣播電台駐紮之新路。接著於 1958 年「玉泉閣第二團」黃秋藤也在岡山「正言廣播電台」製播《怪俠紅黑巾》，其廣播布袋戲生涯更長達十八年之久。〔註55〕這種廣播布袋戲通常大多與藥商（廠）合作，藉由演出精彩的故事吸引聽眾，並於中場休息時間插播藥商的藥品廣告，達到宣傳促銷其產品之目的；廣播電台也樂於將這筆廣告收入轉為邀請布袋戲團的製播費用，雙方互蒙其利。隨後，臺中「春秋閣」的施秋旺、南投「新世界」的陳俊然、二水「黑人新世界」的陳山林、雲林「五洲小桃源」的孫正明等，皆陸續加入廣播電台布袋戲的行列，〔註56〕廣播布袋戲逐漸而興盛起來。

1962 年臺灣電視公司（簡稱臺視，TTV）開播、1969 年中國電視公司

〔註53〕 此「臺灣省改善民間習俗辦法」於 1979 年 5 月 10 日廢止。詳參閱戴月芳、羅吉甫主編《臺灣全記錄》（臺北：錦繡出版社，1990 年 5 月），頁 437。

〔註54〕 詳見李昀穎，《台南地區廣播布袋戲的研究》（臺南：國立成功大學藝術研究所碩士論文，2007 年 6 月），頁 7～8。此外，在李昀穎的碩論中亦提到：最早關於廣播布袋戲的記載是於民國 36 年（1947 年）11 月 8 日《中華日報》第五版刊載廣播節目表的訊息：「21：30 播出布袋戲，演出的節目是《孝子節婦》，由小西園擔任主持」；當時播送電台是臺灣廣播電台，但播出時間僅 30 分鐘，就沒繼續播出，也沒有影響到後來廣播布袋戲發展的脈絡，因此很少有學者注意到此時間。按李昀穎推測，由於中華日報所載「小西園」的廣播布袋戲時間，恰是「二二八事件」發生還不到一年的時間，尚在嚴禁民間戲曲演出的非常時期，而「小西園」於廣播電台播出這段半小時的《孝子節婦》布袋戲節目應該與當時政策有關；且以許王的成長歷程來推算，「小西園」此段廣播的主演者應是其父許天扶。

〔註55〕 參閱楊雅琪，《玉泉閣布袋戲團研究》（臺南：國立成功大學中國文學研究所碩士論文，2004 年 4 月），頁 30～31。

〔註56〕 詳閱江武昌，〈臺灣布袋戲簡史〉，《民俗曲藝》「布袋戲專輯」第 67、68 期（臺北：財團法人施合鄭民俗文化基金會，1990 年 10 月），頁 120。

（簡稱中視，CTV）開播、1971 年中華電視台（簡稱華視，CTS）也開播，人民的看戲消遣的娛樂管道，不再只是買票進戲院看內台戲、或電影，甚或到廟前戲棚下看戲的唯一選擇了。雖然電視的開播影響布袋戲演出的市場甚距，但從另一個角度而言，布袋戲亦可開發另一種演出型態及演出場域的機會。

在臺視開播一個月後即邀請了「亦宛然」李天祿製播了一年的臺語發音的傳統布袋戲《三國志》〔註 57〕，這也是臺灣的電視台首次播出布袋戲的紀錄。同年 12 月 29 日起，一樣也是請「亦宛然」來操偶、由臺北市中山國小師生負責幕後配音，而製作了國語發音的《西遊記》，訴求觀眾為兒童，而隨後推出的都是傳統故事、或西洋童話與神話故事題材的兒童節目。

1970 年三月起至 1973 年，臺視又請來「真五洲」的黃俊雄陸續製作了《雲州大儒俠》、《六合三俠傳》、《雲州四傑傳》、《西遊記》、《三國志》、《大唐五虎將》，以及國語發音的《濟公傳》等。自《雲州大儒俠》的推出，創下 97% 的高收視率，一時造成轟動，主角史艷文成了家喻戶曉的人物。1970 年起中視見其電視布袋戲風靡之盛況，亦找來了「新興閣第二」的鍾任壁播出《小神童李三保救世記》、「進興閣」的廖英啓製作《千面遊俠》、「玉泉閣第二」的黃秋藤演出《揚州十三俠》及《武王伐紂》、「小西園」許王錄播《金簫客》、「美玉泉」黃順仁《無情劍》……等〔註 58〕；大多還是不敵黃俊雄的魅力，而回到外台演出的經營模式。另者，隨著電視節目多元化，內台戲亦逐漸沒落，更促使了經營內台演出的戲班也不得不轉向原生的外台生態、或廣播布袋戲形式發展，甚或轉謀其他行業。〔註 59〕

黃俊雄在「電視布袋戲」能傲視群倫的最主要原因是，除了他擁有一付與生俱來無人能及的好「五音」外，他早在進臺視之前，就曾拍攝過三部布

〔註 57〕 依據李天祿的回憶說：「我從民國五十六年起在台視演出全本的《三國志》，為期一年，每天晚上從九點半到十點半播出一個小時，那時電波只能傳到新竹，電視一開到處引人圍觀，大大小小都擠在電視前看節目。」詳閱曾郁雯撰錄、李天祿口述，《戲夢人生——李天祿回憶錄》（臺北：遠流出版事業公司，1991 年 9 月），頁 167。顯然，李天祿的回憶是錯記為民國 56 年（1967）。

〔註 58〕 詳閱呂理政，《布袋戲筆記》（臺北：臺灣風物雜誌社，1991 年 2 月），頁 206～208。

〔註 59〕 誠如：「輝五洲」的廖昆章轉向演出外台及電台（詳閱本論文第三章第一節）、「寶五洲」的鄭一雄轉投資藥廠與經營廣播布袋戲、「新興閣」鍾任壁則將劇團交由弟弟鍾任欽管理，自己則改行建築業……等。詳見呂理政，《布袋戲筆記》（臺北：臺灣風物雜誌社，1991 年 2 月），頁 109。

袋戲電影〔註60〕的經驗，已熟稔「鏡頭」下的掌控與運用，更改造了傳統戲偶的構造與大小，以及突破傳統戲台的布景形式，所以能壓倒群雄而獨占鰲頭。卻由於是劇中的一些笑話、口頭禪與臺語，妨礙了當時政府所推行的「國語運動」，因此在 1974 年被新聞局以「妨害農工正常作息」為由，而遭到禁播。

1976 年黃俊雄雖然再度以《西遊記》、《神童》，及《百勝棒》等國語發音的布袋戲，分別就臺視與華視播出，由於觀眾不適應國語發音的布袋戲，故而收視率並不理想。1982 年黃俊雄的電視布袋戲再度於臺視復出，隨後其弟弟黃俊郎（本名黃聆音）、兒子黃文擇、黃文耀，以及洪連生〔註61〕等皆陸續分別就三家電視台推出電視布袋戲。可說是「電視布袋戲」這種非同於內台與外台演出的形式的環境，儼然已成為「黃家班」的獨霸天下。

第三節　政府重視本土化〔註62〕後的臺灣布袋戲（1980～）

1980 年代後期，臺灣經濟蓬勃發展，各種流行文化紛紛興起，電影、電視科技娛樂的竄出，卻壓縮了民俗活動的生存空間，傳統戲曲的熱潮逐漸退

〔註60〕其實，黃俊雄所拍攝的三部布袋戲電影，票房賣座均不佳。列表如下：

年代	劇　名	編劇／導演	發行公司	上映戲院	上映天數
1958 年	《西遊記》	黃俊雄楊培化	寶偉影業公司出品	臺北「成功」、「愛國」	6 天
1967 年	《大飛龍》	黃俊雄	永裕公司出品	臺北「大光明」、「大觀」、「建國」	4 天
1968 年	《大傷殺》	黃俊雄	惠美公司出品	臺北「大光明」、「大觀」、「建國」	2 天

〔註61〕洪連生（1946～1999 年），高雄縣路竹鄉人，10 歲時就跟著叔叔學習布袋戲後場敲鑼打鼓，14 歲正式進入姑丈黃海岱的「五洲園」。1970 年參與臺視布袋戲《雲州大儒俠》節目演出，其所操演的木偶包括「史艷文」、「冷霜子」、「苦海女神龍」、「秘雕」、「二缺浪人」等人物。1976 年自組「洪連生木偶劇團」，巡演於全臺各地。1982 年電視布袋戲復出螢光幕，洪連生應聘為華視布袋戲基本製作人，在華視製作演出《新西遊記》、《白馬英雄傳》、《新濟公傳》、《神童小流星》、《風雷童子》、《金孔雀》、《封神榜》……等數檔布袋戲。1990 年製作的《射雕英雄傳》入圍第 26 屆金鐘獎傳統戲曲類，創下本地戲劇入圍金鐘獎首例。

〔註62〕「本土化」，詳閱本論文第一章第二節，註9。

卻，外台演出日趨式微，布袋戲團的生計更深受影響。由於當時民間游資泛濫，而正式投資股票、證券、期貨、基金之管道又尚未開放或普遍，一般人民為求致富，便大力投入各種地下「簽賭」中。此時，臺灣盛行一種非法賭博的「大家樂」，民眾篤信中獎號碼的「明牌」會出現於各種超自然現象中。一時之間，求明牌的風氣吹遍了全臺灣，紛紛湧入大小廟宇、神壇，向神佛求明牌，甚至膜拜各種陰神，如大樹公、石頭公，或墓地求靈感……等，有鑑於此，許願、還願的信眾突增；相對的，也讓這不景氣的布袋戲班意外的增加了賺錢的機會。

惟這種演出機會需視民眾許願之大小，以及其個人經濟財力之問題。因此，戲班也得考量接戲所談戲金是否符合成本；若戲金少者亦不划算，卻為了生計又不想放棄掙錢的機會，故取而代之的是以錄音帶播放，以陽春簡單的演出方式，收取低廉的演出費用，亦可同時多接幾棚戲。當然，民眾請戲的目的重於許願還神，娛樂效果反在其次。如此情況，卻促使戲班間的低價惡性競爭，甚至非布袋戲專業者亦組班創團，忽然間冒出許多「錄音班」來搶生意，更釀成布袋戲的演出品質逐漸低落。因此，技藝較高的演師索性自己灌製錄音帶，對外銷售以賺取利潤。

鑑於臺灣民間藝術素質與技藝傳承每下愈況，1980 年代以來，臺灣社會開始自我檢討與反省，本土意識逐漸掘起，本土傳統文化開始受到重視。而官方亦始重視「本土化」在臺灣人文生活與價值觀、甚或民間自行發起各種活動，也促成此種變化快速的發散開來。1981 年 11 月自「行政院文化建設委員會」（2012 年配合中央政府組織改造現已改制為「文化部」）成立後，於 1982 年起，每年即舉辦全國文藝季活動，期為各地藝術展演活動帶出示範性與導向性的指標。也在臺北青年公園辦理的「民間劇場」〔註 63〕，讓民眾能認識傳統曲藝的精緻面，享受藝術與生活結合的情趣，這也是文藝季的重要活動之一。自此，始邀請全省地方戲劇比賽第一名、或具代表性、或年屆耄耋的老藝師參與演出。

「民間劇場」的舉辦，不但是臺灣民俗文化藝術大型活動的始祖，為往後臺灣傳統文化活動正式揭開序幕，正式讓「臺灣傳統藝術文化」突破了政

〔註 63〕 「民間劇場」自 1982～1986 年，共舉辦理了五屆，由文建會主辦、施合鄭民俗文化基金會承辦。第一屆為邱坤良教授策劃執行、第二屆至第五屆則請曾永義教授策劃製作。1987 年起則改由各縣市文化中心辦理。

治上的疑慮和禁忌。〔註64〕活動中歷次參與活動的各類藝術家團隊，逐屆增加；1982 年有 24 類 26 個團隊、1983 年有 37 類 51 個團隊、1984 年有 43 類 60 個團隊、1985 年有 97 類 137 個團隊、1986 年有 109 類 169 個團隊，也是國內首次讓民間戲班又多了一個「文化場」的演出場域。其中在布袋戲方面：第一屆僅邀請「小西園」；第二屆就有黃海岱、黃順仁、李天祿、許王及王炎等；第三屆也只有「小西園」；第四屆則有「玉泉閣」的黃秋藤、「美玉泉」黃順仁、「新興閣」鍾任壁、「小西園」許王、「亦宛然」李天祿、「黃俊雄木偶劇團」，及板橋莒光國小的「微宛然」等；第五屆有「美玉泉」黃順仁、莒光國小的「微宛然」、「亦宛然」李天祿、「小西園」許王、「黃俊雄木偶劇團」，及「五洲園」黃海岱。所演出的劇目，除黃俊雄的《雲州大儒俠史艷文》外，幾乎皆爲「古冊戲」。〔註65〕

　　1984 年二月文建會公佈「文化資產保存法施行細則」〔註66〕並施行；十一月文建會舉辦「中韓偶戲觀摩展」，是臺灣第一次舉行跨國性的偶戲觀摩展活動，接著是亞太偶戲觀摩展，再到臺北國際偶戲節，每間隔兩、三年即舉辦一次國際性的偶戲展演活動，向國際社會介紹臺灣偶戲表演文化藝術。「亦宛然」李天祿與「小西園」許王更成了代表臺灣出國演出的常客。〔註67〕1985 年教育部據「文化資產保存法」制定「重要民族藝術藝師遴選辦法」，並設置「民族藝術薪傳獎」。1991 年文建會規劃扶植國內舞蹈、戲劇、音樂及國劇等具潛力之團隊，以扶植成爲國際性團隊；1992 年施行「國際性演藝團隊扶植六年計畫」，1997 年改爲「傑出演藝團隊扶植計畫」。1996 年設立「國立傳統

〔註64〕參閱江武昌，〈布袋戲的興起和民間劇場的關係〉，《傳藝雙月刊》第 63 期（宜蘭：國立傳統藝術總處籌備處，2006 年 4 月），頁 14。
〔註65〕資料來源：參閱曾永義，《說民藝》（臺北：幼獅文化事業公司，1987 年 6 月），頁 239～248；以及財團法人施合鄭民俗文化基金會，《民間劇場專輯》第 37 期（臺北：財團法人施合鄭民俗文化基金會，1985 年 9 月）。
〔註66〕1982 年 5 月 26 日〈文化資產保存法〉正式實施，爲保存及活用文化資產，充實國民精神生活，發揚多元文化而立之。而在〈文化資產保存法〉實施後，文建會會同教育部、內政部、經濟部與交通部在 1984 年 2 月 22 日發布〈文化資產保存法施行細則〉，文化資產爲具有各種價值，凡經指定或登錄而成的事物，包括「古蹟、歷史建築、聚落」、「遺址」、「文化景觀」、「傳統藝術」、「民俗及有關文物」、「國寶、重要古物、一般古物」及「自然地景」等七大類，除自然地景由「農委會」主管外，其餘六類主管機關均爲「文化部」所屬。
〔註67〕詳參閱江武昌，〈布袋戲的興起和民間劇場的關係〉，《傳藝雙月刊》第 63 期（宜蘭：國立傳統藝術總處籌備處，2006 年 4 月），頁 20～21。

藝術中心籌備處」〔註68〕，極力推動技藝保存計畫；並於 2001 年始舉辦的外台布袋戲匯演活動（詳閱本論文第四章第四節），採隔年辦理，至 2008 年共計辦了五屆；並每年定期辦理展演、傳習、出版等各項補助申請。

　　雖然演出一場「文化場」的收入較一般「民戲」來得多，畢竟機會還是不多，且主辦單位所邀請的都以業界資深知名的大老級藝師為優先。在這種「民戲」日益縮減，而「文化場」又是僧多粥少的情況下，戲班還是得顧慮生計維持的問題，得多方向開發演出機會。邱坤良於所著的《移動觀點：藝術‧空間‧生活戲劇》一書中，亦曾提到政府舉辦「文化場」對戲曲造成的影響：

> 官方舉辦的「文化場」與一般民間廟會酬神戲有天壤之別，一次「文化場」的收入抵過廟會半年櫛風沐雨的演出。在「保護民俗藝術」高唱入雲的今天，有辦法的演員積極爭取「文化場」的演出或研習計劃，很少人會對一天日夜兩場，酬勞微薄的「外台戲」感興趣。新美園留不住「台柱」，平均年齡更高，也更不容易吸引觀眾了。政府尊重藝人，給予他們更多的表現機會，原為良法美意，但不能從保護民間戲班著手，反而破壞戲曲活動的生態，當形形色色的「文化場」熱鬧展開，老藝人紛紛離開舞台，傳統的戲曲環境相對更加惡劣。〔註69〕

因此，文化場的出現對於戲班的經營與藝術表現，則又是面臨了另一種新的考驗。邱教授所提出的這種現象，是有待政府機關再縝密思考的方向，才不致枉費為保護民俗藝術與提昇藝術素質的初衷；同時，也是提醒戲班與藝人們更應嚴肅地看待演出文化場的實質意義。

　　就在 1992 年開始臺灣房地產市場供給量年年創新高，新建案競爭激烈。故如何透過行銷包裝擊敗競爭同業，獲得需求者的認同、青睞，乃至於購買，這也成了現代產業的最大決勝關鍵，所以房地產業寧願花費最高的預算於廣告行銷上。因此舉辦「工地秀」的推廣活動，以提供表演藝術吸引觀眾，促銷房地產，這也是房地產業在行銷市場上最為常見的一種手法。其中，不論是找來明星的歌舞以造勢、或舉辦吃喝玩樂的園遊會、或請演藝團體來做演

〔註68〕　「國立傳統藝術中心籌備處」已於 2002 年正式為「國立傳統藝術中心」，並揭牌營運，原有籌備處同時裁撤。

〔註69〕　邱坤良，《移動觀點：藝術‧空間‧生活戲劇》（臺北：九歌出版社，2007 年 4 月），頁 110。

出⋯⋯等，重點就是要聚集人氣的效果。而布袋戲此表演藝術，已歷經內台、外台，甚或跑江湖賣藥等經驗，當然也是房地產業考量的對象。而演出形式可有劇情的戲齣、可做純示範表演、亦可安插歌星歌舞⋯⋯等，皆以配合主辦單位與現場觀眾的需求來設計演出內容，主要就要吸引民眾、炒熱氣氛，這也為提供了布袋戲班另一條謀生之路。

　　1995 年新北市新莊文化藝術中心〔註70〕成立「布袋戲文物館」。新莊於清代乾隆、嘉慶年間，舟船熙攘、商賈聚集，極盛一時，在日治時期，新莊老街擁有「布袋戲巢」、「戲窟」、「戲館巷」的古稱，早期同一條巷內就有九團以上的北管布袋戲班。因此成立「布袋戲文物館」有其標誌性與帶頭的作用。更基於此，新莊文化藝術中心除了於「布袋戲文物館」每季持續地安排全省各布袋戲班做主題性的戲偶展示外，於中心前廣場每年亦邀請各團隊做「文化場」的演出。

　　無獨有偶地，堪稱臺灣「布袋戲的故鄉」雲林縣亦於 1999 年成立「雲林布袋戲館」，館內辦理經常性的策展，除了文字與戲偶的展出，更新增互動設計展及常態戲偶演出等。每年舉辦「雲林國際偶戲節」，邀請國際各國的偶戲團隊與國內布袋戲劇團做交流演出。

　　自 1999 年臺灣區地方戲劇比賽停辦後，臺北市則改以匯演形式繼續辦理，由臺北市社會教育館主辦；並與歌仔戲輪流舉辦，亦即每兩年辦理一次布袋戲匯演。匯演場地大多於萬華龍山寺前的艋舺公園、或保安宮前廣場。參與匯演團隊，不僅是老字號、資深藝師的團隊，亦可看到較為年輕輩的演師在此機會獻藝。每次的臺北市布袋戲匯演，就如同是布袋戲界的盛事一般。

　　此外，1998 年八月「霹靂布袋戲」首創了至目前為止，也是唯一進到「國家戲劇院」演出的布袋戲團隊〔註71〕。2000 年又結合傳統藝術與數位 3D 動畫，耗資三億元，歷時三年拍攝的《聖石傳說》布袋戲電影，創下國片史上首部全臺灣五家八大電影院同步首映的紀錄；之後，又陸續於日本、美國、泰國·中國大陸等地上映，至此將布袋戲藝術推廣至國際舞臺，也為布袋戲

〔註70〕　新莊文化藝術中心是全臺首座鄉鎮市級文化藝術中心，原隸屬於臺北縣新莊
　　　　　市公所（現更名為新北市新莊區公所），現隸屬於新北市文化局。
〔註71〕　1998 年 8 月 28 至 31 日的每天下午 02：30 及晚上 07：30 霹靂於國家戲劇院
　　　　　演出的《狼城疑雲》布袋戲，計演出八場，造成一票難求；其故事乃敘述素
　　　　　還真在「狼城」解破盜劍風波、與城主被殺疑團等情節。

立下一個嶄新的里程碑。

2001 年臺北市政府為推動歸綏公園地區環境改造計畫，成立一座配合地方特色，以外台戲為主題的「歸綏戲曲公園」。初為臺北市地方戲劇比賽場地，現大多為鄰近「普願宮」演出酬神戲，及學生社團的表演場地，偶爾亦做劇團「文化場」的表演場地。2004 年位於臺北京華城旁的「臺北偶戲館」正式開館成立，由臺北市政府委託「九歌兒童劇團」經營管理，常態性的辦理戲偶展示、教學、及偶戲周邊商品專賣，偶爾亦舉辦演出活動。

當然，還有在南部的高雄「衛武營藝術文化中心籌備處」〔註72〕，以及其他各地方政府每年也賡續舉辦了各縣市的「藝術節」或「傳統藝術季」等演出活動，或為某些主題性、或目的性的邀演……等，這多少也提供了布袋戲班增加文化場的演出機會。戲班們除了積極爭取匯演與其他「文化場」的演出機會外，亦會主動開發向有關單位申請至各級校園做推廣演出的補助。

然而，一般人常受到「錄音班」低劣品質的影響，會認為布袋戲是較難登大雅之堂的本土藝術。根據筆者的經驗與觀察，往往有些主辦單位（包含政府機關）在不了解布袋戲的行情下，會常把它視為一般在採購物品的習慣，若欲邀演做「文化場」時，會直接問戲班「演一場布袋戲需多少錢？」如此的問句，也常使得戲班一下子不知該如何回應，甚至面臨價錢到底要開高、抑是開低的心靈交戰。其實，布袋戲不僅在演出的對白、內容主演者可即興，其演出的空間是極有彈性的，隨時可以「因地制宜」，就賴主演者或當事者因應主辦單位之需求，可因任何場域與條件而安排與調度。畢竟布袋戲在臺灣的演出環境下，歷經了各時代的衝擊，已磨鍊成極有變通能力的民間技藝。

綜觀之，在布袋戲「內台」市場逐漸消退之後，卻自 80 年代以來，政府單位也陸續地提供了「文化場」的演出場域與機會，臺灣布袋戲的演出也因此大致成了兩大性質：一是大多僅限於一般性與宗教活動結合的「民戲」；二是由政府單位或民間機構所特定舉辦的「文化場」等兩大面向。戲班在演出

〔註72〕 「衛武營藝術文化中心籌備處」2007 年 9 月成立，目前為文化部的附屬機構。原為國防的軍區，1979 年政府宣佈廢止衛武營的軍事用途，2003 年正式宣佈變更為公園用地，並以都會公園、藝術中心與特定商業區三體共構的方式重新開發。俟「衛伍營藝術文化中心」成立將改制為行政法人方式營運，並定位為「南部兩廳院」。目前已成為南臺灣最受矚目的藝文焦點，未來計畫發展為臺灣文化展演與國際接軌的重要舞台。

的呈現上，也是預備了兩套標準以因應，其所呈現出的演出內容、排場與層次是有所迴異的。

小　結

　　布袋戲雖來自大陸，但傳入臺灣的時間點依然還是眾說紛紜，有待繼續查考。至少已被公認的是從泉州、漳州與潮州三個主要地區所傳入臺灣的。布袋戲藝人初移民到臺灣定居，已融入了臺灣人民的生活習性，過著莊稼人的生活，逢廟會慶典方以出場演出，主要是以「潮調」與「南管」音樂，應還算是業餘性質；最遲在同治以前已是職業性演出，也就有「北管布袋戲」的演出；更於光緒年間就有了職業性的布袋戲班，且亦將自家帶來的「籠底戲」劇碼留在臺灣，開始授徒傳藝，可說布袋戲是完全在臺灣紮根。

　　抗戰期間臺灣民俗文化更受到嚴重的摧殘與迫害，日本政府臺灣傳統民間戲曲演出不准使用漢族傳統鑼鼓樂器的政策，即所謂的「禁鼓樂」，差一點滅絕了布袋戲在臺灣的生存。尤其在皇民化時期，布袋戲的演出在內容上、後場音樂與布景設置等方面被強制要求改革，無形中是對後來的演出影響甚巨。反觀之，也刺激了演師們不再侷限於往常的「古冊戲」或「劍俠戲」題材。相形之下，更開啟了演師對於內容取材上的想像與創發力；另一方面也促進了內台布袋戲演出形式之一大嬗變。

　　光復後雖然統治臺灣的政權替換了，演出盛況曾復甦一時，但也沒有為臺灣布袋戲帶來好運氣，國民政府對於臺灣傳統戲曲同樣也是極權的高壓手段，幾乎與日治時期一樣是換湯不換藥。從「二二八事件」的發生、到「戒嚴令」的頒布，以至「改善民俗，節約拜拜」的規定等，幾度造成外台布袋戲面臨到生存的險境。但從另一個角度來看，內台的演出亦成了布袋戲演出環境危機下的一個避風港。

　　綜觀之，外台布袋戲的演出在臺灣的環境下，不論是日據時期的禁鼓樂、皇民化的嚴禁、或是國民政府時期所曾受到的無理規定，不管官方當局是如何的嚴訂限制，其活動在各個時期裡是一直未曾間斷過的，畢竟它是大多數戲班賴以維生的管道，戲班們為求生計，還是有偷偷在從事外台演出之活動，更何況其自古以來就已成了宗教活動的一環。

　　然而，電視布袋戲的興起，或許也是對布袋戲演出的場域又多一條新路。惟，或許戲班們尚不習慣如何透過科技的模式來善加發揮、呈現這樣傳

統藝術，而將這片新發現的江山拱手給了黃俊雄稱霸。孰料，才幾年之間又被貼上了一個為害「政策」之口號而被迫收攤。但也無可否認地，黃俊雄對於改良戲偶構造與電視布袋戲史的貢獻確實是創下了無人能比的功績；更影響了後來兒子締造的「霹靂布袋戲」轟動全臺、驚動國際視聽，再創黃家布袋戲史。

80 年代以來，本土意識的抬頭，政府單位開始重視本土傳統藝術的存在與價值，著手於傳統技藝的保存、傳承、研究與推廣，也為民間戲班增闢了「文化場」的演出場域，也這對於民戲戲路日益走下坡的布袋戲班，又多提供了一條演出的途徑。特別是文藝季「民間劇場」的舉辦，雖然大多還是邀請特定的知名的演出團隊（藝師）共襄盛舉，但這活動也蘊含著一種啟發與帶頭的作用。再加上各地方陸續成立的「布袋戲館」或「偶戲館」，舉辦策展、推廣演出等活動，足以顯示布袋戲這門傳統藝術還是有其自有的魅力。

總而言之，當布袋戲一傳入臺灣就與人民的生活密切的結合，更建立了深厚的情感。從古冊戲發展至劍俠戲，再到金光戲的形式，這都是視時下的觀眾的需求與反應而發展出來的。當受到多少次統治當局政策的壓迫時，為了生計，不論是轉入內台、或是結合藥商做「跑江湖」的賣藥形式，都還能在細縫中求得一絲氣息，其最大的關鍵乃在於布袋戲藝人有著靈敏的頭腦與創造力，隨時能因應時勢環境而做調整，可見布袋戲是一項深具韌性與生命力的民間藝術。

第三章　由演師的從藝史看布袋戲
　　　　　主演之養成

　　一位布袋戲主演能夠在演出上掌控全場，其功力絕非是一日可成的，這除了長年的經驗累積外，其在求藝的成長過程必有其心路歷程，特別是其技藝的養成除了「祖師爺賞飯吃」的本質條件外，其個人成長背景、當下社會的環境，以及演師個人的努力與修為等因素，都影響演師日後在藝術上的成就與否。

　　在民間各行業的技藝學成過程中，其師承背景向來是常為人所重視。就因為個人成長的背景不同，故所遭遇的學習環境與歷程，亦會有所差異。這些因素又是如何影響到演師在藝術呈現上的風格、或因此而造就出個人技藝上的特色。布袋戲主演的習藝過程中，其技藝最重要的環節不外乎就是「口白五音」、「操偶技巧」，以及「戲齣編排」的訓練等三大部分。因此在本章論述主演技藝的養成中，將著重於這三大方面為重點；並試從最為常見的「拜師習藝」論述起；其次是「克紹箕裘」，或子承父藝、或子從母業者；再而「親戚家族」為共謀生計，而將布袋戲視為家族事業者；最後有因興趣、喜好布袋戲而「自學成師」者，亦是不容被忽視的一環，故將依序於各節裡列舉敘述不同求藝過程的臺灣布袋戲「主演」，探討其技藝養成背景環境因素的共通性，再就其中闡述其演師技藝的特殊性。

第一節　拜師習得一技之長

　　在追求技藝的管道中，最為尋常者不外乎就是「拜師習藝」。學習的過程

尋求一位好老師的指點是為關鍵，其影響學徒在藝途成長，甚或未來的成就。特別是民間技藝的傳承，其師承關係更尤為重要。

臺灣早期教育不普及的農業社會裡，更未設有各種技職教育機構來訓練學生求得專業技能，以作為未來糊口為生的本領。因此為求一技之長者，都得尋求專業師傅，拜師學功夫，形成所謂的「師徒制」（apprenticeship）。在這種師徒制中，即有所謂「三年四個月」〔註1〕的傳統約定。即學徒跟著師父學習技藝，從什麼都不會到學成的過程，得需要三年四個月的磨練與學習才算期滿，技藝功夫紮穩了才能出師。這期間師父不僅傳授專業技藝外，亦得教導學徒為人處事之理，故學徒一入師父家門，不可能即時就能學到師父的技能，得從整理師父家的內務做起，如買菜、燒水、煮飯、洗衣、泡茶，甚或帶小孩等。從一起床，先向祖師爺敬茶、上香後，就開始忙碌一堆瑣碎的雜役。師父藉此磨練學徒的耐心，以培養其為人處事，待養成相當的品格後，才慢慢開始教授專門技藝。因此，技藝師承何人？在一位學成的師傅們一進職場，是常會被關注的重要條件。

就因有此學徒制，故在早期有些家境較為清寒的家庭，父母養不起子女，不得不將年幼的子女送去戲班裡學戲，又付不起拜師學藝的束脩，只好將小孩押在戲班。因此臺灣有句諺語「父母無藝世，賣子去做戲」。戲班與父母簽定「贌戲囝仔」〔註2〕契約，並付一筆費用予小孩的父母後，戲班不必再支付小孩任何酬勞。小孩自此得在戲班裡三年四個月，同樣亦是從打雜的事情開始，慢慢的才能跟著師傅們（老演員）學戲，也唯有如此才能學習到舞台上的技藝。此種狀況尤其在早期的歌仔戲界是司空見慣。雖然布袋戲這項職業的「拜師學藝」亦不亞於歌仔戲之盛，但經訪談過的布袋戲演師們、甚或所讀閱有關的書刊中，卻尚未看到有類似「贌戲囝仔」學藝之情事，「師徒制」亦不一定得是三年四個月之年限，但於戲班尋求拜師學功夫者，卻也是屢見不鮮。在本節中，試以敘述幾位拜師求藝的布袋戲藝人，試從其歷程當中探

〔註1〕 「三年四個月」包含實際的學徒期的三年時間；另四個月則是所謂的「補天數」，即是得補滿在這三年期間所休過的假，約為四個月左右。因此，或亦有人會說當學徒是「三年六個月」之說法。

〔註2〕 「贌戲囝仔」，也就是「綁戲囝仔」，在劇團學戲期間沒有酬勞，「贌」期結束後，才可以跟一般演員一樣，支領演出酬勞。詳參閱邱坤良，《陳澄三與拱樂社——台灣戲劇史的一個研究個案》（宜蘭：國立傳統藝術中心籌備處，2001年12月），頁50～52。

索主演技藝養成的共通現象。

壹、「西螺輝五洲」廖昆章

　　廖昆章（1941.11.05～2017.07.18）雲林人，
父親廖仍清早年拜師永靖北管「園派」〔註3〕
曲館的「阿卜先」學北管，與黃海岱家有親戚
關係，爲黃海岱戲班的後場樂師，負責「頭手
吹」，母親則幫戲班煮飯，故此廖昆章就在戲班
裡出生。

圖 3-1.1
「西螺輝五洲」廖昆章

　　縱然常跟隨父親於曲館學北管，但廖昆章
的北管並非直接向父親所學，而是由父親的師
弟「阿祿先」所傳授唱【二黃】與【平板】等
北管曲，上午就由高雄來的師父教唱【外江】。
在曲館時也認識許多「子弟戲」〔註4〕與歌仔
戲班的朋友，故孩童時期就常客串子弟戲，及
參與「華台興」歌仔戲班的四處演出，就因年
紀小，也未正式學習歌仔戲，所以只能演一些
「舉旗軍仔」〔註5〕的角色。廖昆章自言「我算是給戲班養大的。」

　　光復後，即五、六歲時轉跟隨黃俊卿游走於二流地區〔註6〕的戲園演
出。到了入學年齡已不能再隨著戲班過著四處漂浮的生活，遂與母親回到家
鄉，八歲入學。惟一年級與二年級各只就讀一個學期（共一年），即進入三年

〔註3〕　早期北管音樂傳入臺灣，分有是「軒」與「園」兩派，同供奉西秦王爺爲祖
　　　　師爺，臺中每年的六月二十四日王爺的壽誕皆會舉行「軒園鬥」，軒園鬥時聽
　　　　曲的人都有好幾萬人；那時候都還只有曲館而已，還沒有發展布袋戲。以上
　　　　語出廖昆章（2013.11.21）、同樣陳坤臨說法亦然（2013.11.02）。惟，二人對
　　　　於「園」派一字特別解說爲「軒轅氏」之「轅」，此乃有待再查究。
〔註4〕　「子弟戲」大多是由農村子弟組成，爲農閒時期佃戶子弟延請漳州亂彈戲師
　　　　傅來教戲，爲傳統戲劇業餘演出，故在臺灣亂彈戲逐漸被稱爲子弟戲。當時
　　　　在北管曲館者亦有些人會參加子弟戲之演出。
〔註5〕　「舉旗軍仔」即是跑龍套。此時廖昆章還不會演戲，只是穿著旗軍仔衫在台
　　　　上跟著人家跑而已。
〔註6〕　其所游走地區，大多於新竹以南爲主。當時臺灣的演出戲園有分所謂的「一
　　　　流地區」與「二流地區」之別，一流地區乃大多是一些省轄市地區，如臺中、
　　　　臺南，或高雄等人口較多的都會區，大多演出歌仔戲或放電影，鮮少布袋戲
　　　　演出；較次之的城市或鄉鎮地區才算是二流地區。

級直至小學畢業。就學的這段期間，村莊裡的地頭亦組「暗學仔」〔註7〕，延請講古的漢學先生來教授漢文，卻因參與的年齡並無統一，男女老幼皆有，程度也沒辦法一致，故廖昆章沒學多久就不再參加。但學習漢文這段時間，廖昆章更學會了點字句逗，小學畢業已能讀懂漢文，看遍「四書」、「五經」等古籍。這也是廖昆章認為向漢文老師所學的，是影響他做（演）布袋戲最重要的因素。

十三歲小學畢業後即跟隨黃俊雄學布袋戲，由於當時家庭經濟不佳，故並無依俗地行拜師之禮，僅是與父母談妥後，就進戲班開始當起學徒。跟著黃俊雄學了三年後開始當下手、再四年才「開口」〔註8〕當上主演。當學徒期間，師父並無特別指導他如何操偶，廖昆章皆利用師父演出時，認真地看著師父擎偶的重點，若感覺師父那天演出所擎的尪仔很正、很有著力點，尪仔步很有力道、尪仔的姿態漂亮，他都記於腦海，當晚就自己努力去揣摩、感受，對著鏡子勤練擎偶，特別是當了下手之後，更加利用此機會磨練自己的操偶。廖昆章說：

> 我也不曾被師父用尪仔頭砸過，我看過我師兄常被我師父砸到血直流。來當學徒的都是家庭經濟不好的，來這裡就像度生活，但是在學習當中，這些師兄弟算是都學到有出師啦！〔註9〕

由此話亦可看出，廖昆章在學徒過程中，應是相當被師父所肯定的徒弟之一。當時黃俊雄訓練徒弟們「開口」是煞費苦心，常利用於「內台」演出時的機會，要求徒弟上場，若演個五分鐘、十分鐘後，看到徒弟開始稍微結巴或躊躇了，他即接下去演出，有時徒弟在演出時，他也會坐在台下注意聽其演出。因此廖昆章第一次「開口」的戲齣是劍俠戲《飛鶴驚龍》，時並已可擔綱主演工作。〔註10〕

〔註7〕 地頭是指村裡較有權（錢）勢者。「暗學仔」即私塾。按廖昆章解釋這「暗學仔」自日治時期即有之。

〔註8〕 「開口」即是學習布袋戲的最終條件，須做到「能開口」、「敢開口」後，方能當上「主演」。誠如廖昆章所言：「當你已經學到可以開口了，會做『棚前』了，才算出師」。

〔註9〕 筆者 2013.11.21 下午於桃園青田街廖昆章租屋處訪談記錄。

〔註10〕 按陳龍廷所撰之《發現布袋戲——文化生態·表演文本·方法論》一書中（頁298），提到廖昆章：「1961 年首次擔任『真五洲分團』主演，在臺南慈善社戲院開口，演出黃俊雄的戲齣《西山風雲》」。此記錄是有錯誤，且時慈善社所演乃《茶山風雲》，黃俊雄與廖昆章並無《西山風雲》此戲。針對此記載筆者

　　也由於廖昆章在小學時就有了漢學的基礎，又有著追根究底的精神，在注意看師父演出的同時，對於師父所講的口白、唸的詩句，都會默記下來，再去查詢出處來源，加上自己又喜歡看書、翻閱各種資料，這也使得廖昆章接觸到許多書籍，對未來他編戲的功力扎下深厚之根基。廖昆章認為：

> 學厄仔攏要〔註11〕看自己的目色〔註12〕，因為先生在做戲，你就要注意看他這三個小時，在做的當中，你一天揀一點一天揀一點，譬如我今天要學他說甚麼口白。如「四聯白」是常在唸，我們一遍記、兩遍記，我鮮少作筆記。戲齣我師兄弟有人在寫，但我不曾寫，我都用頭腦去記而已。這段接這段，主要是它的意思、大綱是怎樣，至於細節就要自己去查，看書只是增加你自己的經驗。譬如說一齣電影，電影看看我們回來也是可以把它抄下去做戲呀。〔註13〕

從廖昆章的這段話，也點出了在習藝的過程中，不僅須有其察言觀色的習慣，更得要有實事求是的精神。從閱讀與其他方面的知識汲取，都是增加個人經驗的最佳方式。

　　1961 年廖昆章出師，擔任「真五洲」分團主演，時黃俊雄的《六合三俠傳》在戲院造成一股風潮。廖昆章說：他雖是黃俊雄的徒弟，但戲路常被安排於黃俊雄之前、或後來演出。但他不以其師的招牌戲為噱頭，故而於台南「慈善社」戲院演出時，在身邊只有 57 尊戲偶的情況下，午場演出《飛鶴驚龍》的劍俠戲、夜場則自己編造了一部《茶山風雲》，並塑造出幾個主要的角色，如：有崇高至上的「教主」、廣知天文地理的「先覺」（仙角）、精通醫理的「神醫」、好殺成性的「惡霸」與賊頭賊腦的「丑角」等。最主要是創造了「茶山隱士」一角為此劇之主角尪仔，造成一股轟動，佳評如潮，亦風靡於西螺、嘉義、彰化、台中、高雄、屏東等地。

　　當時他編造《茶山風雲》之初，並不熟悉「茶道」，只憑一股傻勁、膽大心細，演出前勤讀「茶史」、「茶經」，加上平日在黃俊雄身邊的察言觀色，多少學了一些黃俊雄的口才與應變能力，故而透過角色人物講出頭頭是道的「茶理」，常演到台下的觀眾，誤以為該主演必定是位茶道行家，而欲伺機拜見以目睹其廬山真面目。觀眾情願花一天五塊錢（一天午、晚各一場，一場

亦於 2014.01.13 再度向廖昆章求證。
〔註11〕　「攏要」（lóng-ài）都要。
〔註12〕　「目色」（bak-sik）即眼色。
〔註13〕　2013.11.21 下午於桃園青田街廖昆章租屋處訪談記錄。

兩塊半）的時間與金錢守候在戲台下看戲，也因此在「因戲會友」的情況下更結交了許多茶友。

　　1965 年（24 歲）自己成立「西螺輝五洲掌中劇團」，整團是為了演內台戲，不接民戲〔註 14〕。廖昆章說：「布袋戲一定要團主兼主演，就是要本人可以當主演，你才能整團。內台演布袋戲的本質，是你有能力做團主，也就有能力做主演。當然也有自己整團但不會當主演，主演都是請人家的，這是做民戲的戲班才有。」〔註 15〕也因此慢慢地發展出自己的戲路，漸在中、南部開展出一片屬於自己的版圖，被封稱為五洲園「下五虎」〔註 16〕之一。

　　然而，因為金光戲須有層出不窮的點子、陸續端出不同的「新尪仔頭」（新角色），《茶山風雲》裡的角色已無法滿足觀眾的味口，另一方面其胞弟廖昆根跟著他學戲，出師後亦組團演出，廖昆章只好將《茶山風雲》留給弟弟去演〔註 17〕。故在 1967 年於臺中「安由」戲院演出時，又塑造出以「忍俠

〔註 14〕 指民間廟會形式的常態演出。

〔註 15〕 2013.11.21 下午於桃園青田街廖昆章租屋處訪談記錄。

〔註 16〕 1970 年代以後，布袋戲界對「五洲園」第二、三代有「上五虎」、「下五虎」之稱，主要是以第二代、第三代在當時布袋戲界的票房賣座而論。
　　　　「上五虎」是指：「五洲二團」的黃俊卿、「真五洲」的黃俊雄、「寶五洲」的鄭一雄、「新五洲」的胡新德、「省五洲」廖萬水。據廖昆章表示：黃俊雄初起班，班號稱為「賽五洲」，後來黃海岱認為「賽五洲」不好聽，而更改為「真五洲」。
　　　　「下五虎」乃指：「西螺輝五洲」的廖昆章（黃俊雄之徒弟）、「五洲小桃源」的孫正明（鄭一雄之徒弟）、「正五洲」的呂明國（黃俊雄之徒弟）、「五洲第四團」黃俊郎（即黃聆音，黃海岱四子，隨黃俊雄戲路，故亦被列於下五虎）、「第一樓」的林瓊珽（黃俊卿之徒弟）。
　　　　然而，「五虎」原義乃源出自於：「五虎將」一說最早出自《三國平話》，三國中「蜀國」的五虎將。歷代兵製曰蜀漢置前、後、左、右、中五路大軍。在《三國演義》中是指劉備麾下的五員猛將關羽、張飛、趙雲、馬超、黃忠等分別為五路統帥，原文描寫為「五虎大將」，後人慣稱「五虎上將」。陳壽所著《三國志》將關、張、馬、黃、趙列為一傳，五虎上將由此得名。然實際歷史中並沒有五虎將，後來即意指各自領域中的五位領軍人物。在歷小說中更常為引用之，誠如：《說唐》小說裡「瓦崗五虎將」（秦瓊、羅成、王伯當、程咬金、邱瑞）；《狄青五虎將全傳》（狄青、張忠、劉慶、李義、石玉）；《水滸傳》（水泊梁山馬軍五虎將：大刀關勝、豹子頭林沖、霹靂火秦明、雙鞭呼延灼、雙槍將董平）等。

〔註 17〕 廖昆章表示：《茶山風雲》那時候要給我弟弟，讓他接我的戲齣，我另外再做新的，因為我打的基礎比較穩，所以要換新的就由我來換新的戲齣；也就是我的主線給他做，我再另拓一條新的線，換句話說也只是換了題目。「茶博士」到「白馬生」那只是換戲名而已，是連續下來的一段一段的情節。

白馬生」為主角的《白馬風雲傳》，再度造成一股旋風。其主角「忍俠白馬生」雖有著黃俊雄所塑造之「六合善師」的影子，乃為維護社會公理正義，凡事以「忍」為善的個性。但他更強化「忍俠白馬生」角色的性格，遇敵先忍，倘不能忍者，便斬妖除魔絕不心軟的雙重個性。因此，在高雄、屏東演出時，更大受歡迎欲罷不能，遂定居於屏東，一演便是連續五年；因此，《茶山風雲》遂成為《白馬風雲傳》之前身。

　　後來，黃俊雄成立分團，由廖昆章擔當分團的演出重任，並帶領後進在各地的戲院演出。尤其「內台」時的戰國時期，不僅為黃家立下了許多汗馬功勞、替洲派拓展了一些勢力版圖，同時也為自己打下了響亮的名號〔註18〕。其代表作品：《茶山風雲》、《白馬風雲傳》、《武童劍俠》、《濟公案》、《施公案》……等。

　　1970 年代黃俊雄在電視界為布袋戲創立另一波高峰時，廖昆章即已跟隨其間，並於 1976、1977 年廖昆章帶領了一批後進於華視錄播布袋戲節目，並擔任戲劇指導之職。1971 年協助在電視布袋戲的演出事務時，也帶著黃俊雄的兩個攣生兒子黃文擇、黃文耀兄弟，當時倆兄弟還是青少年時期，初學布袋戲尚不敢開口擔任主演。就在 1975 年黃俊雄布袋戲分團於臺中「日新」戲院演出，廖昆章趁機把黃文擇兄弟以細膩的誘導手法，硬是逼黃文擇兄弟二人練出戲膽、練出戲竅。〔註19〕

　　1990 年並於中國廣播電台製播布袋戲《五龍十八俠》，全省 21 台聯播。由於在布袋戲漸為現代科技娛樂的取代，而逐漸地走下坡之際，布袋戲藝術又重回原生的「外台」生態為主的狀況下，廖昆章其除了演布袋戲外，亦曾待過船公司、從事過印刷、五金、成衣加工、擔任過消防隊……等工作。

〔註18〕 內台時期，除了黃海岱之子，第二代的黃俊卿「五洲園」（二團）、黃俊雄「真五洲」，及其得意弟子鄭一雄「寶五洲」外，就屬第三代的廖昆章「輝五洲」成績最為輝煌，甚至在同一地點的檔期是由鄭一雄、黃俊卿、黃俊雄及廖昆章四人輪流各連演二十天。

〔註19〕 話出江武昌。〈臺灣布袋戲開講〉yam 蕃薯藤天空部落 http://diary.blog.yam.com/sea886/article/6169424（最後查核日期 2013.09.13）。惟，筆者訪問廖昆章講述當時訓練黃俊雄這對攣生兒子之狀況：由於時黃俊雄忙於自己的戲路與事業，黃文擇只好跟著廖昆章四處演出，當時也並非是廖昆章的助手，卻因好奇與好玩，初生之犢不畏虎的心態向廖昆章要求欲「開口」，亦得允諾於開幕時初試啼聲，但因膽怯卻只撐了五分鐘而已，就由廖昆章接手。但廖昆章從此遂以誘導之方法，十分鐘、十五鐘、二十分鐘至半個鐘頭，時間慢慢地加長，來訓練出黃文擇的膽量與功力；但並未言及弟弟黃文耀的學習狀況。

　　1993 年霹靂電視台成立之後〔註20〕，有鑑於廖昆章曾廣讀古籍、熟稔《彙音寶鑑》之讀音，在漢文基礎、歷史典故與臺灣民俗文化紮下了深厚的根基。當時黃文擇兄弟聘請他在霹靂電視台開闢「民俗傳真」說書節目，主講有關民俗文化典故；又主持了三百多集的「臺灣俗語、臺灣情」節目。

　　此外，1980 年以來，基於外台錄音班（團）的林立，現成的錄音帶之便利性深受業界的歡迎，故廖昆章亦錄製出版了《武童劍俠》（20 捲）、《周公鬥法桃花女》（4 捲），每捲約 40 至 60 分鐘的錄音帶，為現在「外台布袋戲」錄音班演出所常用。2008 年至 2013 年曾於臺灣戲曲學院歌仔戲學系國中部教授「歌仔戲語文」課程。2015 年因身體不適就醫，診斷出大腸癌末期；2017 年不慎摔傷，行動不便致延誤就醫，癌症病情急轉直下，7 月 18 日病逝於桃園聖保祿醫院。

貳、「華洲園」林振森（林阿三）

　　林振森（1947 年生）又名林阿三，雲林縣土庫鎮人。從小就喜歡上布袋戲，1960 年十三歲國小畢業就師承黃海岱學習布袋戲，從南管、北管開始學起。當學徒學習布袋戲時，師父並無特定的指導程序或步驟，林阿三只能藉由觀察師父或其他師兄，以及後場師傅演出時的狀況，以自我學習，有不解之時才提出問題。林阿三說：

圖 3-1.2　　「華洲園」林振森（林阿三）

> 黃海岱在教徒弟是沒有特定統一起來一起教的，都是看各個徒弟們若有遇到問題自行請益，上進者自然會學得多。而且師兄弟之間並不完全認識或有所交集。大多是個自在自己的地域上發展，若有問題才去找老師請教，或請教別的先進。〔註21〕

〔註20〕 黃強華和黃文擇兩兄弟於 1993 年成立了「大霹靂公司」正式進軍有線電視市場，並以呈現不同於以往中視所播霹靂系列，是以一種強化電腦動畫科技的新霹靂形象推出，而造成電視布袋戲的另一股熱潮，因此，「霹靂衛星電視台」亦等同正式誕生。

〔註21〕 2013.09.28 下午於雲林縣土庫鎮公所 4 樓演藝廳訪談林阿三記錄。

可見在林阿三拜師學藝的過程中，都得憑個人的自發性，去尋求解決問題的答案。由於當時的擴音設備並不發達，更遑論有調音或控音機器來訓練聲音，因此林阿三為了鍛鍊自己的「五音」，都利用古井或廁所的甕缸，〔註22〕往裡頭喊，聽其回音，來自我判斷、調整自己的聲音，並藉以揣摩、練習各種音色。對於戲齣與口白上字句的運用，皆靠平常多看戲，累積經驗，其認為做布袋戲必讀之書是《千金譜》、《警世通言》等〔註23〕，從中亦可了解、學習對於字句的押韻技法，這也是影響林阿三最深的重要書籍。

　　14歲時就與友人合夥整班〔註24〕，四人的共同喜好就是布袋戲，卻為了取團名而意見分歧，因此遂帶著當時最好的菸與茶葉去請師父黃海岱為其命名。茲考量為「洲派」體系得疊上「五洲」二字，故而取名為「鋁五洲」。之後又認為「鋁」翻遍字典音都抓不準，台語都講「阿魯米」，即日文「アルミ」（aluminium）不好聽，常被嘲笑是「銅鼎仔〔註25〕五洲園」，則又改更「土庫綠五洲」〔註26〕。從此開始於雲林地區開發戲路，接戲、演戲，四個合夥人開始的分工，真正能演戲也只有林阿三與林昭華二人，另二人皆為布袋戲外行，故相命者只能演出時充當「電光手」〔註27〕負責一些特效；而當流氓者就充當引戲的業務及外交。由於林昭華平常講古也只會演午場古冊戲〔註28〕，因此晚場的金光戲就落在林阿三的身上。然而，黃海岱並沒教林阿

〔註22〕據林阿三所言：利用有水的古井裡所傳上來的回音，以及以前蹲式的廁所，都會埋一個甕缸，就利用那甕缸的回聲，可聽自己的聲音、判斷聲音好不好聽。林阿三進一步的敘述：臺灣以前戲園裡的戲台構造，每一間戲台底下都會放甕缸，就是為了要有回音，這樣那戲園裡的聲音才會結實、才會直。所以若戲台沒有安置甕缸的話，演出時就會有嗡嗡叫的雜音，所以那些甕缸都是為了要控制音質、音量的作用。
〔註23〕《千金譜》乃描寫所有的貨物、士農工商的物件，以及農業社會每一個家庭日常生活所使用的器具，編成有押韻的字句，有詩韻、有雅語俗語、有趣味農村記事、有生意人口中的風流韻事……等；因開頭第一句話為「字是隨身寶，財是國家珍，一字值千金，千金難買聖賢心」而得名。《警世通言》，是明末清初作家馮夢龍的白話小說集，共40卷，每卷為一篇短篇小說，收錄的是宋元的話本及明代的擬話本。
〔註24〕林阿三與另三位合夥人，交情甚篤，卻來自不同的職業，一個講古先（本名林昭華）、一個從事相命、一個當流氓。
〔註25〕「銅鼎仔」（tâng-tiánn-á）臺語的意思就是「鐵鍋」。
〔註26〕因為畫布景的師傅為他們畫的布景都畫螢光綠色，故而稱之「綠五洲」。
〔註27〕「電光手」詳閱本論文第五章第四節內文。
〔註28〕據林阿三描述：林昭華是「子弟」底（指學習「子弟戲」），所以他的腔頭（指語調）都有「子弟」的味道。時他在虎尾「正聲」廣播電台講古，他只會做

三「金光戲」，所以林阿三只能藉由平日常游走於內台各戲班當下手時，看別人的戲、揀別人的戲齣。林阿三說：

> 我做下手時攏是做「內台」ㄟ，內台都要做金光ㄟ，客人比較留得住，他們不看不行。老闆是主演，他攏做暗時，也要負責所有的開銷，所以老闆太累了都會叫我來頂下午場，他做正場、我做副場。下午場與暗時〔註29〕的門票票價都是一樣，但下午是比較沒人看啦。下午演的與暗時演的是不同齣，各人演各人的。但有的地頭要做古冊戲，我都演《孫臏下山》、《三國演義》、《封神榜》……等，是從頭做到尾。也有老闆希望觀眾來聽戲，要我下午三個鐘頭也做他昨晚同樣的戲齣。〔註30〕

從林阿三這段敘述可得知，當時雖然是流於內台充當下手為主，但他也已經是可以開口當主演的，方能替代老闆演出觀眾比較少的下午場；且經由這些經驗來充實自己，模仿別人的戲齣。

於「綠五洲」這段期間，實際上並無登記申請牌照，純只為接戲方便而已。孰料每當晚上演完回來分賬，扣掉請樂師、租控音機等費用，竟都是賠本，尤其是每逢遇到與人對台拼戲的場子，就只能靠那位當流氓的出來壓陣了。且若遇到需添補器材時，卻沒人拿得出來，終究落得「綠五洲」解散的命運。

之後，林阿三17歲即北上宜蘭頭城投靠同鄉，一住就是三年，直至當兵。時宜蘭布袋戲並不興盛，又逢友人生病住院，只能為朋友扛起所有戲路，也因此在宜蘭地區竄出名氣來。林阿三回憶，那時每天都有戲，農曆正月初二出門，須至三月二十三日以後才能回到頭城。每天完戲後到蘇澳洗冷泉、或礁溪洗溫泉，再回到戲棚上。連搭火車都混到熟識火車站人員，可直接把戲籠寄放頭城火車站，甚至搭火車都不用花錢買票。

林阿三雖然是南部人，卻沒興趣在南部發展，一心想上臺北。從屏東退伍後，火車直接搭至臺北三重埔落腳，並在「贏洲園」搭班，一到臺北即演

古冊戲，不會做金光戲。他認為像金光戲裡要形容敘述「腳踹一下，唐山死萬餘人」，這種誇張的情節他不敢講、他不會做。他寧願做古冊戲。而他演的古冊戲，如《封神榜》、《七俠五義》、《再續五義》、《小五義》……等，所有的古冊戲，在內台連演十天，他都不用看書。

〔註29〕「暗時」指晚上。

〔註30〕2013.08.05下午於臺北市延平北路「陳悅記祖宅」訪談林振森記錄。

出兩個多月。此期間再起整班之計畫，但甫退伍尚無本錢，僅以所存的一萬伍仟元向團裡師傅購買了七十多個破舊的尪仔頭和三十多個尪仔體。開始以自己的名義引戲、接戲，演出時向派出所申請〔註31〕時皆還是借用「瀛洲園」之名。唯在一次臺北延平北路「媽祖宮」的派出所申請演出，該區派出所主管要求檢驗牌照，此時「瀛洲園」卻以自己需用為由不肯商借，沒辦法之餘，林阿三得重新尋求「一新閣」借牌，反而因申請與檢驗的名字不符，差點害「一新閣」牌照被吊銷。有了這次的經驗，林阿三感受到勢必得登記申請一張完全屬於自己的牌照。

　　為了整籠申請牌照，又必須得面臨取團名的問題，正在翻閱報紙尋求靈感之時，碰巧遇到一個老前輩看到報紙中每日每一版面都一定會印上的「中華民國」四個字，就建議林阿三，這四個字是國號，每個字都可以用來當團名，也不用考慮筆劃問題了，故而林阿三遂取其「華字」，而將自己的班號命名為「華洲園」，並向家中所供奉的祖師爺西秦王爺擲筊請示，果連獲三筊。1976 年林阿三終以「華洲園」正式申請牌照。從此亦在北部地區闖出了名號，不論傳統的彩樓、或是彩繪的布景形式是無所不包；演出內容，不管是古冊、劍俠，或金光無所不演。甚至將大型貨車改裝而成的行動戲台，設計活動布景、有閃光器、武打燈、自動發電等，演出設備樣樣俱全，用途多功能。

　　1987 年林振森與妻赴大陸四川、河北、陝西與福建等地觀賞木偶戲、皮影戲之後，始對這種與布袋戲操弄及演出方式截然不同的「皮影戲」產生興趣，喜歡上這種藉由光與影呈現的偶戲，遂多次往大陸取經學習皮影戲偶的製作與操作技巧。林阿三深深感受到布袋戲的演出狀況有日漸式微之勢，須再開發更多表演機會的可能性，故於 1993 年又正式成立「華洲園皮影戲團」，並於新竹縣橫山鄉設立「華洲園偶戲館」，兼具展示戲偶與推廣教學。

參、「中國太陽園」林大豐

　　林大豐（1954 年生），從小不愛讀書，喜歡看人演布袋戲，追著布袋戲團四處看演出。九歲國小三年級時，布袋戲班在其居住的村莊連演五天，林大豐照樣地去守著戲棚下看戲，竟然逕向演出的師傅要求要學布袋戲。但此師傅乃受雇於團來此地演出，並非團主。然而一聽此小孩欲當學徒，遂介紹林

〔註31〕當時戲班接演民戲，於演出前須先向演出地點的管區派出所登記備案。

大豐到臺中「大雅」戲園拜這檔演出的張慶隆〔註32〕為師。那時的張慶隆僅收一位徒弟而已，茲看到眼前的這小孩尚背著書包，還是讀書的小孩，不可能來當學徒，這得經過其父母的同意〔註33〕，才能允諾收林大豐為徒；因此張慶隆遂專程去拜訪林大豐父母。起初林母尚不答應讓林大豐去學布袋戲，希望他回家繼續讀書，時

圖3-1.3　「中國太陽園」林大豐

恰巧林大豐家裡正在整修蓋房子，其中有位做土水（水泥）的師傅對林母言之：「這個時候做布袋戲最吃香了，小孩有讀書沒讀書都不管啦，學個功夫最要緊。功夫為重啦，讀書無效啦。」林母終聽勸答應了林大豐拜師學藝之事，也因此在國小三年級就輟學了，而走上布袋戲演藝之路。

　　林大豐拜過祖師爺「西秦王爺」後，正式成為張慶隆的第二位徒弟。師父家中當學徒亦從帶小孩、提水、陪先生娘（師母）去市場買菜，提菜籃……等瑣碎的雜務做起。基本上這段時期，在技藝的學習，師父是「放牛吃草」的，全憑林大豐靠自己去看、自己去學。至於林大豐學習尪仔步（操偶）是從「兩步半」開始。據林大豐描述：

> 「兩步半」你如果學不起來，你就不夠格舉尪仔上戲台。如果「兩
> 步半」學到師父跟你說「不錯喔！」你才有資格舉尪仔，不然你連
> 資格都沒有。「兩步半」學到攏會了，你舉尪仔攔ㄟ水（koh-ē-suí）；
> 你「兩步半」如果不會擎，腳若踢得不夠漂亮，就同款沒那機會。
> 以前老一輩攏是安ㄋㄟ傳下來的。學戲除了從「兩步半」開始，再
> 來的所有操偶皆要靠自己練。〔註34〕

〔註32〕張慶隆，臺中烏日「日日大」布袋戲團團主，以布袋戲後場見長，師承南投布袋戲耆老「德興閣」團主曾德性。

〔註33〕據林大豐表示：那時父母同意的話，還是得簽約三年四個月，若時間未到就放棄的話，則須要清算賠償師父的。

〔註34〕「攏會」，都會了。「同款」，同樣；「攔ㄟ水」（koh-ē-suí），意指就會比較好看、比較漂亮；「攏是安ㄋㄟ」（lóng-sī-an-ne），都是這樣。
林大豐示範與說明：「兩步半」即尪仔走兩步，再往後踢一步，然後再跨步向前走。踢後面那一步，算是半步（示範：這隻腳沒走，這樣踢上來，就將尪仔腳舉起來，沒有倒退嚕，這就是兩步半）。2013.10.22上午於臺中烏日林大

林大豐操偶的自我練習是，若在戲園演出時，就利用空閒時於拉幕背後，想著別的師傅是怎麼擎的、怎麼武打的，自己多次揣摩、練習；甚或晚上大家睡在戲台上過夜時，他也是選擇較角落不易吵到別人的地方，躲在蚊帳裡勤練。平常時即對著鏡子練習擎偶，注意每個尪仔的姿態操作的好不好看、合不合角色，如何動起來才會自然。

　　由於當學徒時，年紀尚幼，童音重、聲音細又小聲，故師父要求林大豐去面對貼著石灰牆、及盛有半缸水的甕缸喊嗓，得須喊到「破喉」〔註 35〕，同時亦可藉由石灰壁的吸音、水缸的產生回音，以鍛鍊自己的丹田，使自己的「五音」更能分明、讓聲音能持久連演數月也不會嘶啞。林大豐表示：「以前沒有練到『破喉』師父跟本沒機會讓你上台開口的機會，頂多只能一直當下手擎偶而已。」〔註 36〕現在的林大豐除了戒不掉的煙癮外，平常是絕不喝酒，不吃摻有麻油、燒酒的食物，他說只要一吃到麻油喉嚨就好像被鎖住，非常難過。

　　一拜師後就隨著師父於臺中「大雅」戲園見習，這檔演出三個月結束，緊接演民戲演出，此時的林大豐當學徒已三個月。林大豐回憶：那時剛好是農曆的三月初一，師父生病又被醫生注射搞錯藥，全身浮腫，緊急送醫。惟

豐自宅訪談記錄。
　　有關「兩步半」的訓練，於陳金次主持的「臺灣布袋戲女演師的研究與調查」成果報告書裡〈生花妙旦轉巧偶——「春秋閣」何雪花〉中（頁 145），亦描述了何雪花的學習過程：「王振聲教何雪花也是非常嚴格，每天很早就要起床，拜王爺後，便要打壁練聲，對著內台戲園的古井，唱聲練丹田；然後到戲棚上，去練擎尪的動作。何雪花記得王振聲最早教他們擎偶走二步半，就是一尊戲偶出台，先開步走二步後，再做一個斜踢半步，才算是標準出台亮相的動作；而在走路的過程中，戲偶的脖子不能動，尪仔頭要顧得正。……」從林大豐示範的「兩步半」與何雪花的描述似略有些許的出入，但原則上是大同小異。總之，就似京劇人物出台亮相的身段台步。筆者認為這亦可能是每位師傅所師承不同，或傳承下的變異性關係所致。

〔註35〕據林大豐的說明：「破喉」是他們學布袋戲者對於聲音的訓練方法，須喊到讓喉嚨破了，它會自然康復，俟其復原後，嗓子自然就開，往後更能自如控制聲音的運用，在台上也不會有啞嗓的狀況。
　　針對此說法，筆者尚有存疑，2014.01.01 其在苗栗通宵「三仙宮」大棚（大場）的演出後，再度提出質疑。經林大豐再次解釋，同時描述：那時 14 歲，練到破喉時，無法嚥食，痛到一個月連喝水都會很不舒服。就因為「喉結」喊破了，已經練到沒有「喉結」，自動提出讓筆者可以試著摸他的喉結處，證實他是否真無喉結。果真，其喉結處是凹進去的構造。

〔註36〕2013.10.22 上午於臺中烏日林大豐自宅訪談記錄。

當天下午尙有演出，臨時找不到主演替代，師母正爲此焦急之時，林大豐竟自告奮勇願代師父演出。師母刹時爲之震驚，還以爲自己聽錯，認爲林大豐才學三個月，搞不好連尫仔都還不會擎，怎可能代夫演出，故反問林大豐要演甚麼戲。林大豐回應，三個月來跟在師父身邊，師父演的《少林寺》他都已深記腦海，所以他要演《少林寺》。那時才 10 歲大的林大豐即腳墊著板凳救場代替師父當起主演，並由其師兄當二手。下午尙未完戲，師父於醫院已吊完點滴，不放心回到戲棚下，看到林大豐的演出，甚爲驚詫。果眞英雄出少年，從此對這徒弟更是刮目相看。自此，只要是戲團的演出，下午場師父就漸放給林大豐，自己擔任晚場的主演。林大豐學徒三個月已算是出師了。

由於林大豐沒讀啥書，懂得字不多，僅憑記憶力，硬背下師父演出的狀況。林大豐說：

> 現在年紀比較大了，頭腦跟以前不能比了。以前一個尫仔名，我不用寫的，報甚麼名字，我就可以背得出來，戲肉（hì-bah）一幕一幕，我都可以把它背出來。我師父那時戲園常在做，技巧怎麼做，楣角（mê-kak）在那裡，生死門在那裡，我自己攏有在看。攏用記的，攏是看別人的自己就硬記。〔註37〕

也因爲有此天生好記憶的條件，林大豐常常當起師父演戲的「探子」。他回憶師父張慶隆在臺中「國盛」戲園演出《國際流氓》時，曾做到沒戲齣〔註38〕了，當時的陳俊然亦正在臺中「大觀」戲團演出《南俠》。林大豐就常常下午搭車前去看陳俊然的演出，把戲的內容、角色的名字全都背起來。晚上連夜趕回來，再從頭到尾全敍述給師父聽。隔天，張慶隆即照著林大豐所背的演出，內容大多一樣，只有尫仔名（角色名字）與造型不同而已〔註39〕。就這樣的任務連續了十五天之久。

林大豐出師之後，除了協助師父的演出外，亦游走各劇團搭班當主演，從中學習、攝取別人的戲齣，以儲備自己日後整班發展自己事業的能量。其中就待「大台灣神五洲」最爲關鍵，當陳坤臨〔註40〕（1950 年生）二手這段

〔註37〕 「戲肉」（hì-bah）指戲的内容。「楣角」（mê-kak）指竅門。「生死門」指主要關鍵。「攏有」都有之意。2013.10.22 下午於南投「金聖宮」訪談林大豐記錄。
〔註38〕 「做到沒戲齣」意指演戲演到已腸枯思竭。
〔註39〕 陳俊然的「南俠」有落腮鬍、戴西部帽穿時裝；而張慶隆的「國際流氓」亦然，唯不同處乃素臉、無落腮鬍。
〔註40〕 有關陳坤臨，詳閱本章第三節。

期間，吸收最多的就《小顏回》〔註 41〕。也由於林大豐的師父張慶隆以後場見長，也爲他打下傳統鑼鼓布袋戲的基礎，但當時的內台戲園大多以金光戲較受歡迎，故習藝還是金光戲爲主。此外，林大豐亦常向他的師公曾德性〔註 42〕（1932～2018 年）請益。林大豐崇拜地說「我師公曾德性的漢文實在有夠深，他的學問很飽，跟黃俊雄有得比，做《三國》關公跟孔明的講話，孔明出來自己寫詩，他都是跟漢學老師學的。」〔註 43〕林大豐更得意的是，師公曾德性自編傳給他獨家的戲齣《毛遂》、《烈馬傳》及《武林至寶半古佛》等三部戲。

　　1977 年林大豐正式整班創團，更牢記尊師重道、飲水思源之理，感念陳坤臨同意他可改編《小顏回》以演出，而取其「大中國神五洲」之「中國」二字；又用其師張慶隆團名「日日大」，「日」者太陽也，故而取名爲「中國太陽園」〔註 44〕。從此開始發展自己的戲路版圖。演出劇目包涵蓋古冊戲、劍俠戲、金光戲等，無所不包，最得意的古冊戲是「包公戲」及《月唐演義》。唯不演《鋒劍春秋》、《封神榜》及《三國》三部戲〔註 45〕。其最擅長的還是金光戲，更不時地研發、製作金光戲大場面的布景、道具、燈光、特效，以及新木偶技術，每每演出場面之大，是中部地區少見有壯觀排場的戲班。家

〔註 41〕　《小顏回》全名爲《儒俠小顏回》，是「正五洲」呂明國（師承黃俊雄）爲內
　　　　　台演出所編的成名戲。

〔註 42〕　曾德性（1932～2018 年）爲其本名，或稱曾德勝。南投「德興閣掌中劇團」
　　　　　團主，曾跟隨吳如圭學習布袋戲，後再拜南投潮調布袋戲「森林園」的鄒森
　　　　　林爲師。18 歲又改隨臺中擅長武打戲的「振樂天」王振聲學武戲，並娶其女
　　　　　王月英爲妻。精通典籍、熟讀漢學、飽覽詩書，每讀文章，必精透文義，並
　　　　　能審章拆句，應用於演出當中，精確詮釋劇中人物身分，呈現所演角色之精
　　　　　髓。技藝表演上擅長三大戲：歷史戲、征戰戲和公案戲，其大刀武戲更是聞
　　　　　名中部一帶。1999 年輕微中風後，劇團的演出工作則交棒給次子曾松鶴先生
　　　　　經營。傳徒有二十餘人，且目前大多從事於布袋戲表演藝術工作，多分佈臺
　　　　　中、彰化、南投、雲林等五個縣市地區，今南投地區布袋戲劇團中就還有將
　　　　　近十位是曾德性之徒。

〔註 43〕　2013.10.22 下午於南投「余聖宮」訪談林大豐記錄。

〔註 44〕　林大豐無奈的表示：八年前他以「中國太陽園」申請文化場演出時，評審委
　　　　　員中，某位學者挑其「中國」二字有政治意涵，而遭到去除資格。爾後，他
　　　　　以「太陽園」再申請一張牌照。

〔註 45〕　林大豐認爲：《鋒劍春秋》不實，孫臏父母兄長都被殺了，他還可以忍得住，
　　　　　竟認爲是天意，這種不合人倫的戲不做；而《封神榜》裡無法做到每位神都
　　　　　封得到，就索性不做。其實《封神榜》此類題材，戲班較忌諱演出，深懼演
　　　　　不好反而會褻瀆神明。就如同戲班較忌諱演《白蛇傳》之理。

族內所有成員全部投入劇團事務與演出。更於 1989 年臺灣區地方戲劇比賽掌中戲全國決賽中榮獲最佳優等獎。

目前已培養其次子林坤寶（1981 年生）擔任主演，若逢大棚（大場）或分團的演出林大豐才會親自出馬；若申請到「文化場」演出，則大多由兒子林坤寶負責演出。林大豐認為現在文化場的趨勢，大多得有其劇本為依據，須照著劇本台詞走，在他的學藝到演出生涯中，口白都是以即興「做活戲」為主，較不適應，本身把重點置於平常的民戲上；讓兒子出去闖蕩，學著適應目前的演出環境，也是一種磨練與經驗。

肆、「大中華五洲園」蕭寶堂

蕭寶堂（1951 年生）臺中北屯軍功寮人，小學三年級就輟學當了修理腳踏車之學徒。當時戲園就位於其腳踏車店之對面，常有戲班至此演出布袋戲，故蕭寶堂閒來無事，常會到戲園裡去玩，熟識了戲班的師傅，戲班團主問他若願意學布袋戲，可以打包行李來跟著他們。當時年幼的蕭寶堂沒想到第一次擎起布袋戲，就喜歡上布袋戲。逕就回家也沒徵詢母親同意，收拾細軟欣然地回到戲園，打算

圖 3-1.4　筆者訪談「大中華五洲園」蕭寶堂（右）

（蕭孟然攝）

跟隨戲班四處演出去。在那天完戲後大夥正在收拾戲籠準備離開時，母親及時趕來，心疼兒子年幼亦從未出過遠門，毅然把兒子給背回家去。母親僅允許兒子留於此地學布袋戲，不得到別處，故而蕭寶堂只好再回到腳踏車店，期盼著下一檔的布袋戲班來此演出。

一日終於等到了臺中「觀世界劇團」來此演出，蕭寶堂也因此認識了主演王武雄〔註 46〕，進而開始跟他學習布袋戲。王武雄告訴蕭寶堂，要學擎偶最好是每天一大早就練習，這樣手的筋骨才會軟，並教他如何擎偶的基本功。雖然蕭寶堂並無正式行拜師禮，但至今他還是認為王武雄就是他的

〔註 46〕　王武雄師承於「世界派」陳俊然，當時是受雇於「觀世界劇團」當主演，自己沒有整籠，演出劇目大多以陳俊然的《南俠》為主。亦時受聘於賣藥團在校園外面擺攤賣藥，賣藥時所演的戲齣大多為《紅黑巾》。

師父，一直都稱呼王武雄是他「先ㄟ」〔註47〕。王武雄對蕭寶堂的聲音訓練，建議他若欲保持聲音的最佳能量，最好需到山上去喊到「破喉」，並對其說明：

> 做布袋戲的人有「破喉」是比較好，但最怕感冒。若連續做三天戲，回來感覺聲音有點啞，一旦睡覺起來就好了；但若有感冒時，你如果要運音也比較方便運用。「破喉」若不要感冒就有辦法一直做，整個月連續做都沒問題；但是「破喉」很痛苦，吃不能吃、吞不能吞。「破喉」後，喉嚨一恢復那聲音就不一樣了。「破喉」是一次就好了，聲音就不會跟以前的一樣了。即便是你要「分音」會比較好分，等於是聲帶已經喊開了。〔註48〕

當下的蕭寶堂雖然還是似懂非懂，不甚了解師父所說「破喉」的好處。經過幾回的演出後，雖然已感覺到聲音有沙啞之狀，但睡一覺醒來，竟已然沒事。

至於「五音」的指導方式是，王武雄拿了「三花仔」、「小生」與「老生」等各一尊尪仔，要求蕭寶堂先針對這三尊尪仔的聲音去區分，分別講其口白，同時感覺其發聲部位、與揣摩發音方式。若蕭寶堂講錯了，師父也不會責罵於他，是耐心地指點其發音技巧及唸口白的竅門，並指導他甚麼樣的尪仔要講甚麼樣的口白。蕭寶堂很感激地說：「師父教我很多，他很認真教我。我也是在他那裡『開口』的，因為他對我『開破』很多。」〔註49〕從拜師學藝算起也有三年六個月才出師。

蕭寶堂認為自己好像在不知不覺地無意中上了台就自然「開口」當起主演。他回憶當時他被找去當豐原社口「小五洲」演出的二手，孰料演出當天那位「主演」卻與團主吵架，使性子臨時不演，而團主是負責後場鑼鼓而已，並不會做「主演」。在情急之際，團主僅把要演出的故事內容大略地對蕭寶堂講過一遍，就要求蕭寶堂救場，蕭寶堂只好「趕鴨子上架」。惟，那場演出的武戲是特別多，使得後場樂師對他抱怨連連；當時也是蕭寶堂第一次開口演出的戲齣《南俠──沒價值老人》。

蕭寶堂習藝期間，每天跟隨師父演出，由於書讀得不多，只憑著記憶力，專心地注意師父的演出與口白，牢記腦海。經驗累積多了，倣效師父的

〔註47〕　「先ㄟ」指老師、師父之意。
〔註48〕　「分音」指區分五音。語出自蕭寶堂回憶轉述。2013.11.02 晚上於臺中南屯蕭寶同自宅訪談記錄。
〔註49〕　「開破」意開導、指點。2013.11.02 晚上於臺中南屯蕭寶同自宅訪談記錄。

口白、台詞，幾乎與師父做的毫無二致，只是偶爾會有誤差一兩句口白，大多是一些較戲謔性的台詞。久而久之只要手一擎偶，自然就會有口白、台詞講出來。蕭寶堂自有一套舞台經驗模式，他說：「口白有時候若不能像我先生講得那麼多時，講不夠的部分就打武戲來抵，武戲多打一會兒就補過去了。」〔註50〕故王武雄大多演比較文戲的《紅黑巾》，而蕭寶堂卻大多以演《南俠》比較武戲的主。學成後大多數的演出，都先由師父先起個頭，就讓蕭寶堂接著演出。

其師父也建議他須經常出去體驗其他戲班的演出，見識別人所長，總會比一直跟在師父旁邊學習來得更有收穫；除了自己的口白很重要，利用四處幫別人做戲時，亦可多接觸到別人的戲齣，若是好的就可以吸收回來自己運用。因此蕭寶堂即到處搭班，竄遍整個大臺中地區皆有過其足跡，或當主演、或當人家的二手。

由於樂天達觀的性格，很好與人相處，演出也頗受觀眾歡迎，所以很多戲班都喜歡找他去當師傅，接戲機會是應接不暇。下午場他大多演劍俠戲，晚上都以一齣金光戲的《南俠》打天下。一日，在臺中的「天聖宮」演出，陳秋火與陳坤臨去看過他的戲後，稱讚他並邀請他到陳坤臨的「大中國神五洲」搭班。當時蕭寶堂考量路程問題，須搭公車且當時並非像現在是柏油路地面，都是石子路，意願並不高。其師父王武雄同樣地鼓勵他，不要怕辛苦，多去別人那裡學習、研究，只要認真做，時間做比別人長一點也沒關係。蕭寶堂看到師父對他都這麼有信心，也就欣然接受。

「大中國神五洲」是家族事業的大戲班，陳秋火、陳秋火的二老婆（本名蕭秀蘭，外號矮子草），以及陳坤臨皆是「主演」；而陳坤臨更馳名於中部地區，且聲名大噪至廣播界，有了蕭寶堂的加入更是如虎添翼。蕭寶堂搭班期間，大都負責主演下午場，晚上場即當陳坤臨的二手；若遇分團演出，蕭寶堂則得負責分團的主演。由於當時負責陳坤臨後場的師傅（陳坤臨的厝叔）因事請辭，正愁臨時缺人之際，蕭寶堂建議陳坤臨找他從事理髮工作的妹妹陳淑惠（1952 年生，外號阿美仔）出來學習，以接替後場音樂之職。在幾經勸說之餘，陳淑惠終於允諾，並很快地學會上手；同時亦能精準地為陳坤臨的廣播布袋戲做後場放（播）樂工作。若遇到與別人對台時，陳坤臨、蕭寶

〔註50〕 「先生」即意指師父、老師。2013.11.02 晚上於臺中南屯蕭寶同自宅訪談記錄。

堂與陳淑惠形成「大中國新五洲」堅強陣容的鐵三角，可說是所向無敵。久之，蕭寶堂與陳淑惠也發展出戀情，共結連理。

自從蕭寶堂來到「大中國神五洲」後，陳坤臨更專心於接戲，有關訓練新手、帶新人的工作都落在蕭寶堂的身上，乃至陳坤臨之弟陳坤德〔註51〕亦是他磨練「開口」。當然他也不忘師父當初的提醒，所以他在陳坤臨身上亦學到了許多臨場隨機應變的技巧與能力，特別是陳坤臨演出的戲齣《小顏回》。這影響到後來蕭寶堂自己出來整班，演出的戲齣多少都會有《小顏回》的影子。

蕭寶堂既然已成家生子了，夫妻至「大中國神五洲」做戲時間，小孩得花錢請人帶，終究還是需兼顧到家庭，故而毅然向陳坤臨請辭，決定自己整班創團，並於 1976 年成立了「大中華五洲園」。但陳坤臨卻警告「如果你要出去自己做，不要用《小顏回》」。所幸，蕭寶堂時與黃俊卿交情甚篤，亦師亦友，經取得黃俊卿同意，大多以演出他的《文殊世祖》，不僅戲齣、戲肉〔註52〕、尪仔名等都不改黃俊卿的原作。蕭寶堂說：

> 有一次，黃俊卿他在臺中「安由」戲園做，我在公園路與中華路那裡做，他做結束後都會走去那裡看我做戲。我看到他也不會驚慌，我也是照常做。結束後，他還跟我說「不錯」，並告訴我「黑眼鏡」〔註53〕講話要再殺一點。

由此可見，黃俊卿對蕭寶堂的肯定與關愛，當然有時蕭寶堂也會略改一些，以突顯自己的演出風格，如：黃俊卿「老流氓」的角色，他會改為「賣情報」的角色。

蕭寶堂從學藝到出師，大都以金光戲為主，也歷經了各團的洗禮，已累積了相當豐富的經驗，其長子蕭孟然（1977 年生）早已耳濡目染，受到父親蕭寶堂的影響，從小就對布袋戲有著濃厚的興趣。蕭寶堂目睹後繼有人，故而常藉由演出之時給予兒子機會教育。目前於團務上，蕭寶堂夫妻二人專職於打理民戲的演出；有關文化場的演出方面，全交由兒子蕭孟然全權負責，蕭寶堂僅在演出上從旁指點提供意見。

〔註51〕　有關陳坤德，詳閱本章第三節。
〔註52〕　「戲肉」（hi-bah）指戲的情節內容。
〔註53〕　「黑眼鏡」乃黃俊卿「內台布袋戲」成名戲齣之一《橫掃江湖黑眼鏡》裡的主角人物。

伍、「臺北木偶劇團」黃僑偉

黃僑偉（1975 年生）臺北板橋人，是臺灣
教育單位培養出來的第一批中生代主演，學藝
的過程與環境卻不同於前輩藝師。1984 年板橋
莒光國小聘請「亦宛然」李天祿（1910～1998
年）、陳錫煌（1931 年生）及李傳燦（1946～2009
年）父子三人到校教導小學生學習布袋戲，並
成立了國小首屆的布袋社團「微宛然」，將布袋
戲名正言順地推進校園，有計畫地培植新生代
演師。這次所招收的學生是從四年級開始，而
黃僑偉就在這批學生之中。

圖 3-1.5
「臺北木偶劇團」黃僑偉

「微宛然」剛成立之初，參加的學生更多
達六十多位，沒想到才過半年（一學期）後，
有的學生撐不住陸續地離開，就只剩不到二十
位；這批學生升上六年級，也僅剩十六人堅持到國小畢業。對於黃僑偉而言，
他們可算是小學生接受布袋戲教育的第一批。而李天祿父子更感到這是難得
的機會，能夠將傳統布袋戲藝術播種到校園，可說是國內首度的創舉，因此
在教學上就盯得特別緊、特別嚴格，也打破了傳統師徒制的授藝模式。既是
校園教學，就得有方案、有教材、有進度的計畫。

四年級所學的大多是「尪仔步」（ang-á-pōo），從擎偶的基本功開始訓練，
俟尪仔頭撐正了、尪仔擎得挺了，再而就踢腿、打拳等，一步一招的教，陳
錫煌與李傳燦兄弟二人先示範做一動，學生就跟著做一動，學生錯了、姿
勢、角色不正確，就立即給予糾正。對於小學生的而言，先學習武打，比較
容易入手，除了可以引發他們的興趣外，亦能藉此為他們紮下良好的基本
功，如訓練跑步、轉尪仔（旋偶）、空翻、單打、雙打等等，最後就是學走路
了〔註 54〕，一切都是照著步驟操課。五年級的進度就是口白，以「劇本」為
教材，分配一人講一句，老師唸一句，學生跟著唸一句。六年級就口白配合
尪仔的動作，也是一個人分一句、或一人分一個角色，照著劇本演練。可說
是這三年來大多以訓練「基本功」為主。甚至於 1985 年「微宛然」還應邀至

〔註54〕 據黃僑偉表示：學「尪仔步」（ang-á-pōo）最難的就是走路。尪仔不同的角色，
就有不同的走法。

法國、美國做巡迴表演。

　　「微宛然」這三年的成績亦已受到外界的關注，更爲顧及學藝不中斷，得讓這批學生一起上同一所國中。由於當時是九年國民義務教育的學制，學區並不是問題，故這批學生如願的上同一所「新埔國中」〔註55〕。惟，學生國中畢業得上高中，就產生問題了，若因上高中而解散，實爲可惜。因此，陳錫煌與李傳燦乃四處奔走、協調，終得到「華岡藝校」的首肯，但卻因爲華岡藝校是私立學校，也沒得補助，這批學生當中有家境較爲不佳者，根本就讀不起，故而就此結束了這批共同學習了六年布袋戲的學生。黃僑偉也因此另考上國立「海山高工」就讀。

　　雖然事已至此，但陳錫煌與李傳燦兄弟二人仍不死心，不甘心因學生上高中的問題而中輟了布袋戲的學習，故試以擬訂李天祿的「重要民族藝術藝師傳習案」向教育部提出申請，也終於又讓這批已培養六年的學生再度集聚一起學習布袋戲，爲期三年，當然黃僑偉也因而成爲的第一批「布袋戲的傳習藝生」。此藝生時期的訓練還是以「劇本」〔註56〕爲本，而口白訓練還是以分配角色爲主，一人負責一角的口白、或一場戲若有十個角色，三個人來主演的話，那就三個人一起分擔，藝生尚未能由一人來獨當全局。很快地，結束了三年的藝生訓練與高中生涯。18 歲的黃僑偉並沒繼續升大學，父親的去世帶給他莫大的低潮與思念，恰巧「亦宛然」正缺人之際，黃僑偉當然是被招手的第一人選。但由於劇團已較少接民戲的演出了，所以在生活經濟也是很不穩定，有時候就得出去打工、或接一些小案子，賺取生活費。畢竟是當兵前的過度期，時間一到了就得服役去。

　　1997 年退伍回來，須面臨選擇他踏入社會的一份職業，當兵前黃僑偉就很喜歡待在劇團裡，由於父親的去世，他大部分的時間都在劇團裡度過，如同是一家人般地和樂，跟著劇團出去演戲、甚至出國巡演，這種生活令他很懷念。也因此決定正式加入了「亦宛然」的行列。當然從此黃僑偉也得開始擔起一人獨當一面的「主演」了〔註57〕。雖已不算是布袋戲的「新手」，但還是也得從調整心態開始，這也是黃僑偉技藝成長的重要里程，在工作上算是

〔註55〕這批一起上「新埔國中」的學生又只剩十四位。

〔註56〕此時的戲齣教學方式，是以完整的劇本，已不似民間劇團的訓練「提綱」方式。

〔註57〕這時候「亦宛然」的李天祿已是退休狀態，而陳錫煌與李傳燦幾乎都是擔任二手。

重新開始，故在演出上還是從最簡單故事的戲齣開始學起，如：第一齣戲是《武松打虎》，然後再逐深入較複雜一點的戲齣，如：隋唐的《虹霓關》、或是三國的折子戲等，也算是邁入另一個學習的階段。

黃僑偉自覺到布袋戲既成了自己的職業，技藝就必須得更精進，對於技藝的磨練已非同於藝生時期的單純。自己感到很幸運地同時擁有三位老師的教導，由於李天祿也已年邁，大多是在口頭上的指點，對他傳授最多的還是陳錫煌，特別是操偶的技巧；至於李傳燦在演出上都當黃僑偉的二手，卻成了在實務上的最佳導師。黃僑偉說：

> 李天祿老師的口白比較好，他的口白非常的靈活，很討人家的「戲味」；陳錫煌老師的擎偶真的有夠好，他的特色就是求精；而李傳燦老師的特色是求變，各有各的長處，所以他們兩個其實是一個很好的組合。像你現在看到的一些好看的動作，百分之九十都是陳錫煌老師想出來的。以前的尪仔步很少，你可以看到像「小西園」、或是南部有的是重武打、有的是丑角好、有的是旦角好，很少看到有像我們煌師這麼齊的啦！〔註58〕

因此，黃僑偉也把自己喜歡看武打片的經驗，常設計運用到布袋戲的動作，每當看武打片時，他都會注意人物的一些進攻或防守的動作，了解他動作的脈絡，再去設計、創新武戲的招數。

在「亦宛然」整整一年都是陳錫煌兄弟一起盯著他的基本功，師父要求他須把傳統動作練熟悉、紮實了，就得再去看別人的操作、去思考、辨別，才能漸漸發展出自己新的東西。至於「開口」的部分，若是出了差錯，還是會常受到挨罵，黃僑偉笑笑地說「罵完你就會了」。因此，在口白、五音的訓練，他是一個角色、接一個角色的練，平常都是聽著李天祿老師的錄音帶，甚至自己演出時的也會把它錄音下來，每當在開車或是騎車時，就重覆不斷地聽，學習李天祿老師的口白及「氣口」（khùi-kháu）〔註59〕，也聽聽自己的缺點，以做改進。

〔註58〕2013.12.03 晚上於捷運板橋府中站「爭鮮」定食店訪談黃僑偉記錄。

〔註59〕「氣口」（khùi-kháu），即指講話口氣、語氣及氣勢。黃僑偉表示：對於人物的各種「笑聲」是最難揣摩、最難學的。一般人聽起來似乎就一樣都是在笑；但實際上，每一個笑都是不同的感覺，是要去做分別的。要去細分他不同的感覺在裡面，這個就是「氣口」，看戲的人就是在看這種氣口。

　　從小學到藝生時期，只要分配角色講口白，黃僑偉一直都是負責大花〔註60〕或丑角，因此在比較「細口」（iù-kháu）〔註61〕的部分就比較不擅長，黃僑偉自認爲這是他最需要加強學習的。他自謙地說：「因爲我自己的聲音其實也不是很好啦，在五音的變化上有時也常不易區別，所以我自我要求，這個部分要再繼續鍛鍊。」〔註62〕

　　從 2005 年「亦宛然」與李太祥及「白舞寺當代舞團」合作聯演開始，也啓發了黃僑偉對於現代劇場的認識。他牢記李天祿老師給他的一句話「傳統如果是一直維持著，它就是死的，傳統只是一個元素，你要怎麼發揮這個元素，不是一直保存而已。你不進不退就是退步。」自此他開始到別的劇團客串演人戲、舞台劇，甚至「小劇場」的演出，吸收了更多表演藝術新的觀念；也深刻地體會到「傳統」雖然是根基，但不能再謹守於「傳統」的形式，創作得跟得上時代潮流。

　　因此，黃僑偉與一群年齡相近又志同道合的同事，深感若一直待在「亦宛然」就會比較不容易吸收到新的觀念，故於 2010 年 10 月他們共組了「臺北木偶劇團」，不僅也演出傳統形式的布袋戲，同時也利用新觀念、新元素玩一些新的東西，做新的創作。2016 年 4 月辭去「臺北木偶劇團」，2017 年 1 月個人成立「集藝戲坊」，並游走於中、南部戲班擔任布袋戲編、導工作。

　　之前黃僑偉大多是演師父所傳授的戲齣，照著師父所教的演出。而他現在也利用時間常看書、看現代小說等，從中吸取靈感，自我訓練創作新的劇本。他說：

> 這幾年開始，我去自己看書，把大綱寫出來，也沒有排就直接演了。然後現在我的訓練是可以自己去抓「嶄頭」（tsām-thâu）〔註63〕、去排練。我想寫成七天都是折子戲，也可以有辦法連戲、也有辦法單看。其實戲應該是要這樣子的，不能像以前連續劇一直搬〔註64〕下去，以前是在聽講古，但我希望戲是每場都是精緻的，給人家看得到東西。其實現在的戲，不是單純的講台語而已，我是會加一些國

〔註60〕 「大花」指淨角、大花臉、大北（布袋戲稱呼，如黑大北、紅大北……等），聲音比較渾厚、低沈而寬廣。

〔註61〕 「細口」（iù-kháu）指似小嗓所發的假音，如旦角及僮仔（小孩子）的聲音。

〔註62〕 2013.12.03 晚上於捷運板橋府中站「爭鮮」定食店訪談黃僑偉記錄。

〔註63〕 「嶄頭」（tsām-thâu），指「段落」，即有頭尾的完整段落；帶有裁戲之意味。

〔註64〕 搬即演之意。

語、英語，加一些現在時勢進來。戲就是要親民，曲高和寡沒用，要以好看為主，觀眾看了會喜歡。所以我在寫戲的時候就會用現代劇場的觀眾考慮進去。而且不僅是在寫的時候腦袋裡有畫面，我在讀劇本時就已有畫面了。〔註65〕

這些都是黃僑偉這幾年，從其他各種不同的環境所吸收到的經驗與心得，運用到自己的新創作元素中。此外，黃僑偉也會針對兒童為對象，從傳統比較大的戲齣來改編，寫一些適合兒童欣賞的戲齣。

黃僑偉自我期許，雖然自己沒讀大學，但他必須用另一種方式去彌補充實自己的知識。他曾經猶豫自己「這輩子要學這個嗎？這輩子要走這條路嗎？走這路有好處嗎？」等問題，但經過幾番思考、分析，以及家人的支持下，他不後悔選擇了做布袋戲這條路。

第二節　受父影響克紹箕裘

布袋戲演師的技藝養成中，最為直接、也是最親近的師父就是承襲自父（或母）的技藝，這當中不僅有著薪火相傳的意義存在，最重要的還是為了延續上一代的事業，這種現象是僅次於到外面拜師學藝。當然前提條件還是兒子對此得有要有天分與興趣，方得以成，而耳濡目染更是影響最大的因素。

但父直接將技藝傳授於子此現象亦並非唯一方式，有些上一輩者也會認為要教自己的兒子，倒不如請給別人來教來得有成效的觀念。這除了不忍心對自己人的苛求外，也是可以讓兒子能多見識、多長智的主要目的。對於下一代的想法，傳承上一代的職志是一種孝行的作為，更是個人的重責觀念，也可讓這項掌中技藝能夠延續下去。尤其在目前布袋戲演出機會日益萎靡的環境下，多半的父母為了子女能求得更好的發展，大多已不再堅持一定得承接此行業；相對地年輕人追求新事物的慾望提高，也會對此藝術而感到興趣缺缺。綜觀目前還有意願把這項掌中技藝當為自己的事業者，多半是因上一代為此行業者而繼志述事。在本節試引以資深藝師與年輕藝師，在克紹箕裘的過程中，探討上一代究竟可以影響下一代多少的成就。

〔註65〕2013.12.03 晚上於捷運板橋府中站「爭鮮」定食店訪談黃僑偉記錄。

壹、「小西園」許王〔註66〕

許王（1936 年生），臺北新莊人。
父許天扶（1893～1955 年），母葉花。
許天扶 15 歲即跟隨泉州師傅「楚陽
台」許金水學布袋戲，初學南管戲
齣，後改北管。18 歲學成出師就受聘
於新莊「錦上花樓」擔任主演。21 歲
自己組戲班「小西園」，並聘請王炎
（1901～1993 年）來擔任二手。

圖 3-2.1
「小西園」許王與妻子許黃阿照

1937 年日本在臺灣推行皇民化
政策，全面禁鼓樂，扼阻了戲班演出
謀生的機會，故 1939 年許天扶夫妻即帶著三歲的許王及兩位後場樂師到廈門
發展。卻由於戰爭的關係，在廈門的反應並不如預期，兩位樂師先後返臺，
因此僅四歲的許王與母親只得上場幫忙，故許王四歲開始學習操偶、五歲時
隨其父親於廈門「興南俱樂部」演出時就得上場打鼓。1941 年母親突然的去
世，在人手不足之下，才六歲的許王就已站在板凳上看著父親的指示擎起戲
偶，充當父親的二手。1942 年返臺後，加入了「小西園人形劇團」受邀進入
「榮座」公演日本劇《鞍馬天狗》、《黑頭巾》、《水戶黃門》、《國定忠治》
等；1943 年受日本徵台的慰問隊，全臺各地巡演，皆深獲好評，更稱霸臺北
布袋戲界。1945 年臺灣光復，廟會活動復甦，「小西園」的戲路可說是拓展
蓬勃。

此期間，唸小學時的許王，常把尪仔放在書包裡，帶至學校練習，下課
時也會秀給同學看；若堂兄許來助有在學校旁的大眾廟演出，他就會趁下課
時，跑去幫忙許來助擎偶。小學期間，許王的成績一向名列前茅，且擔任班
長，歷史經常得滿分。雖然從小就已跟隨在父親身邊觀察父親的演出學戲，
父親並沒有特別告訴他尪仔要怎麼拿，純然是「看」到會。許王認為在戲台
上學戲，從經驗的感染，比較踏實、也進步得快。1948 年許土 13 歲小學畢業
就正式擔任父親許天扶的二手。

14 歲時於臺北艋舺「祖師廟」是許王的初次「開口」當主演，由父親許

〔註66〕　本節有關許王部分，乃節錄林明德所著之《阮註定是搬戲的命》、《典藏——
　　　　小西園偶戲藝術》二書，以及綜合筆者訪談許王記錄之彙整。

天扶退居二手來協助他，那天的下午場是演《青龍關》、晚上場則演《二才子》。15 歲時「哈哈笑」的闊嘴師王炎在臺北三重埔港墘仔的「太子廟」演出，因臨時有事，遂找許王上場代演，甫能「開口」的許王，誠惶誠恐地答應。那天的所演的兩齣戲都是劍俠戲，午場演出《荒江女俠》、晚場則演出《少林寺》。〔註 67〕經過了幾次獨挑大樑後，許王的戲膽也越來越穩了，期間也經過了父親的觀察、及父親一些老朋友與老觀眾的肯定，1951 年許王正式成為「小西園」的主演。

父親傳授戲齣的方式都是隨時隨地的，在家裡父親教他《二才子》的口白，抄了幾個場次的口白給許王背。唸口白的方式是以口傳相授，並沒有腳本或提綱，純是跟著父親唸，自己再暗記下來，他能夠把父親所教的戲全都牢記在自己的腦海裡。父親教導許王分外嚴格，一切都按部就班的進行。先學請尪仔（tshiánn-ang-á）、扮尪仔（pān-ang-á）〔註 68〕、唸口白、背戲文、四聯白等，最後才教導如何搬演一整齣戲。對於後場音樂的曲牌、鑼鼓介頭（kài-thâu）〔註 69〕，許王也必須熟悉，務必使板眼與尪仔的動作身段能漂亮地搭配，得能嫻熟基礎技巧等〔註 70〕。

至於在聲音的訓練上，許王都是憑著自己的感覺、揣摩，自我練習。他說：

> 我練丹田的五音，沒有像別人要對著古井練習，我練五音都是聽老爸講。以前臺北到新莊演戲，我都騎腳踏車來回。大多是戲結束，騎腳踏車回家的路上練，一面騎、一面練五音，好像瘋子一樣，講得好講不好，自己還是可以聽得出來。一面騎一面反省今天的那一

〔註 67〕 依據林明德著之《阮註定是搬戲的命》（頁 43）及《典藏——小西園偶戲藝術》（頁 61）二書中敘述：「1950 年……三重大拜拜，闊嘴師王炎在臺北橋下『哪吒宮』有場演出，但是那天家裡有客人要招待，分身乏術，臨時找許王去演……並請楊培松老師傳來擔任二手。這是許王第一次擔任頭手……。這年，許王十五歲。」針對此段描述，筆者 2013.11.25 下午於臺北士林文昌路許王自宅訪談許王，許王特別說明，這場代替闊嘴師的演出，並不是他的第一次開口擔任「頭手」。他首次當頭手是在此之前，即是 14 歲時於臺北艋舺「祖師廟」的那次演出，而且是由父親當他的二手。

〔註 68〕 「扮尪仔」（pān-ang-á）指為戲偶穿戴，演出前學徒得先認識將演出戲齣的各角色，針對角色人物的行當、身份、地位……等為戲偶扮上。

〔註 69〕 「介頭」（kài-thâu），指鑼鼓點。

〔註 70〕 詳閱錄林明德所著之《阮註定是搬戲的命》（頁 54）或《典藏——小西園偶戲藝術》（頁 65）二書。

　　個口音不好，就加以磨練那個口音。〔註71〕

由此可看出，許王對於自我的訓練，有其自己的方法，並能善於利用時間來揣摩、練習。1952 年許天扶正式宣布退休，將「小西園」戲籠均分給了許欽與許王兩兄弟。兩人各分得戲台一座、戲偶 85 尊；弟弟許王繼承「小西園」班號、哥哥許欽則另成立「新西園」，兄弟二人各自在布袋戲界發展自己的事業版圖。

　　許王繼承「小西園」後的第一齣是《郭子儀》。據許王表示，從他接手「小西園」以來，「小西園」的戲路更是應接不暇，不得不請人來幫忙他想戲齣，他曾請過三位排戲先生〔註72〕來協助編排戲齣。16 歲時請來講古的漢學先生「梢聲源仔」（sau-siann-guân-á）〔註73〕，家住龍山寺附近。「梢聲源仔」為許王排了《乾隆遊江南》（即《五緣傳》）〔註74〕。18 歲時，就請吳天來幫他排《粉蝶兒》及《三奇》〔註75〕，這兩齣戲皆為女俠戲。20 歲時又請了也是在「太平」講古的漢學先生，家住保安街「媽祖宮」後面，許王忘記其名，為許王排了《天叟怪客》〔註76〕。據許王表示：

〔註71〕據許王表示：那時候演出的戲籠都是另外請人搬運到演出地點，我是自己再另外騎腳踏車去演戲的。2013.09.07 晚上於新北市新莊文化中心訪談許王記錄。

〔註72〕按林明德著之《典藏——小西園偶戲藝術》（頁 68～69）一書中所記錄：「許王從父親身上獲得看家本領，並與四位編劇結緣……」，其中四位指沙聲仔、連堂先生、吳天來及陳明華等。與筆者訪談有些許出入，許王對筆者所回憶是三人，始終未提及陳明華。又據林明德《小西園許王技藝保存計畫87年度成果報告書》（頁 67）中有一段 1999.07.23 訪談許王的紀錄：「陳明華初中輟學即到『小西園』團裡學戲，跟著許王到戲台公演。在許王 24 歲剛退伍時，一次在基隆新樂戲院演出，那時的徒弟大都要提水、泡茶等雜工，可是他不是，他很認真的撿齣頭，坐在戲院樓上抄『小西園』演出的戲文，許王的老婆（許黃阿照）請他去提水，他卻脫班離開『小西園』，帶著撿到的戲齣南下。」或許如此，許王認為陳明華是來當學徒的而非編劇。

〔註73〕許王不知他的本名為何？只記得人長得高高的，聲音沙啞，所以人皆稱為「梢聲源仔」（sau-siann-guân-á）。「梢聲」（sau-siann）乃聲音沙啞之意。

〔註74〕據許王特別對筆者表示：通常別人的《乾隆遊江南》都是「五次遊江南」，而梢聲源仔所排的乾隆是「六次遊江南」。惟，於林明德之《典藏——小西園偶戲藝術》（頁68）一書中，記錄的是《五鳳緣》（乾隆五次下江南）。此與筆者所訪亦有出入。

〔註75〕許王再補充說明：吳天來幫他排的《三奇》也僅排了 14 本而已，後來的接續都是他自己編的。

〔註76〕《天叟怪客》許王忘記其名為何？僅能形容長得矮矮、老老的，有鬍子。若比對林明德之《典藏——小西園偶戲藝術》裡所描述的應就是指連堂先生。

> 他們都是看了我的戲來找我的，不是我自己去找他們來排的。他們
> 只是講古而已，對布袋戲是全然不懂，而吳天來就比較不同，吳天
> 來還幫我拉布景，但吳天來也是只有對我講故事而已，疊幕
> （thia̍p-bōo）〔註77〕、戲肉（hì-bah）〔註78〕都是我自己生出來的。
> 所以我幕要怎麼做，吳天來都還是不知道。我跟吳天來合作很多部
> 戲，他那時候都一直待在我這裡，他去南部幫人家排戲是後來的
> 事。

這也說明了，排戲先生都僅用一張紙標記人名與地名，其他的皆僅以口述的方式對許王講述。而許王卻能針對排戲先生下午場演完才跟他講過的故事梗概，在晚上即能演出來，可見許王的邏輯能力與編劇功力之強，難怪布袋戲界會稱他為「戲狀元」。

其實，許王認為：

> 講古先ㄟ幫我排的也都是他們自己看古冊來的，他們的疊幕不夠漂
> 亮。因為看戲的人比較喜歡重鹹，他們排的不夠、太弱了，而且看
> 戲的比較喜歡武戲。

因此，在此期間許王有時也不靠他人幫忙，自己編戲。19 歲他自己就排了一齣《航海圖》，連演了一年，這是他看電影所得來的靈感，也是他自己創作的第一齣戲。觀眾反應不錯，甚至還一直跟著他跑。此外，自己還編了《風塵三怪客》與《仇海風雲》。20 歲時自編《俠僧大覺》與《白俠藏龍》等連本戲。21 歲在當兵時又改編大仲馬的《三劍客》為《魂斷風波林》等。25 歲更演出一齣膾炙人口的長篇劍俠戲《龍頭金刀俠》，當時由於觀眾反應熱絡，不僅轟動北臺灣布袋戲界，且創下連演十二年的驚人紀錄。39 歲改編王度廬的武俠小說《鶴驚崑崙》、《江南鶴》、《寶劍金釵》、《劍氣珠光》、《臥虎藏龍》、《鐵騎銀瓶》、《新鐵騎銀瓶》等。42 歲改編全本《年羹堯》為《玄女劍》等等，可說是一位作品高產量的布袋戲藝師。

許王不僅有其深厚的編劇能力，更具有超強的記憶力。他得意的說：

> 我對於戲的新觀念是從電影來的、是看西洋片撿來的、吸收電影緊
> 湊的疊幕。起幕我都不用看，整本都記得，今天演到那裡都會記得。

惟，書中所及是《天南怪叟》與比筆者所訪稍有出入。
〔註77〕「疊幕」（thia̍p-bōo）指對內容、關目的編排與運用、或指裁戲。
〔註78〕「戲肉」（hì-bah）意指戲的主要內容及關目安排。

> 我沒演戲的時候，腦子裡一直都在轉這些東西。從臺北回新莊的路
> 上有想到新奇的靈感也不用記下來，我記憶力很好都記得，也不會
> 亂掉。
>
> 當我正在演戲時，後面棚下有人來請戲，後場的人還要去翻一下簿
> 子，我都不用翻。〔註79〕

許王對於人家請戲的日子，何時已經被預訂了、何時是空檔可以允諾請戲人，
都不需要再去翻閱行事曆或記事簿，只要日期被訂了他腦子裡早已記得非常
清楚。從他的話中，又可以看出，他不僅在演出時負責了前場的主演工作，
甚至隨時都還可以解決後台的狀況，控制全場。他強調說明：

> 我是總指揮，不是打鼓的，這樣尪仔才請得對，如果氣氛太冷了，
> 我會打暗號給後場，後場就馬上會變化。〔註80〕

長久以來，他與後場人員及二手皆已建立了相當的默契與情感，因此都不用
套戲，彼此之間早就有其約定俗成的公式，演出之中只要藉由互相的暗號，
就能達成一場完美的演出。又云：

> 我以前的後場，我們都相挺，都是我叔父、伯父。我與後場都有暗
> 號在，不用套戲（比手勢），這樣他們就知道啥了。我只要暗號給打
> 鼓的就好，不用給其他樂師。我用桌子也可以做暗號，從桌子的方
> 向與角度，都可以打暗號，雖然桌子有時是二手在擺的，但他要知
> 道我要的手勢；也就是說二手要先看我給他的指示，樂隊才能看他
> 擺的暗號。這樣的傳達雖然是幾秒鐘，也不會太慢啦！！（兼做手勢
> 比劃說明）二手是演出當天才知道我要甚麼東西，所以這二手與我的
> 默契，他也要跟我跟很久。〔註81〕

由此印證了，在演出中的場上所有的人員，無論是二手或是後場人員，全都
得看著許王的指令。易言之，場上的人員與許王儼然已都有其深厚的默契，
與溝通的方式。

　　1969 年由於在三峽演出認識了藥品廣播員王子龍，而進入了「華聲」廣
播電台，製播了廣播節目。但許王還是比較適應現場的演出，與觀眾有互動
的臨場感，故僅維持七個月的廣播布袋戲。1970 年黃俊雄的《史艷文》在臺

〔註79〕2013.11.25 下午於臺北市士林文昌路許王住處訪談許王記錄。
〔註80〕同上，註 79。
〔註81〕2013.11.25 下午於臺北市士林文昌路許王住處訪談許王記錄。

視獨領風騷時，中視亦聘請了許王錄製了《金簫客》，此戲許王邀請了王子龍擔任戲劇指導、吳天來來編排。但由於吳天來較不熟悉電視布袋戲的節奏，觀眾反映不佳，改由許王親自編戲，反創造了獨特的演出風格，收視率不錯。後來卻由於錄影時間的調動，影響了許王的戲路時間，才維持八個月也結束了《金簫客》的播出。許王描述著：

> 《金簫客》不用一些特效。我除了講口白外，自己也擎偶，下手請了很多人，他們做了兩組景，這景一完就要到另一景，所以人手需要很多。那時用布景的形式，是電視台弄的。固定主角尪仔是我自己請的，還有有煌仔、阿宗〔註82〕，他們也會負責請主角尪仔，配角才給外請的師傅擎。他們擎偶之前已先看過劇本，每一個人都有一本劇本。有四天是現場的，師傅都沒得睡，在外台搬結束後，晚上回去也沒得睡就得先進錄音室錄音，再到現場擎偶，錄到天亮。一集一小時，所以回來後還得編劇。電視八個月是沒演到結局，但後來到外台演，有演到結局。由於觀眾反應不錯，他們播放從一個鐘頭一直增加到兩個多鐘頭。太辛苦了，時間太長了，後場的受不了。外台的要搬、還有電視的、還要進去錄音，再進電視擎偶，實在很累很辛苦。〔註83〕

回到外台戲的演出環境，才能更讓許王如魚得水的大展身手。1964 年及 1978 年改編了京劇的〈古城訓弟〉榮獲了全省戲劇比賽、以及地方戲劇比賽冠軍。1980 年又以〈華容道〉奪得地方戲劇比賽優勝。1985 年更榮獲了第一屆民族藝術薪傳獎的團體獎，當年的個人獎為李天祿所得。但三年後，1988 年許王同樣也獲第四屆的個人獎。2001 年更獲第五屆國家文藝獎之最大殊榮，這不僅是對許王一輩子奉獻在布袋戲藝術上的最大肯定。許王亦不禁地感謝父親許天扶對他的栽培與提拔，此刻許王感動地告慰許天扶在天靈說：「父親大人，孩兒沒有辜負『小西園』這塊招牌」。這更證明了「賜子千金，不如教子一技」的真諦〔註84〕。

〔註82〕 煌仔，是指李天祿的長子陳錫煌；阿宗是指他的侄仔許正宗，即哥哥許欽的兒子。

〔註83〕 2013.11.25 下午於臺北市士林文昌路許王住處訪談許王記錄。

〔註84〕 詳閱林明德，《典藏——小西園偶戲藝術》（臺北：中華民俗藝術基金會，2012年 11 月），頁 77；《阮註定是搬戲的命》（臺北：時報文化出版公司，2003 年 6 月），頁 74。

　　2003 年 3 月許王的次子許國賢（1960～2013 年）不幸因三度中風全身癱瘓成植物人，許王在演出百忙之餘，仍然天天趕至醫院探望愛子。2004 年 10 月長子許國良（1957～2004 年）至大陸泉州洽公，卻魂斷異鄉。許王痛失二子在一連串的打擊下，於同年 11 月 14 日於臺北「保安宮」前演出《伍子胥傳奇》時亦突然中風病倒於戲台上，經過搶救後，已正常復健中。目前「小西園」的演出乃由其第四代徒弟邱文科、邱文建兩位孿生兄弟負責擔綱。

貳、「昇平五洲園」林政興

圖 3-2.2
「昇平五洲園」林政興

　　林政興（1970 年生）雲林西螺人。父親林宗男（1943 生）是個淳樸農村的鄉下小孩，幼時常趁著村裡的蕃薯田甫秋收後，到田裡撿拾被遺漏的小蕃薯回家，以貼補家計。林宗男更是時常將拾起的小蕃薯幻想成戲台上被操弄的布袋戲尪仔，一面把玩著，恰巧遇到村內一位正在跑路避匿的流氓，熟識黃海岱與黃俊雄，見此小孩這麼喜愛玩布袋戲，遂建議林宗男去學布袋戲，並樂意將他引薦給黃家。在當時農業社會裡咸認為鄉下的小孩若沒學得一技之長，以後便沒有出路。有鑑於此，1958 年黃海岱於二崙鄉的「二崙」戲園演出，當時林宗男才唸到小學二年級就輟學，父親林文典遂帶著林宗男至戲園，正式拜黃海岱為師，成為黃海岱的三十六入室弟子之一。由於當時林宗男家裡窮，雖向祖師爺磕過頭，也行了拜師之儀式，卻沒錢包拜師禮獻給黃海岱，黃海岱也不在意。

　　然而，在眾徒弟之中，林宗男卻是黃海岱最疼愛的徒弟，視如己出。每當黃海岱演出時，林宗男就跟隨師父身邊，當起茶僮幫忙泡茶侍候著。林宗男回憶說：「我跟黃海岱就親像父子一樣，我們兩個如果在一起的話，講話攏講歸暝咧〔註85〕。我以前跟著師父做內台的時候，也不是去當他的二手，純粹是跟去玩的，所以我嘛冇〔註86〕做過內台。」〔註87〕由此更可以看出，林

〔註85〕　「講話攏講歸暝咧」，即意指徹夜長談。
〔註86〕　「嘛冇」，也沒有。

宗男在黃家過的生活已不是當學徒的待遇。

　　首先黃海岱先教林宗男要怎麼擎尫仔，俟尫仔擎得漂亮了，再而教其如何打武戲。林宗男就利用平常時間自我練習、揣摩，遇有瓶頸時亦能速請教黃海岱。關於聲音的訓練，林宗男也是每天對著古井喊嗓，練習聲音的穩定性，喊到嗓子破了，俟其康復了，再繼續練習，藉由古井的迴音，來聽自己的「五音」像不像、好不好聽。林宗男說「技藝都要自己去問啦，師父不會自動來跟你講的。」

　　就這樣跟著見習的日子，加上師父的憐愛、指點，林宗男也從黃海岱身上學到不少的專業素養，三年來對尫仔的操作技巧、五音的運用與掌控、甚至在戲齣內容的編排，已然相當熟悉師父的竅門所在。也因為與師父的感情甚篤，所以林宗男自豪地說著「剛開始做主演開口的時候，即便我師父黃海岱在旁邊，我也不會怕，反正師父會幫我，我只要演好就好了。」〔註88〕逐漸地，師父也會放給林宗男自己去獨當一面，有時下午場的演出就由林宗男代為演出。甚至如果遇到大日子，黃海岱分團得分到五團，自己做不來，他都會先向請主打過招呼，不是他本人親自來演的，而推荐愛徒林宗男代打上陣，林宗男也算是出師了。他更珍惜師父不斷地給予機會，也為他導引了一些戲路，盡力做好每場演出。

　　黃海岱目睹林宗男日益的進步，個性敦厚、樸實，又生活節儉，幾年來一點一滴的積蓄也都花在添購演出的設備，因此鼓勵林宗男自己整籠〔註89〕，並借給他四十多尊尫仔，同意俟林宗男慢慢有賺到錢時再還他〔註90〕。終在1967年林宗男決定自己出來整班，並有感師父的恩典，秉持發揚光大師父的理念〔註91〕，讓布袋戲藝術能四海昇平、揚名五洲，遂取名為「昇平五洲園」〔註92〕的班號。

〔註87〕 2013.10.11上午於雲林西螺林宗男自宅訪談記錄。

〔註88〕 2013.10.11上午於雲林西螺林宗男自宅訪談記錄。

〔註89〕 整籠，即整班、整團，創團之意。

〔註90〕 林宗男很古意老實的對筆者說：「後來我嘛慢慢賺有啦，尫仔才拿去還給師父。有啦，是有加減暗損幾顆尫仔頭沒還他啦！！」（「暗損」指偷藏。）

〔註91〕 黃海岱接手父親黃馬的「錦春園」班後，由於班名「錦春」（kím-tshun）的臺語發音有些諧音成了「揀剩的」之意，因此常遭到揶揄，黃海岱遂改名「五州園」，在當時臺灣設有「五州三廳」，故有聞名全臺的含意；之後又更名為「五洲園」，加上水字部，更意味著要揚名世界五大洲。

〔註92〕 林宗男表示：由於當時規定登記劇團負責人得需有高中畢業，故而於1982年

　　由於林宗男也沒學過北管，但他幾年來跟在師父身旁，看著師父怎麼做、他就怎麼做，耳濡目染，早就熟悉用「叫介」（kiò-kài）〔註93〕指揮後場的方式。由此他都請來村中「曲館」裡學習北曲的子弟，來擔任他的後場伴奏與唱曲。林宗男深知自己的優缺點，自認為比較不會打武戲，因此他大多演文戲，刪武戲改唱曲，同時亦可讓自己有喘息的時間。

　　在編劇方面，平常都是自己閱讀古籍、做筆記，遇到有不懂之處即去請教漢學先生（老師）〔註94〕，碰到不會唸的字，就想辦法盡量改用自己認識的字句，或標注自己看得懂的注音或符號在旁邊〔註95〕。也因為林宗男聰明地懂得如何揚長避短，並能擅加發揮向師父所學的基礎，故他所編的《海公大紅袍》、《七俠五義》、《三國演義》、《岳飛傳》〔註96〕等，皆能深受觀眾喜愛與肯定。而像金光戲這類打打殺殺較為頻繁結構的戲，他就比較不常演。他自謙的說：

> 我是曾演過「金光戲」啦，但都是揀別人的戲齣。

> 看古冊在編的時候，若遇到比較看不懂的、或是武戲比較多的，那一段我就盡量給它跳過去。如果遇到有兩個或以上，角色形態類似時，比如說，同時出現兩個都是文生時，我不是刪改一下、不然就是將另一個文生改用另一種行當來演。我比較擅常的角色應該是生角吧！我的老公末應該嘛是講得不錯啦，所以我的主角都用丑仔公末來做。〔註97〕

又云：

> 我在做的戲比較喜歡做人家沒做過的戲，不然像《鋒劍春秋》之類的古冊戲，幾乎各團攏嘛有在做，所以我攏找那種人家比較沒做的古冊戲來自己編、自己做。比較拿手、較愛做的是《海公大紅袍》。〔註98〕

　　才重新登記。

〔註93〕　「叫介」（kiò-kài），即是「叫鼓介」（kiò-kóo-kài），南部又稱「馬龍頭」（bé-lîng-thâu）。詳閱本論文第五章第三節內文。

〔註94〕　林宗男敘述，以前他們每個莊頭裡，因為鄉下地區沒甚麼娛樂，就只能聽聽「講古」，而漢學先生都是從事講古的較多。

〔註95〕　據林宗男表示：他標注的注音或符號只有他自己看得懂而已，別人是看不懂的，連他兒子也看不懂。

〔註96〕　《岳飛傳》亦於1971年榮獲臺灣區地方戲劇比賽古裝劇優勝。

〔註97〕　2013.10.11上午於雲林西螺林宗男自宅訪談記錄。

〔註98〕　「攏嘛」（lóng-mā），都也。2013.10.11上午於雲林西螺林宗男自宅訪談記錄。

　　當然林宗男也考慮到自己不靠武戲、不靠變景，也沒錢買太多、太豪華的設備，所以大多以演文戲為主。而做文戲就得想辦法盡量能吸引觀眾、挽住觀眾，在戲肉與口白上就更需下工夫，才能留住戲路、保住飯碗。

　　為了生計，偶爾也與賣藥廠合作，賣藥的負責講古、他就負責演布袋戲。現在也有做一些錄音的戲齣，自己添購了機器，在家裡錄音。若是遇到小棚（小場）的，就用自己錄的錄音帶。同時也錄製了一套全本「洲派」的名戲《武童劍俠》做為傳子學戲之用。

　　在從事布袋戲的歲月裡，無形之中也影響感染了兒子林政興，小時候就時常跟著父親林宗男出外演出，幫父親泡茶當起茶僮來。當父親演出時，林政興個頭還小不夠高，只能靜靜地坐在旁邊，專注的看著父親的一舉一動、聽著父親的句句口白，也不知不覺地拿起了身邊的戲偶學著比劃著。此時的林政興也不知是不是已對布袋戲尪仔產生興趣或感情，就是每逢父親出門做戲，他就很想跟著。

　　小學時期自己學著練習操偶，遇到卡卡的、或是有瓶頸時，就會好奇地詢問父親，但父親總是輕描淡寫的告訴他擎尪仔的基本步法，要他自己去想、自己去體會。林政興也不因此而放棄求知的慾望，憑著自己的揣摩、嘗試，一遍又一遍，也慢慢地稍微找出一點竅門。至國中之時，父親長久以來也發現兒子似乎對布袋戲有股濃厚的熱忱與好奇心，即漸漸地讓他當起助手，再適時地指點他。譬如：當情節發展到將打武戲了，父親就會提醒林政興「現在要出戰了！」接下來就向他比著尪仔要裝（插）上甚麼樣的武器，同時叮嚀他：「你一定要記得每一顆尪仔是拿甚麼武器。」並示範地告訴他：

> 這竅門就五下而已啊（動作比劃）。再來就看哪一個要贏就打它打下去。基本就是這樣，再來你就要自己去想了，你要如何轉尪仔、你要如何融入到你的武打裡面，招勢攏愛要你自己去想。

因此，這也訓練出林政興平常就會時時去注意到別人演出技巧的習慣，甚至直接去請教人家是怎麼操作的，自己再回家練習、體會與研究。林政興說：

> 像我到了北部就會看他們小粒尪仔的武步是怎麼打的。像我們南部的武打攏是兩個尪仔拉下來，手拉開就在中間打起來了。但我仔細觀察他們北部的是，我這顆尪仔若是守者，就是不動；另外一顆就是攻，我來就閃、抵。北部是一個攻、一個守。攻是一個拉開、靠

近；那個守的是不動，只是做那個動作。但問題是擎尪仔的人有沒

有去注意到，可能拉太開了的問題。〔註99〕

觀摩與學習，更是促進林政興在藝術表現上去能多去思考、分辨技藝好壞的
價值，同時亦可找出問題，以作爲修正自己的最佳方法。

　　父親也沒有特別教導林政興「五音」須如何運用、發音正不正確，都得
靠自己去摸索與體會。林宗男只會提醒他，口白（對白）在那裡錯誤、人物
稱呼那裡不對、那些用詞須唸文言不能讀白話……等。父親告訴他：

有些用詞，不一定要按照他所寫的講，我們把它盡量改成沒有爭議

的用詞，或許學者會認爲要符合人物身份的稱呼，但問題是要人家

看得懂最重要、觀眾能理解你在演甚麼就好了。

其實戲的好壞，不在於你五音的好壞，重要的是，你是不是用錯詞

了而被人嘲笑。「主演」對於角色要用甚麼音，都由主演自己決定，

只要不要太離譜就好。

由此可看出，父親林宗南所關切的全在於觀眾的理解度，對於口白、唸詞的
正確性是勝於五音的技巧變化。

　　也由於父親並沒有特別要求林政興對於聲音的訓練，而平常跟著父親所
接觸的也都是在文戲，因此林政興深深感受到做文戲除了得重視戲肉的楣角
（mê-kak）〔註100〕外，更應在聲音的變化與口白的運用上下功夫。首先，先
從報「千秋牌」〔註101〕開始，這也是在練自己的口條〔註102〕。林政興回憶他
第一次「開口」的經驗：

我第一次開口是在高中時期，忘了是高一？還是高二？一方面也有

〔註99〕　2013.10.10 晚上於雲林虎尾布袋戲館訪談林政興記錄。

〔註100〕　「戲肉的楣角」，意指劇情結構內容的竅門。「楣角」（mê-kak），即指竅門之
　　　　　意。

〔註101〕　「千秋牌」是指布袋戲戲班在演出前，戲台中央布景前面會貼將一張紅紙，
　　　　　早期甚至請主會把紅包浮貼在上面，上面寫著演出日期（以農曆爲主）、神祇
　　　　　尊稱及出資者姓名，並在「扮仙戲」演出前唸出上述資料，告訴觀眾此訊息，
　　　　　這一張紅單子稱之「千秋牌」。劇團扮仙之前，主演會先向台下觀眾問好再介
　　　　　紹劇團名稱，敬請指教客套一番，接著說明今日是農曆某年某月某日乃某神
　　　　　明聖誕千秋，爐下弟子（或某某人）誠心誠意達謝神明神通廣大、神威顯赫、
　　　　　謝戲全臺，祈求神明庇佑爐下弟子（或某某人）闔家平安、鴻圖大展、賺大
　　　　　錢等吉祥語，祝福的內容包涵人間所有祈求。唸完之後燒金紙、燃放鞭炮才
　　　　　開始「扮仙」。

〔註102〕　口條，乃是口才之意，指說話的語法方式，即咬字清晰、談吐俐落。

興趣。有一天在我們「百姓公」那裡做戲，當時是演《水滸傳》，是演下午的，才十多個人在看。但那天的天氣真的很冷，我爸就說「阿興！你如果愛做，晚上給你做。」他知道我很喜歡。我開口第一句後停了，我母親說「啊，繼續講下去啊！」那時，我不知我的聲音透過麥克風是這樣，怎會這樣！！後來就硬著頭皮繼續講下去。當時的演出內容，是我用看電影得來的印象做的。我曾經去看過一齣電影，是以前邵氏的武俠片就拿來演。就是兩個仙角在賭氣，兩個都不服人。這兩個仙角是不分軒輊，然後就約定各找一個徒弟，讓徒弟來比，看那一個徒弟比較行，就表示我們誰比較行。當時的腦子裡就已構想我要有那些角色了。剛好那時候不是演古冊戲，所以沒有抓包的。〔註103〕

這次的體驗中，不僅看到了林政興初生之犢的膽識、與機智的臨場反應，也著實地訓練了林政興獨當一面，正式當上主演的寶貴經驗。

林政興知道自己的長處在那裡，由於大多是繼承父親林宗男的文戲，也不曾像父親一樣有喊嗓的基本功訓練，所以善於發揮「三小戲」比演「三大戲」〔註104〕來得可以運控自如，更加強把重點放在發聲「音質」的細膩度、提高角色聲音的辨識度、把口白說得清楚，進而著手於演出內容的充實性，以及人物情感的拿捏。

近年來，林宗男也漸把「昇平五洲園」交由中生代的兒子經營管理，林政興自扛下戲班的重擔之後，更積極地推展團務，創發新的作品自編《國際鐵漢》系列劇目，以因應各類型的邀演，並閱讀、吸收本土故事來做創作的題材，同時針對於校園亦編寫一些較適合兒童與青少年的故事情節，將布袋戲推廣進校園。自 2002 年至今，連續入選雲林縣傑出演藝團隊。2005 年榮獲雲林縣文化藝術獎戲劇類首獎、2007 年不僅取得了「7-ELEVEN 盃──布袋戲青年主演大車拼」活動的「優等獎」外，更連續五年（屆）皆獲雲林「金掌獎」最佳口白獎項。2010 年又得「布袋戲青年主演大車拼」最佳主演獎及最佳創意獎雙料冠軍。2011 年～2012 年獲頒全國「創意布袋戲」匯演優等獎。2013 年再獲雲林「金掌獎」最佳劇本及最佳操偶等獎項。2014 年以《黑

〔註103〕 「抓包」意指揭穿或揭露，抓到缺點、毛病、或前後矛盾、錯誤等。102.10.10 晚上於雲林虎尾布袋戲館訪談林政興記錄。

〔註104〕 有關「三大戲」與「三小戲」，詳閱本論文第五章第五節內文。

金英雄淚》〔註105〕一劇入選國家文藝基金會第二屆「布袋戲製作及發表專案」，並於 2015 年入圍傳藝金曲獎「最佳新秀」。同年起已連續四年獲選「文化部演藝團隊分級獎助計畫」育成級補助之團隊。

參、高雄「新世界」王泰郎

王泰郎（1969 年生）雲林人，父親王清爲師承嘉義縣新港鄉「新世界第三團」的王順發爲師〔註106〕。5 歲時即舉家移居高雄，並成立「高雄新世界」掌中劇團，從小就跟隨父親接觸布袋戲演出。13 歲國小畢業即拜黑人陳山林爲師〔註107〕開始當學徒，14 歲即開始當主演。

圖 3-2.3
高雄「新世界」王泰郎

由於自幼就隨父親南征北討的四處演出，早已耳濡目染，尤其父親是出自於「世界派」，所演出的戲齣皆爲世界派所傳的名戲。連劍俠戲也都金光演，因此常會有放寶貝、放飛刀、飛劍……等，這種熱鬧的場面，對於還是小孩子的王泰郎而言更是新穎、好奇的。父親對他也沒有特別安排一套訓練程序，跟著臨場演出就最好的磨練方式，所以王泰郎說：「我做囝仔（gín-á）〔註108〕的時候就攏咧〔註109〕玩布袋戲尪仔」。而且在國小的時候就已經當父親的「下手」了，每天聽著父親在講口白，即便當在做二手幫忙擎偶時，自己嘴裡也會跟著學習唸著；在騎腳踏車時也會學著模仿父親演出時的口白，感覺很好玩，久而久之就把這種揣摩當成是一種習

〔註105〕　《黑金英雄淚》乙劇由林政興主演及編劇，筆者負責導演暨劇本修編，音樂設計林永志、臺北木偶劇團伴奏。
〔註106〕　據臺北大學民俗藝術研究所巫裕雄所撰的《南投新世界陳俊然布袋戲「南俠」之研究──以《南俠（沒價值的老人）》爲研究對象》碩論（頁 112～113）中，敘述「新世界」王清爲，雲林縣人，師嘉義新港「新世界第三」王順發、認二水黑人陳山林爲師，傳子王泰郎亦師黑人。但筆者於 2013.11.12 訪談王泰郎，王泰郎表示：我爸不是黑人的徒弟，我爸是「新世界」王順發的徒弟。
〔註107〕　王順發與黑人陳山林皆師承「世界派」始祖陳俊然（本名陳炳然）。
〔註108〕　囝仔（gín-á）即小孩子。
〔註109〕　「攏咧」，都在、都是。

慣與樂趣。但王泰郎描述他聲音訓練的方式是與父親不同：

> 我自囝仔的時候，平常在講話就是那種布袋戲的氣口〔註110〕了。因
> 爲已經聽習慣了，無形中就變成自然。但聽他們老一輩的在講，以
> 前都要出去外面廣闊的場所練，較不會吵到人，不然吵到人家會被
> 人家幹誰。像我爸嘛有練到「破喉」，但是到我這一代就沒那空曠的
> 地方練聲音了，也沒有「破喉」情形了。〔註111〕

所以王泰郎對於若連續演出多日，自有一套保護嗓子的因應模式，他了解自
己嗓子的極限，若得連演多日，頂多撐到第三天嗓子就差不多啞了，因此王
泰郎很注意每一檔演出的檔期，以保留、控制體力與嗓音的運用，何時該發
揮最大實力，心裡都盤算的很清楚。也因爲環境時代不同了，他感嘆現在布
袋戲的演出機會與環境已不能同日而語，以前是連續數月的戲路，現在一個
月若有一兩棚已經算是不錯了。

　　雖然父親不會刻意去訓練王泰郎，但卻是隨時地注意著他的一舉一動，
那裡有缺失的，即適時提出糾正，即便是兒子已經當了主演了，那裡做得不
行，也會常提出意見給兒子參考、改進。

　　也由於拜師黑人陳山林，黑人於廣播界又是赫赫有名，在布袋戲界亦可
說是無人不知、無人不曉。因此，王泰郎一退伍回來，也順利地跨進了廣播
電台，先後於高雄正聲、鳳鳴等廣播電台製播有關的廣播布袋戲節目。起初
是配合「阿桐伯」〔註112〕藥商做節目，深受聽眾的喜愛，也受到廣播電台的
重視，遂逐以增加播出時間，不僅單純以布袋戲形式，甚或把講古說書與布
袋戲結合方式製播，更吸引觀眾，連續播出近二千集。連當兵的阿兵哥都聽
上癮。「日月興掌中劇團」的主演簡文泉（1975年生）就是在高雄當兵時，聽
上癮王泰郎的廣播布袋戲，而成了他的粉絲，簡文泉推崇的說「泰郎大ㄟ是
我做布袋戲最崇拜的偶像。聽他的布袋戲對我真正影響很大咧！」〔註113〕每

〔註110〕「氣口」（khùi-kháu），即是口氣、語調、氣勢。「嘛有」，也有。

〔註111〕2013.11.12 下午於臺北八里「臺北木偶劇團」排練場訪談王泰郎記錄。

〔註112〕「阿桐伯」是1979年由施琇雄、李生傳創立製藥廠於基隆市、1981年成立
阿桐伯五代製藥有限公司、2003年變更爲阿桐伯生物科技製藥廠股份有限公
司，2004年遷廠至臺南官田工業區。大多爲研發自中藥材，以順應現代人的
生活及日常保養所需的營養藥品爲主。

〔註113〕2013.11.09 晚上於臺北萬華「龍山寺」訪談簡文泉記錄。簡文泉（1975年生）
又名「簡小清」，雲林人，父簡飛應（1954年生，又名簡坤池），師承閣派「雲
山閣」曾福山。簡文泉自幼跟隨父親身邊耳濡目染，並學習布袋戲，退伍後

當王泰郎有北上演出簡文泉必到聆賞。

　　製作廣播布袋戲與平常的外台演出是截然不同，電台布袋戲是完全得憑聲音來讓聽眾有想像的畫面，不是只有簡單的角色人物間的對話與口白而已，須運用聲音與語言（說白），讓聽眾了解場景、甚或角色人物的長相與氣勢，更重視氣氛的掌握與控制。王泰郎認為這些都是需要認真地去學、去練習的。王泰郎解釋，「我師父本來就在做電台了，我跟他學的就是學這些，等於我是從電台開始學的，就是學這些訣竅。」當然，黑人陳山林也會指導他擎偶的技巧。可說是父親王清為幫他扎下基本功，師父黑人再為他雕琢技巧。他認為：

> 每一個人的功夫都不同，我師父的功夫比較細，一些較細路（iù-lōo）的是我爸沒有的；我爸有一些特殊的東西是我師父沒有的。以「三大」來講，我爸就比較好，像「三小」就我師父比較好。我學到我爸的和我師父的，綜合起來不管要演「三大」還是「三小」都比較有基本功了。所以每一個人的專長是不同。〔註114〕

這說明了王泰郎的技藝已綜合了父親王清為與師父陳山林的特色。父親所教習的大多為劍俠戲，向師父陳山林習藝是皆以金光戲為主。王泰郎自認為古冊戲較不熟悉，而父親就一向都是演世界派的戲齣，因此他決定以世界派戲齣為基礎改編創新《風雲再起》系列的金光戲齣，在高雄地區頗受歡迎。

　　王清為看著兒子日益的成長，技藝、風評亦日漸超越自己的成就，故於1987年即將所創的「高雄新世界」掌中劇團交給了王泰郎經營管理，自己退於幕後擔任戲劇指導。王泰郎也不負父望的於當年榮獲全省戲劇比賽總冠軍，獲頒最佳優等、最佳演技、最佳舞美等獎項。

　　畢竟王泰郎算是目前南部地區中生代的主演，常積極地開發新的創作概念，發揮自己的想法。他深深認為：

> 大場、小場的演法不一樣，若演大場的來講，為了要適應市場的話，譬如說請主請你來做戲，你大場的一棚價錢又那麼多，你演法如果要像古冊戲那樣搗搗啊做（tâu-tâu-á-tsuè）〔註115〕，這樣在南部來

　　拜「輝五洲」廖昆章為師。

〔註114〕　「細路」（iù-lōo），是指細膩的功夫。「三大」與「三小」，即是指三大戲與三小戲，詳閱本論文第五章第五節內文。2013.11.12下午於臺北八里「臺北木偶劇團」排練場訪談王泰郎記錄。

〔註115〕　「搗搗啊做」（tâu-tâu-á-tsuè），意指「慢慢地做」，即指演出節奏緩慢。

講你就很難生存了，你擱沒法度做大棚〔註116〕的。因爲你沒那些道具、那些特技、所以變成現在的戲會那麼歹做〔註117〕，原因就在此。你跟人家拿那麼多錢，又沒東西給人家看，變成你的戲肉會越來越少，所以說爲了生存，你就要去改變。〔註118〕

這也說明了王泰郎對於演出的形式的重視，除了應有職業道德的觀念外，在演出的節奏、排場與內容上，皆得隨時因應當下環境而有所調整。

也由於王泰郎擅長的就是熱鬧、緊湊、比炫的金光戲風格，不僅是在劇情上要能吸引觀眾的注意，尤其是布景（變景）、戲偶造型、燈光的變化，以及各種特效、怪獸的製作與研發，更是煞費苦心。每逢大場演出工人員之多、場面之大，是南部地區少見幾團可辦得到的。

第三節　親戚家族耳濡目染

布袋戲演師的技藝學成中，出自於親戚家族的影響是最爲複雜，爲了全家族的生計，而習得此技藝，方能爲家庭盡一份心力。其技藝直接從生活中就已見聞習染、或得先向外求師，學成之後再回來貢獻所長。其最終目的就是爲了繼傳家族事業得以糊口。而在親戚家族成員中，最爲常見的就是夫唱婦隨的狀況，特別是布袋戲這項職業中，一般都以男性爲重心，當女性一嫁作人婦後，平日除了得忙於家務外，亦得兼顧丈夫的工作。在跟著丈夫南征北討中也就走上舞台、或爲家族生計不得不執起戲偶者亦是常有的情況，這也是臺灣布袋戲家族事業中，最常見的特殊現象。

布袋戲若成爲家族性的同共事業，每逢演出，難免就得全家總動員。在工作上若全是自己人的話，自然就更有其默契；或若遇到大場演出、或必須得分團時，可免於對外調派人手之麻煩，家族成員中皆可以互相支援。最重要的是這樣親屬之間的群策群力更能顯現出家族的向心力。當然各家族中的組成乃因人而異，故在本節裡試以舉出不同家族的演師技藝養成過程中，其家族環境對演師技術的影響與變異。

〔註116〕「你擱沒法度做大棚」，即「你就沒辦法做大場的」。
〔註117〕「歹做」意指「難做」。
〔註118〕2013.11.12晚上於臺北八里「臺北木偶劇團」排練場訪談王泰郎記錄。

壹、「大臺灣神五洲」陳坤臨、陳坤德

一、陳坤臨

陳坤臨（1950 年生）臺中南屯人，人稱「龜仔結」。祖父陳成（人稱「鑼鈔成」）是布袋戲後場負責「打鑼鈔」的；父親陳秋火（1928〜1997 年，人稱「龜精火仔」）受三年日本教育，師承「石頭師」及張秋喬〔註119〕。在陳成時期就已整班「永樂閣」，後傳至陳秋火即更名爲「神州園」；再傳至陳坤臨時又改名爲「大中國神五洲」，由於被誤會爲有政治考量，遂又變更爲「大臺灣神五洲」〔註120〕。

圖 3-3.1　筆者訪談「大臺灣神五洲」陳坤臨（左）

（蕭孟然攝）

陳坤臨於小學五、六年級時，就已跟著父親接觸布袋戲，國小畢業後，父親曾要他去學「紅頭司公」〔註121〕，陳坤臨學了三天就落跑了。14 歲正式在陳秋火的戲班裡向父親學戲，但只跟父親學藝一年而已。在這一年裡，專心地看著父親演出時是如何擎偶，父親再指點他舉尫仔方面的「訣竅」。父親告訴他「學舉尫仔都有步驟的，不論是文、武或丑等，都有不同的花樣，尤

〔註119〕　「石頭師」不知其名，於沈平山著的《布袋戲》一書（頁 112）裡中提到，「石頭師」師承彰化「臭腥師」，屬北管布袋戲中部地區的「樂天派」體系，石頭師所傳弟子有「振樂天」王振聲、「百華天」洪高輝及陳足賢等。據陳坤臨表示：「『石頭師』是阮老爸的老師，伊嘛是漢文老師，是漢學出身的、也會北管、也會後場。對阮老爸攏挩（thuah）一些後場的氣口。張秋喬是光復前曾至大陸去學南管及北管布袋戲，而我爸爸三弦很會彈，也是屬於「閣派」系統。」按「伊嘛是」，即他也是。「挩」（thuah），即學習、或影響、感染之意。「氣口」（khùi-kháu）即口氣、氣勢之意。

〔註120〕　據陳坤臨表示：「大中國神五洲」由於在兩蔣國民黨執政時期用「大中國」三個字太過敏感，唯若用「大中華」則又與妹婿蕭寶堂所成立之班名同，故則改之爲「大臺灣神五洲」。

〔註121〕　「司公」即指道士。民間一般分「紅頭司公」及「烏頭司公」。「紅頭司公」是頭包紅巾、戴領帽、身穿普通衣、腰圍白裙、腳則赤足，是度生者的，即爲活人驅邪壓煞、禳星補運；而「烏頭司公」則頭包烏網巾、戴道冠、穿道袍、腳穿普通鞋及朝鞋，除了度生者外，也兼度死者，爲死人做功德超度亡魂。

其是三花仔的走路全是步數。」〔註122〕陳坤臨常在自己面前擺一面舉起尪仔時能與尪仔同高度的鏡子，對著鏡學「尪仔步」，此時期的重點就僅是學會了「扮仙」，但還是不會「開口」。〔註123〕

　　15歲即再拜「洲派」的呂明國為師，一切皆依禮行之〔註124〕。雖然陳坤臨跟著父親也有一年的基礎，但初拜師又得一切從頭開始，恪遵當徒弟應做的事情，一樣都不能少，早上跟著去菜市場買菜，要負責提菜，惟師父買菜找的零錢，都會給他當零用錢。此階段，在演出時連二手都還輪不到陳坤臨。陳坤臨說：

> 剛開始當學徒，師父還不會教我怎麼做戲，我嘛是〔註125〕要從「扮尪仔」〔註126〕開始，演出的時候連尪仔都沒辦法靠近，擎尪仔還都是那些大師兄在擎，我只能負責搢炮仔、揮金光布仔和黑布仔〔註127〕而已，是到了後來卡〔註128〕慢慢給我做下手。

在此，陳坤臨道盡了當學徒時的生涯過程，並不因曾有功底而待優、或跳級，在其師徒體制下的學習是一切歸零，重新得照規矩與程序學起。

　　由於跟著呂明國習藝這段時期是內台時期，故陳坤臨拜師時期所學的都是內台的演出風格。在演出前師父都已寫好提綱，提綱中就有尪仔名、地名，以及註明大略發生的事件，故陳坤臨得依其指示與需要，把尪仔扮好。在扮尪仔時若看不懂的，但如果師父正在演出，無法提問時，他就傻傻地站在那裡。師父若問他卻答不出來時，又得被挨打。俟演完後，趁收拾尪仔時，他就到戲籠邊，拿著提綱再一一去認清楚尪仔，把它都記起來。當他對提綱中有看不懂的字，師父只告訴他「字看不懂，自己去查字典。」

　　在聲音與口白的訓練上，呂明國對陳坤臨並無特別要求，所以陳坤臨自認為，做任何事不一定得師父講了才去做。他表示：

〔註122〕「三花仔」即指丑角；「步數」即是技巧、竅門。

〔註123〕陳坤臨認為：學做布袋戲，就得先學會扮仙。

〔註124〕陳坤臨表示：其拜師全照禮俗來，先向祖師爺（西秦王爺）磕頭、拜過師父、獻上先生禮（紅包禮）、謝神等，三年四個月後，出師要回家前還要再行謝師之禮。

〔註125〕「嘛是」，也是。

〔註126〕「扮尪仔」（pān-ang-á），指為戲偶穿戴，演出前學徒得先認識將演出戲齣的各角色，針對角色人物的行當、身份、地位……等為戲偶扮上。

〔註127〕「搢炮仔、揮金光布仔和黑布仔」都是指做一些特效的工作。詳閱本論文第五章第四節內文。

〔註128〕「卡」，乃才、就之意。「卡慢慢」才慢慢。

> 我嘛有「破喉」，這個師父並沒有要求，是我要求自己的風格。早上
> 起床，就拿個尫仔找空曠的地方喊。我自己練到喉破、聲控的膜開
> 了，喉嚨感覺比較開，變成比較有磁性，較不會梢聲（sau-siann），
> 比較容易去分那個音，聲音的吞吐都很容易。不然都會只有嘴唇皮
> 仔的聲音而已；這個跟京劇的吊嗓不一樣。我攏與師兄弟們作伙練，
> 大家也可以互相照看著。〔註129〕

由此可看出，陳坤臨除了恪遵師父所教之方法與技藝外，平日對於自我要求的練習也是很重視的。此外，陳坤臨也是自己去揣摩「五音」，看著尫仔試著想像該賦予甚麼樣的聲音，自我去分辨高低音、需「粗口」（tshoo-kháu）、「細口」（iù-kháu）〔註130〕等音色。

就這樣學習了一年半後，呂明國開始要訓練他們當主演，大多利用勞軍戲時，視各徒弟們的能力程度與素質，分配各徒弟輪番演出。先由呂明國自己先開場做（演）三十分鐘後，即每個徒弟輪流上場各演一段，每人各二十分鐘至三十分鐘不等。除了磨練徒弟當主演外，也是訓練徒弟有臨場接替、接場的應變能力。這回也是陳坤臨「開口」的第一齣戲，就是其師公黃俊雄的戲齣《流星人》之〈血戰死刑島〉。

逐漸地，就是負責一星期一次全場的下午場，這下午場所演出的戲齣都是演出前一天晚上師父所演過的。雖然陳坤臨已可以承擔整個下午場演出，但嚴格說來，他充其量也僅是負責這一場的口白而已，因為戲齣還都是師父所寫的，連「嶄頭」（tsām-thâu）〔註131〕也都是師父早就抓好、裁好的。因此，呂明國要求徒弟們，晚上他在演出時，徒弟就要在旁邊抄寫下來，自己看了思考後，隔天的下午就得照著演。

過了三年四個月，陳坤臨也學成出師了，陳坤臨先到師父的哥哥呂明朝之「正五洲」支援，做了一年多才回到父親的「神州園」幫忙。當然有時候呂明國還是會請陳坤臨回去幫他做下午場，此時期幫師父做下午場的戲齣就陳坤臨自己編排，已不再仿前一天晚上師父所做的戲齣了。由於父親陳秋火一直都是演劍俠戲，而陳坤臨自學藝以來，所學的都是金光戲，因此對於父親所用的戲偶，皆感到不合適，於是就將戲偶全改為尫仔頭較大的金光戲偶。

〔註129〕「嘛有」也有。「梢聲」（sau-siann）指聲音沙啞。「攏」都。「作伙」指一起。
〔註130〕「粗口」（tshoo-kháu）指本嗓發出的聲音；「細口」（iù-kháu）指似小嗓發出的假音。
〔註131〕「嶄頭」（tsām-thâu），指「段落」，即有頭尾的完整段落；帶有裁戲之意味。

故於陳坤臨方二十出頭歲時，父親就索性退休把「神州園」全交由陳坤臨管理，陳坤臨亦將「神州園」更名爲「大中國新五洲」。

　　既然扛下整個戲班的職責，陳坤臨深深認爲做主演就得要能活用，除了須有自己的風格外，還得要有創造力；故勢必得更充實自己的藝術內涵。因此，他勤讀古籍、小說、翻閱群書，抱著實事求是的精神，凡遇問題必追根究底。影響他最大的一本小說就是《劍塚痴魂》〔註132〕。陳坤臨說：

> 我看了很多武俠小說，最喜歡看陳青雲的小說，他作一部《劍塚痴魂》。我不論在劍俠戲、或是金光戲，我攏會穿插這本小說裡面的資料，看冊中該用的角色先把它抽出來。但是這些小說家嘛會生一些「話屎」，所以沒有路用的戲屎攏要拿掉。甚至我做古冊戲《少林寺》和《郭子儀》也是照這種方式去看書。〔註133〕

這也說明了廣泛的閱讀是提供創作靈感的最佳泉源。雖然陳坤臨所演的戲齣也是承襲師父呂明國的《小顏回》來打天下，但除了主角「小顏回」不變外，他在內容、角色上也是會稍加調整、改變，或自己再創造一些師父所沒有的角色。他認爲要學習、應用到師父的傳授技巧才是最重要的。他崇拜地描述師父：

> 我看我先生非常地厲害，能將古冊戲的內容編到金光戲裡面，像《月唐演義》裡面，我先生去抓那場「三頭萬劍會」郭子儀男扮女裝，用到《小顏回》的戲齣裡面，把小顏回也男扮女裝去戰國海。唐朝的故事來做金光戲眞好用，但是在金光戲裡面不能去報他的朝代，只是運用他的事件而已，不然就脫節了。〔註134〕

有了呂明國爲陳坤臨扎下深厚的基本功，所以他也不曾請人來爲他排戲，他深信編戲都是要靠自己磨練出來的。因此在中部地區也造就出他個人的口碑，深受同業界及觀眾的肯定。誠如：「大台員劉祥瑞掌中劇團」團主兼主演劉祥瑞（1953年生）所言：

〔註132〕《劍塚痴魂》作者陳青雲（1928～1999年，本名陳崑隆），現代武俠小說作家，堪稱臺灣「鬼派天下第一人」。擅長寫邪魔歪道、恐怖血腥、陰森鬼氣，充滿想像空間。惟，內容大多以「恨」爲人生主旨，而降低了武俠的旨趣與格調。其作品卻廣受中下階層的讀者所歡迎，與同時期的「正宗武俠泰斗」臥龍生（1930～1997年，本名牛鶴亭）列爲同一暢銷等級。

〔註133〕「攏會」，都會。「看冊中」，看書裡。「嘛會」，也會。「話屎」，即廢話、多餘的。

〔註134〕2013.11.02上午於臺中南屯陳坤臨自宅訪談記錄。

陳坤臨這個人眞正是腹肚內（pak-tóo-lāi）有東西，他做戲不只速度快而且講話眞清，他的口白就是漂亮，聲緣有些梢梢（sau-sau）。我聽過他的錄音帶，一套有五塊錄音帶，我全買了。我覺得這個人不簡單，他是符合做金光戲的人。陳坤臨做的跟阮ㄉㄟ做ㄟ不同型。

就是因爲做得不錯，才會有人會買他的錄音帶跟他學戲。〔註135〕

陳坤臨的弟弟陳坤德亦言：

我大哥在做就是「快」，而且又出名，剛好也符合到海線〔註136〕那邊人的口味，他的口白乾淨俐落，是適合那個潮流。〔註137〕

就這樣陳坤臨也打響了在中部地區的名號，演出也得再外請人手來當主演，可見戲路之廣。妹婿蕭寶堂（詳見本章第一節）也因此被招攬進來。此外，在1980年代廣播電台的布袋戲正值火熱，當時中部的「臺灣廣播公司」節目中「五洲小桃源」孫正明〔註138〕所製作的《聖俠小顏回》正紅，卻因孫正明，突然受傷，恰巧節目的出資者藥商老闆曾看過陳坤臨的《儒俠小顏回》，看中了陳坤臨，請其接替此檔節目。陳坤臨也因此進入了廣播界；從此，陳坤臨橫跨了外台、內台及廣播，更加打響了他在布袋戲界的名號。甚至紅到在當地店家吃東西，只要報「老流氓簽的」，店家都可以賒帳〔註139〕。好景不常，十年前陳坤臨因喉癌傷及聲帶，而中斷了其輝煌的舞台生涯。目前從事舞台傳播營造，亦接布袋戲的演出，惟大多由其弟陳坤德代爲主演，自己則掛名「導演」。

〔註135〕「腹肚內」（pak-tóo-lāi），指肚子裡。「梢梢」（sau-sau），指音質有些沙啞。「跟阮ㄉㄟ做ㄟ不同型」，意指「與我們在演出的風格、形式不同」。2013.07.14中午於彰化縣員林鎮員水路劉祥瑞自宅訪談記錄。

〔註136〕「海線」乃臺灣民衆口語上對沿海地區的稱呼，通常會與「山線」一詞併用。海線包括大甲、大安、外埔、清水、梧棲、沙鹿、龍井、大肚等地區；其範圍等同日治時代的「大甲郡」。

〔註137〕2013.11.23下午於臺中南屯「神龍五洲園」顏永福自宅訪陳坤德。

〔註138〕孫正明，嘉義溪口人，16歲拜新港「寶五洲」鄭一雄爲師，19歲出師即組「五洲小桃源」。1970年以《聖俠小顏回》於臺北「今日世界」連演三年有餘，當時能在今日世界連演兩個月檔期的也僅有黃俊雄與孫正明二人。在漢學上有深厚基礎，於布袋戲裡所涉及的一般歷史、典故及詩詞、文章，均有所鑽研，亦是「五洲園」體系下有名的藝師之一。1970年代末，正式進入廣播電台任職，從事傳統民間戲劇的節目，並擢升到副台長；1994年再升任「臺灣廣播公司」草屯中興電台的台長。

〔註139〕語出「大中華五洲園」蕭寶堂。「老流氓」爲陳坤臨《儒俠小顏回》戲裡的人物。2013.11.23晚上於臺中南屯蕭寶同自宅訪談蕭寶同記錄。

二、陳坤德

陳坤德（1961 年生）臺中南屯人，祖父陳成、父親陳秋火（1928～1997 年）、母親蕭秀蘭（1937～2009 年，人稱「阿草」或「矮仔草」，陳秋火之二房），亦是當時中部地區知名的女主演之一〔註140〕，為陳坤臨同父異母之胞弟。

圖 3-3.2　筆者訪談「大台灣神五洲」陳坤德（左）

（蕭孟然攝）

蕭秀蘭從小就跟著養父四處賣藥跑江湖為生，當起養父的助手兼歌手。養父去世後，就跟養母相依為命，由於當歌手已有了唱唸基礎，遂去搭歌仔戲班，也因為在歌仔戲班的關係，時布袋戲後場需找會唱細口（iù-kháu）的小旦，故轉而到布袋戲班當起歌手。大多唱北管與歌仔調，其較常唱的曲調大略有【都馬調】、【二度梅】、北管的【緊中慢】及【二黃雙板】……等，還是以歌仔調為主。後來，布袋戲後場轉用配樂，已漸不用歌手，為了生活蕭秀蘭也只能學做（演）布袋戲。

蕭秀蘭是靠自己勤練擎偶，學會了基本尪仔步後，自己亦會從中求其變化，據說其「尪仔架」（ang-á-kè）〔註141〕非常穩。自嫁予陳秋火之後，即當起陳秋火的下手兼歌手，久而久之，在 27 歲時也學會了「開口」當上主演。由於蕭秀蘭的個子比較矮，而戲棚的高度大都以男性的高度製作，故她演戲就得腳底墊椅子，除非是採用「半仙仔」（puànn-suann-á）〔註142〕的戲棚。

〔註140〕依據陳金次所主持的「臺灣布袋戲女演師的研究與調查計畫」《女頭手》成果報告書中（頁 48），曾提及：「……只有彰藝園陳峰煙以他在中部演藝界數十年的經驗，才提出中部地緣性的女頭手——春秋閣何雪花、五洲小西湖郭鳳、悅來園張碧鍠、新吉福張秋子及鴛鴦、三八草無所屬劇團的女演師。」而本研究調查報告中，共收錄了十五位布袋戲的女主演，並於附錄中亦各做其生平之介紹。惟，所提的「三八草」此女演師，雖於以上文字敘述裡、及表十二（頁 49）中出現過此名，再也未說明此人物。根據筆者研判此「三八草」應指的就是蕭秀蘭。

〔註141〕「尪仔架」（ang-á-kè），指擎偶的架勢，操偶的姿態。

〔註142〕「半仙仔」（puànn-suann-á），即戲棚布景形式。（詳閱本論文第五章第四節內文）。

在口白方面，雖然蕭秀蘭很努力的去揣摩每個尪仔的音色與音調，由於女性的身體機能與發聲的共鳴點，畢竟還是與男性有很大的差異性，特別是遇到較「惡氣」（ok-khuì）〔註143〕的角色，就不像男性主演那麼有氣勢，故蕭秀蘭平常訓練自己用丹田發音，讓聲音能更厚實、更有力道、可控制較低沉、寬廣的音色，因此她大多以演「三小戲」〔註144〕為主。

由於蕭秀蘭沒讀過書，不識字、也不會寫提綱，只能用頭腦記，因此對於戲齣內容都只能靠死背，所以能演出的戲齣就比較有限，大多演出《天寶圖李三保》、《月唐演義》、《包官保下山》……等古冊戲，當然陳秋火也曾排《七劍十三俠》、《濟公》給她演過。陳坤臨也排過金光戲給她演，但效果不好、她應付不來，觀眾反應也不佳，故較不常演金光戲。當上主演後，即幫著丈夫主演下午場，晚場再由陳秋火親自演出。陳坤臨學成出師回來後，陳秋火即退休，晚場則換由陳坤臨演出，蕭秀蘭依然負責下午場的主演。

而陳坤德小學畢業後，13歲即跟著母親蕭秀蘭外出做戲，觀察母親演出時的一舉一動，自己揣摩、練習如何操偶；或旁聽其他師傅們的檢討論點，而再自己私下思考、琢磨釐析，去探索其操作的原理。陳坤德國臺語摻雜得意的敘述著：

> 我既然有資格做「棚前」的話，舉尪仔基本上攏沒問題。尪仔基本上的操作對我來講攏是 OK 的啦！不管是小生的生仔步、或是小旦啦，生旦淨末丑我都可以表演的出來，而且是相當有那個水平。平常就是看啊、再下去磨、自己揣摩、自己練啊。阮老爸也不曾跟我講舉尪仔的「訣」，都沒人跟我講過，我自己就會了。有時候，戲做完了大家在泡茶時，阮爸在跟師傅們聊天，阮攏在旁邊聽，聽久了自己也接觸了，也就了解原理就是在這裡。尪仔腳步攏要自己要去揣摩。阮以前學會了，後來阮自己嘛有針對自己的手路攏改過。

〔註145〕

從陳坤德自豪地說法，也說明了自我的學習，平常除了多看外，也得多聽。此外，技法並非是僵化一成不變，當參透了原理後，亦可針對演師個人的本質，再去重新改造，以讓技藝更能得心應手。

〔註143〕 「惡氣」（ok-khuì），指淨角、大花，或比較惡霸的反派男性角色。
〔註144〕 「三小戲」詳閱本論文第五章第五節內文。
〔註145〕 「棚前」即指主演。「攏」都。「阮」我。「擱」再。2013.11.23下午於臺中南屯「神龍五洲園」顏永福自宅訪談陳坤德記錄。

　　只要母親蕭秀蘭有演出，陳坤德必當其二手，遇不懂的就會馬上請教母親，所以他對蕭秀蘭非常地了解。他說「我母親會做的戲，我都會做！」

　　陳坤德回憶他第一次「開口」當主演是被逼的，那時候他本來是擔任蕭寶堂二手，當時的主演是蕭寶堂、姐姐陳淑惠負責放樂〔註146〕。那一檔是在「百姓公廟」演出酬神戲，預計連續演一個月，且已經演好幾天了。一日，蕭寶堂不知前一晚去喝了酒？抑是去賭博？很累、很睏只想偷個懶休息一下。眼見此地尚屬荒涼，下午場的觀眾也不多，心想陳坤德跟戲也有一段時日了，應該有所底，遂要求其上場代打。陳坤德也因此硬著頭皮被趕鴨子上架了。

　　從此之後，陳坤德從二手升格當了主演，演出時不僅蕭寶堂會適時的提醒、引導他，大哥陳坤臨有時也會在旁邊看著，遇有不妥之時即予指點、糾正之。陳坤德所演的戲齣形式就比較雜，他說：

> 我老爸、老母嘛有做金光戲，金光戲攏是我自己研磨出來的。他們
> 影響我的是基本的生旦淨末丑、和戲路怎麼走。我演的戲齣攏有固
> 定，他們叫我演甚麼，我不一定要照他們的意思，我自己要演的戲
> 齣我攏自己再抓過。呈現的方式是以金光的方式，但抓的戲齣就不
> 一定，有劍俠、有古冊等等。〔註147〕

也就是說，陳坤德不管是古冊戲或是劍俠戲，都是金光演的方式呈現，他最常演出的戲齣就是《封神榜》的「哪吒」。

　　陳坤德目前除了當陳坤臨「大臺灣神五洲」的主演外，就是支援姐夫蕭寶堂的「大中華五洲園」、或妹婿顏永福的「神龍五洲園」（綜合藝術團）的演出。

貳、「眞快樂」柯加財

　　柯加財（1955生），南投人。父柯金富（1933～2011年）、母江賜美〔註148〕（1933年生），是臺灣布袋戲第一代的女演師。父親一向沉默寡言，是默默協助母親處理團務的好幫手。柯加財走上布袋戲演師之路全然是受到

〔註146〕陳坤德表示，此時的姐姐與蕭寶堂是正熱戀中，還尚未結婚。
〔註147〕「嘛有」，也沒有。「攏是」，都是。「抓過」，重編。「攏有」，都沒有。
〔註148〕本節有關江賜美部分，乃節錄自陳金次主持《臺灣布袋戲女演師的研究與調查
　　　　成果報告書——女頭手》（頁85～101）及林明德、吳明德《戲海女神龍——
　　　　眞快樂·江賜美》二書相關論述之彙整。

母親的影響。

　　江賜美出生於南投地方上之望族，曾祖父江仁厚，人稱「老塗先」〔註149〕，在地方上常為人排紛解難，頗受人敬重。而江賜美的名字就是老塗先為她取名的。其祖父為江金鰲，人稱「海鰲伯」〔註150〕亦是地方名人，是西螺有名拳頭師父阿善師的徒弟，開設武館，行醫救人，曾醫治保住了日本郡守被判鋸掉的腿傷，因而揚名當地。而江賜美的父親江同生（1914～1976 年）原是跟著祖父「海鰲伯」學武，但卻發現每次出陣頭時，武館子弟的待遇總是比曲館子弟差，遂轉投入曲館門下。

圖 3-3.3
「真快樂」柯加財

　　由於江同生與生俱來音樂的天分，中西樂器皆能得心應手的演奏，又身為曲館子弟，常是布袋戲戲班所爭邀的後場對象。久之，江同生燃起了整班的念頭。孰料，因中日戰爭，在日本禁鼓樂推行皇民化的政策中，阻斷了江同生當班主的夢想。戰爭期間，人民生計艱苦，江家只能憑著「海鰲伯」平日的聲望在地方做一點穀糧方面的小買賣。但江同生因勞動過度病倒，江家生計全落到還不到十歲的江賜美與母親身上，小小年紀除了須到南投公校〔註151〕（小學）上學外，還得照顧家計、躲空襲。

　　1945 年抗戰結束，公校也換了漢學老師教授簡單的漢字及注音符號，江

〔註149〕有關江賜美之曾祖父江仁厚「老塗先」一詞，於陳金次主持《臺灣布袋戲女演師的研究與調查成果報告書——女頭手》（頁 86）所記錄的是「劉戶先」；而於及林明德《戲海女神龍——真快樂‧江賜美》（頁 16）書中是寫「老厚先」。兩書略有出入。而筆者 2013.12.13 上午於新莊「真快樂木偶工作室」訪談柯加財特別再與之確認，柯加財說明應該是「老塗先」才正確。

〔註150〕「海鰲伯」一詞於《臺灣布袋戲女演師的研究與調查成果報告書——女頭手》（頁 86）所記錄的是「海鵝伯」；而在《戲海女神龍——真快樂‧江賜美》（頁 18）是「海鰲伯」為正確。

〔註151〕「公校」即「公學校」之簡稱。乃於日治時期，日本在臺灣施行的初等教育，對於日本人、臺籍人及臺灣原住民，分別施以不同之教育，非但機構名稱互異，且授課內容，也截然不同。日本人之教育，實行於「小學校」；臺籍人實行於「公學校」，原住民則為「日語傳習所」。「公學校」為公立學校，由地方街、莊、社或數街、莊、社，負擔其設置維持之費用。

賜美深感乏味，故畢業後就沒再升學。此時民間的鼓樂復甦，各式演出活動重振旗鼓，更加的熱絡起來，布袋戲演出亦然。江同生也已病癒，憑著他一手吹拉彈打的好功夫，以及廣交的人脈，更是活躍於南投各戲班演出中。甚至遇到大日子，戲班分棚（分團）人手不足，江同生全家人一起出動，連女兒江賜美都得跟去湊人數。

對布袋戲一竅不通的江賜美僅能幫忙串場，沒想到竟被要求獻唱，頓時讓江賜美不知所措，幸而「集義園」周坤榮之妻，臨陣教她唱了一段【七字調】。江賜美現學現賣，竟獲得現場觀眾熱烈的掌聲與喝采。有鑑於此，又給了父親江同生燃起了整班的希望，要求女兒得用心學習布袋戲。

江賜美並無正式拜師習藝，由於父親與南投許多知名藝師「森林園」周鄒森、「集義園」周坤榮、「復興社」張萬得、「內春」吳樹全等皆有交情，故江賜美都利用跟著他們演出的機會觀摩、學習，憑的就是年輕有強的記憶力，看了之後自己回家努力勤練。有時自覺擎的偶不夠挺，尫仔總是歪一邊，就到處請教人，卻常碰壁，只好自己苦練。所幸一位後場樂師泉仔伯，細心指導其小旦操作的竅門。江賜美家回對著鏡子苦練，練到尫仔正了、步伐穩了為止。就這樣每日揣摩、苦練，終於練出各種角色的尫仔步，也發展出自己的表演風格。

由於江賜美才十多歲的女孩子，對於布袋戲的口白、五音不似男性主演可以有其自然寬厚低沉的陽剛味，雖然在旦角及僮仔方面，比較須有「細口」（iù-kháu）聲音的角色她是不成問題，但對於面臨「粗口」（tshoo-kháu）〔註152〕較為渾厚粗獷大花仔之類的聲音就是一大問題，因此她只能盡量再下功夫，多加揣摩，不斷反覆的練習、模仿其音調與氣口（khui-kháu），運用各種不同的發聲法，以盡可能達到賦予角色口白。17 歲時她看到許多戲班常演、且觀眾反映也不錯的戲齣《狗母記》，故而硬學強記，勤練了一段時間終於開口能演的第一齣戲。1950 年父親江同生看著江賜美已可獨當一面的能力，便決定正式整班，並將班號取名為「賜美樓」，也可宣揚江賜美，打著女主演的特色，開始開發屬於自己戲班的戲路，也圓了數年來的夢想。

起初，江賜美大多演其關目〔註153〕、角色較為簡單與的戲齣，慢慢多看

〔註152〕「粗口」（tshoo-kháu）指本嗓所發出來或裝出來的聲音。此對女性主演而言，得裝出男性的聲音，更是挑戰。

〔註153〕有關「關目」一詞，詳閱本論文第四章「布袋戲主演關目編排之手法」。

別人的戲，揀別的戲齣，其所打出的是鮮見的「女主演」招牌，在當下以男性爲主的布袋戲演出環境中，確實頗引人注目的，加上江賜美能懂得著重於人物角色的情感表現，更是吸引了不少的女性觀眾。當然江賜美爲了增強自己實力、儲備更多戲齣的能量，還是不斷的去觀摩吸取別人的演出，或四處請益，無論是漢學先生、講古先生、或是其他演師、後場樂師，甚至觀眾意見等，都是她汲取知識的來源，以充實戲齣的內容。久之，連一些連本大戲《五美六俠錦飛箭》、《葉飛雲十三俠》、《萬劫樓》等，皆已可應付連續天數的演出。

「賜美樓」算是一個家族戲班，每當演出就得全家出動，主演江賜美、父親江同生則擔任頭手鼓，大哥江廷鑾負責場庶務、二弟江木順也輟學幫忙當起二手或支援後場。就這樣一家人共同合作「創業」，加上江同生的人脈關係，「賜美樓」的戲路漸而走遍全省各地，無論內台戲園或是外台廟會皆可見其蹤影。

1949 年大哥找來摰友，同時也是江賜美小學的同班同學柯金富進團幫忙，演出上又多了一位好幫手；並在 1954 年江賜美與柯金富共結連理。隔年長子柯加財的出生，卻在 1956 年柯金富得入伍去。江賜美的生活是過的艱辛，俟 1958 年柯金富退伍後，全家人又開始過著四處演出的生活。1959 年臺灣發生一場史上最嚴重的「八七水災」，把江賜美全家賴以維生的戲籠全捲走了，全家人的生計剎時陷入了谷底。所幸，父親江同生的中醫師朋友劉文和，投資開設工廠生產漢方成藥及美容保養品，正計畫全臺各地推銷開發市場，因而再開啓了江賜美長達九年，全臺走透透的布袋戲賣藥演藝生涯。

1967 年江賜美賣藥來到臺北之初，先租屋於三重，但眼看六個子女〔註 154〕也逐漸地長大，跟著流浪的生活就得常轉學換好幾所學校，故江賜美爲了子女，決定尋求一個穩定的地方安居下來；1977 年則遷移新莊購置新居。同時也重新再登記申請另一張牌照，取名「真快樂掌中劇團」。慢慢地也在大臺北地區發展穩定的戲路，拓展她的知名度。1976 年更代表臺北縣（今爲新北市）參加臺灣區地方戲劇掌中戲組比賽，榮獲優等獎之肯定。

江賜美原本並無打算讓兒子從事布袋戲，但兒子認爲母親辛苦打造出來的事業是該有人來繼承，而紛紛也投入了布袋戲的行業中。其實，在電影、

〔註 154〕二男四女，柯加財（1955 年生）、柯加添（1958 年生）、柯秋碧（1960 年生）、柯秋寬（1961 年生）、柯秋媚（1966 年生）及柯秋芬（1968 年生）。

電視等科技娛樂的出現就嚴重地影響到布袋戲這項傳統藝術的市場，尤其是路邊電影更重重地打擊到布袋戲的演出。有鑑於此，江賜美擔心兒子做戲養不飽妻兒，故並不要求兒子一定得跟著她演戲，反而會對柯加財說「你有空再來幫忙、或是有缺人時再來幫忙。」因此，柯加財自己也有了個人的事業，開了一家紡織公司。但柯加財語重心長的解釋：

> 我有感覺到我是該接了，因爲這種東西若不接的話，等我想到要接的話，已經太多歲了。當然我自己也有興趣，那時候我感到母親的布袋戲有缺人，應該由我漸漸來接掌專業，所以工廠那裡即逐步的放掉，公司就由我老婆來掌管。

目前「眞快樂」的主演皆由柯加財擔綱，雖然柯加財並沒有所謂的當學徒的過程，但從小看著母親的演出，偶爾跟著母親當個助手，或與母親閒聊之餘，也漸漸地領略了布袋戲演出的竅門。他敘述著：

> 我感覺我很有那天份，在結婚後二十五、六歲，就開始學著學著，那時候還不太敢講〔註155〕；事隔一兩年後，我才漸漸比較大膽敢了。我本身不喜歡讀書，小時候也不常跟母親，畢竟那時候有請一些師傅來幫我母親做下午場。所以跟的機會不大，到了成年的時候就比較常常。到我全部精神投入，差不多是娶老婆後，那時候才眞正是有走到前場〔註156〕去，不然以前都做下手而已。〔註157〕

由此得知，柯加財雖是從小在家庭因素的耳濡目染，但眞正開始對這份藝術（職業）的投入，起步算是比別人晚了些。至於對於五音、口白的訓練，柯加財很自信地認爲：

> 練「五音」第一點一定是天生的。說練的，那都是騙人的啦！人家說做主演就是要「敢」，你若越不敢做的話，到一個時機過了，你就會越不會了。你天生若是敢、不怯場，其實練五音沒甚麼，腳步、手步比較重要。腳步手步跟著我母親身邊當下手跟久了，就自然知道母親怎麼擎尪仔才會挺。我的「五音」本來就是靠自己揣摩，我覺得這種東西不是教就會了，如果不會的話，你再怎麼教都不會。你當下手就自己要去看旁邊的頭手怎麼做。你自己本身又有興趣的

〔註155〕「講」是指「開口」。
〔註156〕此「前場」意指當主演。
〔註157〕2013.12.13 於新北市新莊「眞快樂木偶工作室」訪談柯加財記錄。

> 話，這樣來學才會快。所以有一種人心裡只想我只要做下手就好，
>
> 做下手做了很久，他就已經被判死刑永遠沒辦法當主演。〔註158〕

柯加財在此強調的是，學習布袋戲這門藝術，首先本身就要具有其天賦的基本條件；其次就是膽子要大，且對自己要有信心，才能走上當主演之舞台。

　　柯加財首次「開口」當主演的第一齣戲是《狄青》，他回憶說：「我記得我第一次做我並不怯場。」那時他已經三十歲了，那天母親江賜美知道明天要演出的地方比較沒有觀眾來看，所以計畫藉此機會來訓練兒子，故前一天就告訴柯加財明天的下午場要給他試著做看看。柯加財就先在家裡自己練習起來，練習時常會有結巴大舌頭的狀況。柯加財表示，因為家裡練沒觀眾，又注意力不夠，懷疑自己明天的演出到底有沒有辦法可以勝任。沒想到隔天一扮仙完，居然看到有觀眾在看，所以就愈加強自己的專注力，竟然昨天練習的狀況都沒出現，無形中更提高了他的演藝士氣。

　　母親對他的在台上表現的好壞，並不會當場在舞台上立即糾正他，通常都是利用完戲了，在休息吃飯的時候再告訴他剛才的擎偶哪個地方不行、哪些環節須再加強，建議他改進。由於是「家族事業」就更具有凝聚力，平常吃飯時間就是全家交換意見的最佳時機，這也是母親對兒子教戲的時刻。柯加財簡略地說明：

> 我們家庭是很簡單的，在吃飯的時候，也是在討論問題、或是平常
> 在幹嘛的時候，因為我們都常聚在一起，所以有一些東西一些細
> 節，包括戲的問題，我們都在休息或吃飯的時候、或是在看電視的
> 時候，想到那兒就講到那兒，尤其是自己的人「窺門」一定會講出
> 來的，包含技術重點、一些比較重要的東西。所以說，家族的好處
> 就是這樣。〔註159〕

從柯加財的這段話中，可以看出家族式的戲班裡，平日家常聊天的話題，不外乎還是脫離不了在演出技藝上的一些議題。

　　1985 年柯加財以「新快樂掌中劇團」〔註160〕代表臺北市參加全省戲劇比賽，演出《工佐斷臂》，獲得北區優等獎及最佳演技獎之榮耀。更得到「小西

〔註158〕2013.12.13 於新北市新莊「真快樂木偶工作室」訪談柯加財記錄。

〔註159〕同上，註158。

〔註160〕1984 年江賜美為因應以「真快樂」一個團是不能同時於兩地演出的法規限制，故又登記申請了一張「新快樂」牌照，並由柯加財擔任團長，自任藝術總監之職。

園」許王的肯定，在台上誇讚「少年人做得不錯！」江賜美眼見兒子能受到許王的贊許，倍感欣慰，並趁勢對許王說「你如果認為不錯，那你就把他收起來當徒弟。」1991 年柯加財備齊了拜師禮、上香、磕頭，正式拜許王為師。柯加財表示：

> 老師算對我很好，有時會講一些戲齣給我，其實若要認真講也是沒怎麼學啦！有時我是都有向許王老師請教，許王老師的比較傳統，我母親的戲也比較不會做這種的。我母親的戲是比較屬於愛情戲，老師做的是比較注重陽剛「三大戲」，像做「關公」「三國」他做得很好；我母親比較注意「三小戲」，愛情戲、笑詼（tshiò-khue）〔註 161〕戲、丑角戲較重。〔註 162〕

自拜許王為師後的許加財，在技藝上雖還是以母親所傳為主，而許王對其幫助最大的就在於指點、提供他在戲齣方面有更廣的素材，以更能趨向於全方位的演出。1992 年江賜美 60 歲，看著兩個兒子〔註 163〕技藝都逐已成熟，足以獨當一面，遂宣布退休和丈夫柯金富過著逍遙清閒的生活，偶爾也常回南投老家探望老鄉親敘舊。

　　甫接手「真快樂」的柯加財，起初演出的戲齣是憑著平時常看母親的演出、或是母親所留下來的提綱，所以大多是母親的戲齣。拜了師之後，又多少有了許王在戲齣上的指點。是介於母親與師父不同風格之間，柯加財更有了自己的想法：

> 我是比較適中，這幾年排戲，我要讓人家了解布袋戲是以查埔（tsa-poo）〔註 164〕為主，但是我覺得我戲裡的重點，每一齣戲查某（tsa-bóo）〔註 165〕的角色，我都要讓她帶很重，查某戲我都要把她加很重進去。創新的戲應該都是我兒子本身有這個 idea，我也感覺適合去改編這些東西，我認為我本身具有這個條件，我要做小旦戲，我很會做。〔註 166〕

柯加財透露母親江賜美雖然已八十多歲了，但觀念還是很開放的，她不像老

〔註 161〕「笑詼」（tshiò-khue）表示詼諧好笑的事物。
〔註 162〕2013.12.13 於新北市新莊「真快樂木偶工作室」訪談柯加財記錄。
〔註 163〕次子柯加添亦另成立「柯加添掌中劇團」。
〔註 164〕查埔（tsa-poo），指男性、男人。
〔註 165〕查某（tsa-bóo），指女性、女人。
〔註 166〕2013.11.30 晚上於臺北大稻埕「霞海城隍廟」訪談柯加財記錄。

一輩的會反對創新改革。她認為，傳統的藝術不可能永遠停留在那個階段，年輕人有年輕人的想法。如果沒有改變想法的話，搞不好連兒子都不會想接。要有創新，年輕人才會感到有成就感、榮譽感與責任感，若還停留在傳統的老想法，那年輕人就不會那麼投入了。所以柯加財再強調：

> 我是很自由派的，我贊同戲是一定要改變的，也不是說改變啦，就是戲一定要加新的東西。因為今天做戲是要做給更多人看的，不是只做給那些 LKK〔註167〕的人看的。因為戲就是要有一種變化，今天若是甚麼節日，要演的是「傳統」布袋戲，你要叫我做得如何傳統，我都有辦法，傳統戲本來就是我最基本的根基。今天我們為何想要去做很多改變，目的也是為了想去吸引更多人來看戲。我的觀念很簡單，一句話就是傳統布袋戲的元素都不會讓它跑掉。你新的東西進來，只是加進去而已。〔註168〕

柯加財也繼承了母親達觀的想法，因此現在大多也是採納兒子年輕人的意見。他很欣慰地兒子柯世宏〔註169〕對偶戲充滿了興趣與熱忱。

柯加財表示：目前民戲是「真快樂」最大的收入，約佔整團收入的 3／5～4／5。雖然民戲是不可能去做改良的戲齣，都還是以演傳統形式為主。但當下也是「真快樂」面臨轉型的時候，而柯世宏從小就感染阿嬤的布袋戲演出，現在又有新觀念的嘗試與改革，柯加財也是極力支持，樂見其成的。

參、「諸羅山木偶劇團」吳萬成

吳萬成（1949 年生）雲林人，從小就在布袋戲的環境中成長，父親、兄弟、大嫂〔註170〕、堂兄弟等皆曾為布袋戲的主演、或後場樂師、或擔任布景

〔註167〕「LKK」閩南語（lāu-khok-khok），即指「老人家」、「老頭子」的諧音。

〔註168〕2013.11.30 晚上於臺北大稻埕「霞海城隍廟」訪談柯加財記錄。

〔註169〕柯世宏（1976 生），柯加財之長子。1996 年黎明工專機械科畢業、2005 年國立臺灣藝術大學應用媒體藝術研究所碩士。1998～1999 年自費前往大陸福建泉川藝術學院木偶組學習操作木偶技術。2000 年與弟弟柯世華（1977 年生）一起加入現代劇團「無獨有偶工作室」擔任演員。2003 年兄弟二人赴荷蘭參加「國際偶戲研習營」、及至美國康乃狄克大學參加「國際暑期懸絲偶戲學苑」，向德國偶戲大師亞伯特‧羅瑟（Albrecht Roser）學習西方懸絲偶戲。目前就讀國立臺灣師範大學臺灣文化及語言文學研究所博士班。

〔註170〕據吳萬成敘述，父親吳帆是布袋戲的後場樂師。其大嫂黃金豆是臺南麻豆人，也是當時的女主演，在各地廟會表演頗受歡迎；是屬臺南地區的「興閣派」體系，跟雲林鍾任壁的「興閣派」不同。

等工作，堪稱當時外台布袋戲「變景」
最強的家族。13歲國小畢業後，就跟
隨大嫂黃金豆女士學習布袋戲。

圖 3-3.4
「諸羅山木偶劇團」吳萬成

16歲時隨同大哥吳明和、大嫂黃
金豆去支援「眞興閣」陳淑美，在水
滴與「雲林閣」李登洲對台〔註171〕，
當時在做「電光爆炸」特效時，由於
製作上的小失誤，於爆破時炸傷了很
多人，面臨諸多賠償的問題，故而大
哥索性將戲班結束掉，而遷居臺南新
營，並於廣播電台上班；之後也改行開電子公司，專門製造摩托車的電子零
件。但吳萬成還是本著喜愛布袋戲的熱忱，不願隨著大哥而放棄，因此就與
其二哥接續大哥所留下來的布景、道具，游走於各戲班，協助從事燈光特效
與配景、變景等工作。

由於工作並不固定，是「跑單幫」性質，其第一位師父蔡義勝不忍他過
著飄泊流浪的生活，就請他到戲班來幫忙，一方面學習布袋戲尪仔的操演技
巧、一面也協助當二手。孰料，不久師父的戲班卻因故停歇。故而18歲時吳
萬成只好再正式拜師「正五洲」呂明國爲師，跟著呂明國於南部各大戲院演
出。吳萬成回憶當初師父教其操偶，是從打武戲開始。他說：

> 但我那時就已經是大尊的金光戲尪仔了，而大尊的金光尪仔在操作
> 上就沒有那種尪仔頭會斜斜歪歪的問題，因爲它的尪仔管
> （ang-á-kóng）比較卡大空（khah-tuā-khang）〔註172〕，所以歪了也
> 比較看不出來；反之傳統的戲偶會有尪仔管傾斜的問題。至於打武
> 戲就須注意那著力點，怎樣才會有力、打下去時架勢才會顯現出
> 來；其餘的技巧還是得靠自己看、自摸索、自己揣摩、平常的練習
> 了。〔註173〕

吳萬成又說，他也是在呂明國那裡慢慢學會「開口」的，第一次開口是在高
雄演出，但當時還不是很專。所以呂明國指點吳萬成「五音」，就告訴他黃俊

〔註171〕吳萬成表示，那時他連當助手都還不會，純只是跟著大哥去幫忙而已。
〔註172〕「尪仔管」（ang-á-kóng）指偶頭連下來的脖子，裡頭是鑿空的，俾利操偶者
　　　　能插入食指以支撐整個偶頭。「卡大空」（khah-tuā-khang），指洞比較大。
〔註173〕2013.12.24下午於嘉義縣太保市吳萬成自宅訪談記錄。

雄是如何鍛鍊徒弟學習「五音」的：

> 一大早起床就向牆壁練五音，而練囝仔「細口」（iù-kháu）〔註174〕的聲音就躲在浴室，因為浴室裡會有迴音，自己去聽這種迴音才會準確；講史豔文的聲音是用「嘴唇皮仔」的聲音、講壞人就要用「胸腔」發音、講三花仔就要屌而唧噹用「假喉音」、講查某囝仔（tsa-bóo-gín-á）〔註175〕就要用「假氣音」，師父也有教這些要領。但一切都還是要靠自己去揣摩、練習，但還是有些師父並不教這些。〔註176〕

吳萬成回憶，當初因為師父沒有下手，要他來當下手，但他就是怕「開口」一直不敢下去做。記得有一次的大日子〔註177〕遇到要分棚（分團）演出，人手又不夠，師父為了多賺點錢，就指定要吳萬成帶著兩位徒弟去做分棚。起初的重點只是為了賺錢，師父卻忽略了需多注意吳萬成的口白與音色，僅囑咐平常要多練。直至吳萬成可以獨當一面，幫師父扛起下午場的主演時，晚場則由師父親自演出，那時師父就逐漸地從中指正他、修正他的技藝。他感嘆當時跟隨呂明國時已經是內台時期將沒落的階段，在那時候僅是當個下手罷了、或頂多頂個下午場的主演而已，所以當時他真正有見聞習染的戲齣也僅限於《小顏回》一齣。

通常一般學徒在出師的過程中，所應用的口白大多只會把師父曾講過的台詞再拿來運用、甚或一字不漏的背誦出來，懶得再多涉略其他書籍，以充實自己的涵養。但呂明國指點吳萬成，四書、五經都可以不看沒關係，唯有《菜根譚》〔註178〕卻是必讀之書；有此提醒，對吳萬成在台上的表現更有著莫大的助益。

1970年時21歲的吳萬成出師後，遂與二哥及五弟三人組成「宏賓樂興閣」，維持了四年，吳萬成自己出來整班。雖然他是師承洲派的呂明國，以及

〔註174〕囝仔（gín-á），是指小孩子；僮仔。「細口」（iù-kháu）意指假音，似小嗓發出的聲音。

〔註175〕查某囝仔（tsa-bóo-gín-á），是指女孩子；旦角。

〔註176〕2013.12.24下午於嘉義縣太保市吳萬成自宅訪談記錄。

〔註177〕吳萬成有點記不起來正確日期是在農曆八月十五日？抑是農曆六月十八日？這兩天對於民間戲班的演出戲路而言皆算是大日子，戲金是平常的兩倍。

〔註178〕《菜根譚》乃明代洪應明收集、編著的一部論述修養、人生、處世、出世的語錄世集，教人傳世之道、正心修身、養性育德，其文字簡煉明雋、兼采雅俗。

啓蒙他布袋戲的大嫂黃金豆。但他的團名是不用「洲派」也不用「閣派」，而取名爲「宏賓第二掌中劇團」。自此開始自己接戲，帶著七八位團員四處演出。初整班的吳萬成演出的戲齣，並無沿用師父呂明國的《小顏回》，反而另請一個「阿榮」〔註179〕，外號「吃菜榮」，來爲他編劇、或直接向阿榮買戲齣。阿榮爲吳萬成排了一齣可媲美「世界派」陳俊然的成名戲《南俠》一樣的《黑鷹》。吳萬成描述著：

> 起先我們都演《黑鷹》就跟《南俠》相同的窟勢（khut-sè）〔註180〕，因爲他剛開始是編《南俠》給陳俊然演，之後將這樣的內容再來編《黑鷹》給我們演。裡頭的角色，如：「南俠」就如同我們的「黑鷹」，基本上內容是大同小異，只是變換一下角色的名字而已。所以，我們演的《黑鷹》就比是像是阿然仔〔註181〕演的《南俠》。〔註182〕

如果有人對台的話，《黑鷹》一出現是所向披靡，因此《黑鷹》也成了吳萬成的代表作。後來由於演出風格和走向，也漸與弟弟吳萬響（又名吳福訓，1953年生）有所不同，故於1983年吳萬響將「宏賓樂興閣」班名，改爲「吳萬響掌中劇團」；而吳萬成亦將「宏賓第二掌中劇團」更名爲「吳萬成掌中劇團」，並於1989年參加臺灣戲劇比賽，榮獲優等獎和導演獎之殊榮。

90年代，廟會的民戲演出已漸走下坡，因此1993年隨著臺商轉向大陸發展的浪潮，吳萬成將臺灣「外台戲」常用的中型戲偶攜至大陸，請泉州的師傅仿照雕刻，但大陸技術常會偷工減料，製作出來的底子〔註183〕皆不盡人意，故此也不敢再妄想請其師傅仿製似臺灣「霹靂布袋戲」之電視大型戲偶。直至2010年吳萬成再開發以「矽膠」（Silicon）〔註184〕材質（亦宛然80年代就開發使用），製作出既輕、也不易掉漆的戲偶，且戲偶的頭髮也突破往常用白樹脂糊膠粘的方法，改由裁縫的「車工」，如此更不易脫落、堅固耐用，極適合臺灣一些錄音團的小戲班於外台戲演出時使用。

在臺灣爲了另尋商機，吳萬成也轉而承接了許多「工地秀」〔註185〕的演

〔註179〕 「阿榮」本名謝？榮（吳萬成忘記了），是雲林土庫人，本身也是從事布袋戲的演出，亦曾爲陳俊然排過戲。

〔註180〕 「窟勢」（khut-sè），意指姿態、架勢。

〔註181〕 「阿然仔」，乃指陳俊然。

〔註182〕 2013.12.24下午於嘉義縣太保市吳萬成自宅訪談記錄。

〔註183〕 「底子」，意指成品。

〔註184〕 大陸稱之爲糖膠，即乙烯基（Polyolefins）。

〔註185〕 「工地秀」是乃房地產市場爲了行銷目的，而舉辦的推廣活動，提供表演藝

出。尤其是 1994 年至 1996 年工地秀的演出特別多，特別是臺北縣（新北市）新莊、板橋、三重、永和、中和、三芝等地。有「聯邦建設」、「龍都」、「邦業」、「騰輝」、「冠龍」、「馥榮」……等，多達十多家的建設公司與廣告公司來爭相邀演，吳萬成可說是應接不暇，甚至也找過李天祿來支援、或配合「明華園」接連隔天做。其演出時間為每週五至週日，連續三天，一天演四場，一場表演時間兩小時。演出形式是有劇情的，且連續幾天每場的劇情都是銜接的，期間也會穿插二至三位歌手唱流行歌曲，並由廠商提供的促銷產品以當摸彩贈品。

由於拜師前家族是以做「變景」見稱，也為吳萬成紮下如何設計營造場面效果的基礎，加上有其敏感的商業觀察力，腦筋動得又快，所以像工地秀這種重點在於炒熱氣氛，如何吸引人潮的場合，他都可以針對當下場合觀眾需要的口味去設計演出內容、形式與排場的大小，每次做出來的效果是出奇的好，每場都是人山人海，短短的三年間也做出口碑，這也是北部的布袋戲班鮮少能做出這麼搶眼的舞台效果。

在此期間，吳萬成可說是全省跑透透，確實是開創了另一項的演出商機，當然也盈收不少，竟然也簽六合彩做了組頭。好景不常，卻被人簽中了近五千萬元，使得吳萬成不得不變賣家產來賠償人家，最後也只好舉家搬至嘉義定居，重新出發。1995 年遂將團址移至嘉義縣太保市改組為「諸羅山木偶劇團」；同年亦當選臺灣省地方戲劇協進會埋事長。

既然布袋戲已是終身志業，故更得努力開發推廣布袋戲的新途徑，以爭取各縣市文化中心、社區等一些文化場型態的演出，積極向學校爭取鄉土教學機會、辦理「布袋戲研習活動」、協助輔導社區校園成立掌中戲劇團，以傳承、發揚布袋戲藝術為主打目標，因而於 2002 年榮獲教育部頒發「社會教育有功人員個人獎」、2003 年更受英國牛津大學推薦為世界名人錄；也造就了多次遠赴世界各國展現「臺灣布袋戲」的機會，讓國際偶戲界認識臺灣「金光布袋戲」之美。

2008 年兩岸開放大三通〔註 186〕後，大陸臺商經常性地舉辦促銷臺灣小吃與農產品的活動，節目裡時安排各種臺灣民俗藝術的表演，當時大多請漳州或晉江的布袋戲團來充當臺灣的布袋戲。雖其語音、腔調極似臺灣，效果不

術吸引觀眾，以促銷房地產，是一種房地產業的商業手法。
〔註 186〕「三通」是海峽兩岸間通郵、通航、通商的簡稱。

錯；但卻未能掌握道地的「臺灣味」，依然無法吸引觀眾的青睞，大多數臺商建議還是得邀請實際的臺灣團跨海演出方爲上策。當時大陸投資的臺商代表黃良華〔註 187〕曾觀賞過吳萬成演出的金光布袋戲，從小尊戲偶的表演到大尊的戲偶，有射箭、變臉等特技，感到非常新奇與有趣，故而引薦吳萬成到大陸參演類此的促銷活動，果眞獲得當地觀眾熱烈的反應，而且每場演出還會呼朋引伴同來觀賞。

自此吳萬成夫妻、兩位兒子吳佳政、吳佳明，以及孫子吳詡寧等，全家人遂成了臺灣與大陸之間的「空中飛人」，並已跑遍大陸超過十五省之多，每到一個地方一天兩場（下午、晚上各一場），十天二十場，演出長度大多約一小時，平均每年至少也有兩百多場的邀演。而每趟的來回機票、吃、住也都全由主辦單位出資。但基於演出地域、對象的改變，吳萬成考量並不是所到的地方觀眾皆能聽得懂「閩南語」，因此決定不再以有劇情的戲齣爲主，這種場合作戲齣不討好，反而在表演內容設計上，純以介紹戲偶、操偶特色，表演各類型的操偶技術，也不藉助燈光效果。此類的表演形式，竟廣受到大陸地區觀眾的青睞與喜愛，甚或有大陸觀眾願意放棄做生意，欲改行來向吳萬成學習布袋戲。由此也證明了臺灣布袋戲這項文化產業，在大陸地區也存在著無限的生機。

第四節　興趣喜好自學成師

在臺灣早期農業社會下，布袋戲除了是附屬於民間宗教廟會活動的一環外，亦是與民眾距離最近的娛樂之一。自 1940 年起，特別是 50 年代布袋戲進入了內台時期的全盛時期，演出內容、形式的轉型，觀賞性質的改變，著實地實踐了布袋戲表演藝術已發揮了從娛神到娛人的最大功能。使得看戲者因而喜歡上布袋戲，尋師、拜師、習藝到出師，更寧願將布袋戲這門技藝作爲一輩子的事業，這也印證了臺灣的一句俗諺「看戲看到扛戲籠」，可見布袋戲在民眾心目中的魅力與影響力之大。

〔註 187〕黃良華，高雄人，當時爲「冠華集團」董事長、中國投資的臺商代表，居住在上海。曾任第 6 屆國民黨籍不分區立法委員、國民黨中央委員、臺灣製鞋工業同業公會理監事、高雄市西子灣獅子會會長、中央日報社副董事長、廣東省佛山市臺商投資企業協會第二、三屆會長、中國臺商發展協會副理事長、廣東省佛山市海外聯誼會會長、廣東省佛山市冠華學校創辦人。

　　然而，布袋戲主演技藝養成的最終一道關卡，就是要有膽量、能獨當一面、敢「開口」撐完全局，才算是學成出師的主演。因此，無布袋戲背景淵源卻迷戀上布袋戲者，憑著自己的興趣、熱衷與努力，未經過拜師習藝的過程即能當上「主演」者亦大有人在。故在本節中將敘述的類型，乃是針對布袋戲的愛好者，同時也賦有點天份，就藉由看戲、聽廣播電台、聽錄音帶、聽唱片的自我學習過程，在拜師前就已能開口當上主演之實例。

壹、「江黑番掌中劇團」江欽饒

　　江欽饒（1958 年生）〔註 188〕，彰化員林人，人稱「江黑番」。由於小時候母親都喚其「阿饒」，音與村裡一位叔公的名子相近，常被叔公誤爲是在叫他，而抱怨「原來是在叫這個憨番。」加上個性活潑好動、四處亂跑而曬得膚色釉黑，故而被稱爲「黑番」。

圖 3-4.1　「江黑番掌中劇團」
江欽饒（左）與筆者

（江武昌攝）

　　從小不喜歡讀書，就愛看戲，只要有人在搬戲就會想盡辦法溜去看戲，尤對布袋戲特別感興趣。小學時期，週一至週六每晚必定會收聽「彰化廣播電台」播放的黃俊雄的布袋戲，以及張宗榮〔註 189〕在電台的說書節目。每當聽完於澡間沐浴時，必回想剛聽過的戲並模仿之。久之，其姪子江如敏若一天無聽到其模仿聲，必知當日必是星期日。甚至若沒在洗澡時也會學著收音機裡的劇情唸著「欲知生死如何，明天繼續收聽續集」，連隔壁的阿伯都聽上癮了。江欽饒敘述著：

〔註 188〕據江欽饒特別說明：「我是 47 年（1958）次的，但我的身分證上寫的是 48年（1959）次，比較晚報戶口，因爲那時候父母怕囝仔會餵未大漢，所以都會晚申報。」按：「餵未大漢」乃養不大之意。

〔註 189〕張宗榮（1939 年生），出身於臺語廣播界。1972 年於中華電視台播出的一系列臺語武俠連續劇，因而成名。其自製、自導、自演、現場直播的電視劇《俠骨柔情》、《燕雙飛》、《俠士行》、《英雄榜》（改編自《小李飛刀》），叫好又叫座。尤其是《燕雙飛》更奠定其電視戲劇地位，也捧紅演唱主題曲的女主角鳳飛飛。在《俠士行》一劇中，張宗榮親自飾演「錢來也」一角更受到觀眾的喜愛。

> 我是被他們的戲齣與口白、音色所吸引。以前講古的氣口（khùi-kháu）與布袋戲氣口是兩方面的藝術，攏不同款，值得我們來研究。黃俊雄他布袋戲所演的、我囝仔（gín-á）的年代所聽的節目，到現在我都還記得。若講張宗榮這個人講話的話水（uē-suí）不簡單，他的講話不僅是緊（kín），而且緊到一個坎站（khám-tsām）又讓人聽得懂、又清晰。這講話的人本身反應要好、舌頭又不能打結，所以講話速度的緊與慢都是需要練習的。〔註190〕

揣摩黃俊雄的聲音、學習張宗榮的口條，這都是影響江欽饒在布袋戲口白上很重要的關鍵因素。他認為學戲是先用聽的，聽金光戲，然後再做（演）布袋戲，只要敢秀就比較有機會；所以國中時就常蹺課為了去看布袋戲。最早都是跟著別人出來玩玩，有戲棚下他就鑽，甚至別人缺主演時，就自告奮勇當「主演」。他自豪地說：

> 我現在說這句話是憑良心對天講。在拜師前其實我就已會做戲了，國中二年級我就當主演了，無師自通可說天生自然的。
>
> 我舉尪仔的架勢到目前為止還沒有人教過我，也沒有人跟我講破，這種東西只要看了就會，我這樣講不知會不會太誇口？我只要看別人怎麼舉，也沒有人跟我點破這尪仔要怎麼舉，真的沒有人教。但我在做主演到目前為止也沒人說我的尪仔架（ang-á-kè）〔註191〕漂亮。說實在話，舉尪仔架也算是沒有被人所肯定啦！

又說：

> 有一位漢學老先生對我說一句話，猴囝仔如果你要學做戲的話，我跟你建議，你去研究「三國」。你若要做戲就做「三國」，這部「三國」如果你可以做得起來的話，以後任何一部戲對你而言都不是難題。因為「三國」裡的字文有較深，漢文也比較多。所以，既然這樣的話，那「三國」就要來研究。〔註192〕

從這老前輩的建議中，江欽饒自己也感覺到，真正在學校所教的書本都不喜

〔註190〕 「氣口」（khùi-kháu），即口氣。「攏不同款」，都是不一樣的形式。「囝仔」（gín-á）小孩、兒童。「話水」（uē-suí），指口條。「緊」（kín），指速度快。「坎站」（khám-tsām），意指階段、段落、地步。2013.07.14 下午於彰化員林員東路江欽饒自宅訪談記錄。
〔註191〕 「尪仔架」（ang-á-kè）指擎偶的架勢與技巧。
〔註192〕 2013.07.14 下午於彰化員林員東路江欽饒自宅訪談記錄。

歡讀，卻對閱讀古籍之類的書極富興趣。他自知若爲了要學做戲不看這些書
是不行的，所以有空就會多讀歷史小說，特別是若演「三國」中周瑜與孔明
的對話時，文言漢字自己如果唸錯了，也不會自知，故爲了增進自己臺語漢
文基礎，他很依賴《彙音寶鑑》此工具書，若《彙音寶鑑》有看不懂，他就
會去請教這位漢學老先生。他說：老先生感嘆現在的小孩對此都不感興趣，
對於江欽饒的請益，他非常樂意教他。所以江欽饒自言「我在演古冊戲之前
是下過很多功夫」。

　　江欽饒曾聽人家說臺北有金子可以挖，故在國中一畢業的第三天人就已
北上到了臺北。在臺北待上一個月，才發現根本不像他所聽到的傳言。淘金
計畫失敗，只能到大哥臺北的機車行學習修理機車，一樣也待不到一個月，
感覺每天雙手黑漆漆又油膩，似乎不適合自己的個性與興趣，只好漠然地返
回員林。回家後也嘗試了許多行業，皆是無疾而終。最後還是回到他最喜愛
的布袋戲，開始重新接觸布袋戲後，也四處去當別人的下手。

　　後來，江欽饒的三姐嫁給了「大台員劉祥瑞掌中劇團」的主演劉祥瑞
後，他便常去姐夫家幫忙演出。也因姐夫的關係認識了臺中「光興閣」鄭武
雄（1937～2011 年）[註 193]，並常去支援鄭武雄演出。鄭武雄非常喜歡江欽
饒這年輕小伙子。江欽饒得意地描述鄭武雄曾喝酒後對他說：「黑番若有來
（māo-lâi）[註 194] 拜我爲師的話，我死目嘛不願瞌（kheh）」[註 195]。其後
江欽饒果眞準備了拜師禮正式拜鄭武雄爲師。

〔註 193〕 鄭武雄（1937～2011 年，人稱呼たけを），本名林啓東，嘉義梅山人。父親
　　　　　以販布爲業，與當時西螺「新興閣」鍾任祥摯交。1955 年鄭武雄初即投入鍾
　　　　　任祥門下學藝，18 歲正式出師正式組「光興閣」掌中劇團。其最拿手好戲《大
　　　　　俠百草翁》（又名：明清演義或鬼谷子一生傳），當時在員林連演數年不斷，
　　　　　每場演出座無虛席，最後也在員林定居了下來。1960 年代電視興起後，戲院
　　　　　演出的布袋戲逐漸走下坡，但鄭武雄的布袋戲仍有一定程度的觀眾群支持
　　　　　著。1980 年代一度改行經商，卻因不諳商場經營，最後仍舊回老本行。也曾
　　　　　在 80 年代金光布袋戲式微的最後階段，在臺北萬華、三重等地的戲院又連演
　　　　　七年不曾中斷。他首先應用唱片音樂以做爲布袋戲的配樂，而他的妻子林尤
　　　　　季子受他影響，在爲他做演出的唱片配樂上，有著極準確度和對音樂的節奏
　　　　　感、音樂性的抓取能力。鄭武雄在唱片配樂的使用上，也爲台灣金光布袋戲
　　　　　的發展跨出了一大步。詳見江武昌〈嘉義光興閣──鄭武雄〉，《臺灣本土文
　　　　　化外台金光布袋戲》「蕃薯藤部落格」http://blog.yam.com/melchen/article/
　　　　　3973149。（最後查核日期 2014.03.15）
〔註 194〕 「有來」（māo-lâi），指不來、沒來。
〔註 195〕 「死目嘛不願瞌」，意指死也不會瞑目。「瞌」（kheh），指閉眼、合眼。

　　甫拜師的江欽饒初跟隨師父鄭武雄時，並沒馬上就當上主演，甚至連二手也輪不上，僅能幫忙摃炮仔〔註196〕，並負責記錄。每次江欽饒都是很認真地看著師父演的戲，只要師父演一遍後，他就可以憑印象把整晚演出的戲齣完整地寫下來。江欽饒極欽佩師父鄭武雄對於劇情結構高操的編排技巧，一個晚上的戲可以發展出多條線的重疊情節，除了主情節（main plot）外，還可以拓展出四、五條副情節（subplot），且收幕時還能挽住觀眾的心。對於人物的塑造自然，僅藉由尪仔的細膩動作就可以表達出人物的神秘感。他語帶崇拜地說：

> 鄭武雄的特色，他那顆「百草翁」就是最自然的人，我都無法形容。黃俊雄還很感服鄭武雄的神秘氣，他的神秘氣甚至不需要用到口白，完全用尪仔的動作就可以表達，觀眾就可以感受得到。那個局他自己排，排到這坎站（khám-tsām）〔註197〕，這十分鐘之內尪仔都不用講口白，用動作就可以表達出來，真的很厲害。

> 鄭武雄的戲很有誘惑力，給你非看不可，他在口白講得很自然、他的笑詼（tshiò-khue）〔註198〕是恬恬（tiàm-tiam）〔註199〕的做、恬恬的做，會讓全場的觀眾雄雄（hiông-hiông）〔註200〕來場大笑。別人的好笑只是笑在嘴唇皮上，鄭武雄的戲會讓你笑到哇哈哈哈的大笑，看鄭武雄的戲會讓你狂笑。在笑的人是很自然的放輕鬆在笑，看鄭武雄戲的人若晚上在睡覺時，都會爬起來笑一笑，又倒下去睡。所以這鄭武雄真厲害。〔註201〕

江欽饒師父鄭武雄在當時布袋戲界裡，其做戲的口碑是眾所皆知的，不論在人物的口白上、或神秘氣氛的營造等金光戲的效果，在在皆受到當時觀眾的喜愛與歡迎，尤其是「大俠百草翁」角色的塑造，並不亞於、也不同於當時的同門師兄弟鍾任壁。

　　江欽饒退伍回來，透過表哥的介紹，與廖淑勤小姐結婚後，1983 年 2 月

〔註196〕　「摃炮仔」，即做一些金光戲的特效。
〔註197〕　「坎站」（khám-tsām），指階段、地步。
〔註198〕　「笑詼」（tshiò-khue），表示詼諧好笑的事物；指笑科、戲謔，談話輕鬆有趣令人發笑。
〔註199〕　「恬恬」（tiàm-tiam），意指默默地、靜靜地。
〔註200〕　「雄雄」（hiông-hiông），指忽然、突然、猛然間。
〔註201〕　2013.07.14 下午於彰化員林員東路江欽饒自宅訪談記錄。

25 日整班創團，班號則取姐夫劉祥瑞「大台員」的「大」字、師父鄭武雄「光興閣」之「光興」，正式命名為「大光興」掌中劇團〔註202〕。開始獨自對外拓展自己的戲路，所演的戲齣涵蓋古冊戲與金光戲。由於師父出名的拿手戲齣都是金光戲，不擅長演古冊戲，故江欽饒向師父所學的都是金光戲，也因此他演古冊戲的氣口都帶有金光戲的味道。他說：

> 我的古冊戲是這樣的，攏是自己學的，以前那些老一輩的在搬我攏有在看，其實我看的攏是只看他的「點」而已。前面的點我們看一下，接下來就要自己去找古冊了。人家先生〔註203〕沒有放給你整齣戲的啦！我先生較有在演的就是那部《孫龐》，但孫龐也只有二天而已，接下來就沒戲齣了，如果要看他的續集就得到書店自己買書回去看。〔註204〕

從江欽饒的話語中已說明了，其在古冊戲的表現上幾乎都是出自於「自學」的過程，重要的還是要多看、多閱讀，才是充實能量的最佳方法。

　　由於江欽饒的聲音酷似師父鄭武雄〔註205〕，在金光戲的演出他只演師父的戲齣《大俠百草翁》，故他的演出常常被誤為是鄭武雄在演。特別是「百草翁」這位丑角〔註206〕的甘草人物，據江欽饒表示，他若再稍微雕飾一下就更像，所以他更得意的說：

> 我是像我先生的自然，那顆百草翁到現在為止，我說一句比較誇口的話，臺灣全省以我們全部的師兄弟來講，要揀我先生這顆百草翁者，可說是沒有半個人。〔註207〕

江欽饒不僅在演出上模仿鄭武雄是唯妙唯肖，連演出所挑選的配樂風格大致雷同，甚至與師父平常的習慣亦然。鄭武雄習慣在編排戲齣的提綱上，一幕幕的段落記錄分明，「口白」的用紅筆、「事件、人名、場景」則以藍筆，藉由自己親自寫過一遍，以方便記憶。演出時就運用一根棒子或筆，隨著演出

〔註202〕此時的「大光興掌中劇團」尚未於縣府登記立案。
〔註203〕此「先生」乃指師父、老師。
〔註204〕2013.07.14 下午於彰化員林員東路江欽饒自宅訪談記錄。
〔註205〕江武昌曾說：「他〈指黑番〉曾經假裝他師父的聲音，打電話把他的師兄弟都騙過來。只用一般的講話對話方式，就可以騙到他的師兄弟」。2013.07.14 下午於彰化員林員東路江欽饒自宅訪談，時江武昌也在場。
〔註206〕通常「丑角」的聲音主演者大多直接以自己自然的本聲（音）。詳見本論文第五章第一節內文。
〔註207〕2013.07.14 下午於彰化員林員東路江欽饒自宅訪談記錄。

的段落移動，讓下手也能了解下一場尪仔的出場、以及需準備的道具。而江欽饒也是一樣眞傳了師父的習性。

江欽饒的演出非常重視現場觀眾的反應，隨時做臨場修正，以吸引觀眾目光，不致流失。1994 年起，由於有其獨到的口才及靈活的口白，而受到廣播電台的賞識，陸續進入了臺中「中聲」、雲林「正聲」，以及彰化「國聲」等電台，製播《三國演義》、《三國因》、《六國春秋》、《西漢演義》、《孫龐演義》、《孫臏下山》、《鋒劍春秋》……等廣播布袋戲節目，頗受聽眾所接受。1997 年爲了參賽全省的戲劇比賽，遂將「大光興掌中劇團」更名爲「江黑番掌中劇團」，並正式向縣府登記。同年在戲劇比賽中亦脫穎而出，榮獲布袋戲類的最高榮譽「最佳主演獎」及團體甲等獎。

貳、「新天地掌中劇團」黃聰國 〔註 208〕

黃聰國（1953 年生）桃園人，父不詳從母（黃蘭）姓。從小就好廣交朋友，初中一年級即輟學，在桃園四處與人結識。十六歲時，母親把他帶到臺北二重埔的「太子汽車」當修車學徒。期間適逢黃俊雄於臺北「今日世界」演出布袋戲非常轟動，由於友人之妹認識黃俊雄，故而慫恿黃聰國一同前去看戲。一看就上癮了，自此開始崇拜黃俊雄。黃聰國說，我今日會從事做布袋戲這行，就是去「今日世界」被黃俊雄所吸引的。之後，黃聰國是每天晚上必定準時到場觀賞，且俟完戲後，就會請黃俊雄戲班裡的師傅們去吃宵夜；與師傅們也熟絡了，黃聰國就想辦法向他要布袋戲尪仔，師傅果眞送了他一尊尪仔帶回去把玩。

圖 3-4.2 「新天地掌中劇團」黃聰國

一日，因公司「上樑」〔註 209〕擺席設宴卻沒有邀請他們這群員工，黃聰

〔註 208〕 按江武昌所撰的〈臺灣布袋藝人名錄〉中，「桃園新天地」黃聰國簡介一欄裡，僅註明「無師自通」。詳閱王秋桂總編輯，《民俗曲藝》第 67、68 期「布袋戲專輯」（臺北：財團法人施合鄭民俗文化基金會，1990 年 10 月），頁 139 ～140。

〔註 209〕 「上樑」閩南語稱「就樑」，即木造工程進行時，由木匠師進行中脊樑置放的

國慣而辭去。然而，家住在桃園，黃俊雄的布袋戲又在臺北演出，確是有些距離，每天爲了看布袋戲是臺北、桃園來回跑。母親認爲兒子這樣的不務正業，每天瘋布袋戲，實不可取，就把黃聰國帶回家。恰巧又認識隔壁一團西螺上來的布袋戲班「和興閣」的廖清涼、廖慶和等人，專門從事賣藥及做廟會的演出，黃聰國遂跟隨他們四處去做民戲，負責「損電光盤」〔註210〕，看著主演的手勢，主演比一下黃聰國就敲一下，純粹是當「義工」性質好玩而已。逐漸地，也認識了桃園地區的布袋戲戲班，因此只要戲班有戲就會找他去幫忙，慢慢地開始協助擎偶。黃聰國說：「我擎尪仔都是靠自己摸索，雖然沒人指點，就是都看別人怎麼擎的技巧，然後回家再多練習，玩自己的戲偶。」〔註211〕

　　就這樣四處打游擊跟著戲班做演出，認識了西螺「進興閣」廖英啓〔註212〕的侄子廖利焱與韋辛〔註213〕二人，他們二人是當兵時的摯友；也因而結識了陳明華〔註214〕，當時陳明華找廖利焱進來編寫《保鑣》劇本，而廖利焱也找韋辛與黃聰國等這群一起玩布袋戲的好朋友一起加入《保鑣》的編劇群。當時他們是分配每人負責各編寫一部分，當然黃聰國負責的部分比較小，但黃

一項儀式。依據古法，上樑儀式是相當繁瑣的，除了祭拜諸神之外，還需準備書卷或燈籠等吉祥物，然後再擺席宴請賓客。由於一般認爲中脊樑是建築物構造中最重要的核心，因此上樑儀式必須謹慎處理。

〔註210〕「損電光盤」，即操作簡單的特效。「損」乃敲打之意。詳閱本論文第五章第四節內文。

〔註211〕2013.06.02下午於基隆復興路黃聰國自宅訪談記錄。

〔註212〕廖英啓（1930～2012年），雲林縣二崙鄉新庄人，「新興閣」鍾任祥的親傳弟子，1956年成立「進興閣」，是內台布袋戲最知名的演師之一，以一齣《風速四十米》塑造的「大俠一江山」與「老和尚」角色更是膾炙人口。1966年於「臺中電台」製作了《蕭保童白蓮劍》、《孫臏下山》兩齣廣播布袋戲，並灌錄發行了《蕭保童白蓮劍》、《孫臏下山》、《孝子復仇》等布袋戲唱片。1971年與陳明華合作，於「中國電視公司」製作《千面遊俠》，並由其「進興閣」擔綱演出。

〔註213〕韋辛，後來也成了三家電視台的知名武俠劇製作人，所製作《俠客行》、《小李飛刀》、《五路福星》、《威震南臺》、《唐三五誡》，以及《天蠶再變》……等，皆曾創下相當高的收視率。

〔註214〕陳明華，本名陳喜派，人稱「囝仔仙」。早期專爲布袋戲班編排戲齣（劇本），最爲知名的作品有《五爪金鷹》與《玉筆鈴聲世外稀》等。1974年採用布袋戲的手法編寫了一齣《保鑣》八點檔連續劇，於「中華電視台」播出，造成轟動，收視長紅，共計播出256集，創下連續劇播出集數的紀錄。走紅後長期從事電視劇製作，亦曾擔任電影製片，拍攝題材仍多以武俠劇爲主。

聰國也會常提出一些好的建議給陳明華，經陳明華認同了，就要黃聰國把它寫下來。《保鑣》在當時三家電視台鼎立的時代，也創造了八點檔連續劇極高的收視率。就這樣跟著陳明華有半年之久，黃聰國即入伍當兵去了。

經過三年半，黃聰國退伍後回到桃園，一樣在各戲班打游擊協助演出，幾乎當時桃園的各布袋戲班黃聰國都跟過。起初也是從「損電光盤」開始，再而擎尪仔當二手，當了別人的二手約有兩年之久。後來又看到後場的「放樂」更感興趣，就轉而去玩放樂，也逐漸地變成是以幫忙戲班做「放樂」工作為主。黃聰國表示：

> 我先是從事損電光盤開始的，後來才去做放樂。我在「佳樂」〔註215〕和桃園的戲班都有待過，我跟了好多團放樂。當時是用黑膠唱片放樂，我接觸布袋戲的放樂時就已用黑膠了，那時已經沒用後場了。當時內台改黑膠後，廟會的也跟著改了，但是機器大多是用租的。〔註216〕

由於黃聰國的放樂的工作做得不錯，為「新興閣第三團」鍾任欽〔註217〕所看重，而被招攬進去「內台」擔任放樂之職，這也結束了黃聰國在業界跑單幫的生活，進到布袋戲圈開始領月薪。

當了正職的放樂師，平時只要沒事或休假，早上起床、唱片行一開店，黃聰國就去待在唱片行裡找資料了。或是當主演跟他講今晚的戲裡會有新的主角尪仔出現喔！中午用過餐後，他就得出去找音樂，準時在晚場開演前回來與主演確認主角尪仔的音樂。與主演已有了良好默契，主演除了特殊的新尪仔會告訴他外，其他氣氛音樂也不會再提醒、或指定要求他要放甚麼音樂，全放給他自由發揮。

在鍾任欽那裡當了三年多的「放樂師」期間，不僅結識了當時在戲園門口的驗票小姐潘瑞眞（1956年生），更樹立了他在布袋戲放樂方面的口碑。甚

〔註215〕「佳樂」是當時的佳樂戲院，位座於臺北萬華。

〔註216〕2013.06.02下午於基隆復興路黃聰國自宅訪談記錄。

〔註217〕鍾任欽（1944～2009年，又名鍾任錦），鍾任壁的二弟，家學淵源。1960年跟隨堂兄鍾任鴻於中部一帶做內台戲。1962年父親鍾任祥便調鍾任欽做雲林縣文化工作隊主演。1963年繼承其父鍾任祥的戲班「新興閣第三團」指定他擔任主演，經營內、外台布袋戲，常受邀臺北萬華的「佳樂戲院」、中和「中和戲院」、桃園「大江戲院」、新竹「新舞台」，以及高雄「王子飯店」等戲院演出。擅演《七子十三生》、《鋒劍春秋》、《大俠百草翁》、《斯文怪客》、《蕭保童白蓮劍》等劇目。

至有人正式寫拜師帖來拜他爲師，跟他學放樂。〔註218〕黃聰國得意的說：

> 我在幫別人放樂是很少出差錯，這是我個人的感覺啦！

> 我在「佳樂」放樂會出名，人家都認得我，我卻不認識別人。所以
> 我以前有名是在「放樂」，不是出名在「主演」。

基於此，讓黃聰國起了整團（創團）的想法，恰遇「小西園」許王去觀看鍾任欽的演出，因而認識了許王。黃聰國諮詢了許王「老師，我若想要整團，您認爲我要取甚麼名字比較好？」請許王幫他取團名。當時許王就寫了「新宇宙」與「新天地」給他挑選，黃聰國遂回去與潘瑞眞討論。之後，鍾任欽離開了「佳樂」戲院後，黃聰國也辭去了鍾任欽回到桃園，偶爾去「大西洋掌中劇團」幫助林金助〔註219〕，在此也只是跑單幫的當個下手而已。

1980年6月2日黃聰國與潘瑞眞結爲連理，同月24日即整團，正式以「新天地」爲團名。由於當時規定，創團登記的負責人必須具高中以上學歷，並得搭棚、試演給文化局的人員看過確認，故黃聰國並沒有馬上去辦理登記申請牌照。後來，黃聰國只好向高雄開錄影帶出租店的朋友林旺枝借其名辦理申請，而且試演也是請別人來當主演。

甫創團的黃聰國剛開始都是外請別人來擔任主演，慢慢地自己也學會「開口」。但他自己第一次開口當主演，並不是在自己劇團的演出，而是去別人的戲班當助手時。他回憶敘述第一次當主演的情形：

> 我會開口是被「霸王硬上弓」的！那天下午兩點五十分扮仙時間到
> 了，主家來催促扮仙，卻未見主演的蹤影，戲班老闆春發仔就囑咐
> 我先代他扮仙。但是，扮仙也已經結束了，擱等到三點半主演卻還
> 是沒來，老闆就叫我直接做。我本來就是放樂底，那個時候已經內
> 台放樂沒做了。現在要叫我做，我也不會做呀！再等到三點四十分
> 眞的不做不行了，我只好硬著頭皮上去。我就從《清宮》開始演起，
> 但不是做方世玉那段哦！那時候，我細口的囝仔聲與查某聲攏不敢
> 講，就從胡惠乾下山開始做起，請一個打一個，因爲這段我比較熟
> 悉，口白講到不會講時就開打，利用開打的時間，想看看接下來該

〔註218〕黃聰國表示，他有收了這位徒弟，但此徒弟於2012年已往生了。

〔註219〕林金助，人稱「跛腳助」，因患有小兒麻痺而得名。師承藍朝陽；藍朝陽師承
　　　　「新世界」陳俊然。

講些啥。當時是有提綱啦，但最主要是我還有點概念。〔註220〕

黃聰國剛學會開口當主演時，最怕的就是一些小旦戲與孩童戲，不太會假聲，所以演出都以似胡惠乾這類的小生或武生戲，他說：「那個時候都只是仗者一副憨膽上台演出，其實完全都還不懂。」連自己的錄音都不敢聽。

終究黃聰國也得慢慢地學會「開口」，依據自己的聲質來練習「五音」，而五音的揣摩對象就是黃俊雄，反覆地聽著黃俊雄的唱片，學習他的氣口、模仿他的音色。由於黃聰國所擅長的是放樂，故在聲音與音響方面是比別人更為敏感、重視。後來，他也慢慢地學會了「五音」，甚至對於麥克風的運用也都找到了竅門。他說：

當初已經都被黃俊雄所灌輸影響了，黃俊雄的五音真好，我都自己去揣摩。揣摩之後，譬如「生仔」我就感覺大約應該抓在那一個點。主演的麥克風也有運用的訣竅，小生是稍微離遠一點，妖道和惡氣的就要比較靠近些。〔註221〕

剛開始當主演的黃聰國所演出的戲齣幾乎都是學別人的戲齣，利用當時在內台跟著鍾任欽時、或是在待過其他戲班時，所抄錄寫下來的大綱，也會常去觀看別人的演出，揀別人的戲齣，看別人怎麼做，回來就跟著做。所以，他演的戲齣中常會摻雜各家名戲的內容與角色名字。他自我坦誠的說：我的風格跟別人不一樣的地方，就是我比較綜合，可以說是「什錦麵」啦！

黃聰國不論古冊戲、劍俠戲，或金光戲皆演之，但最主要還是在金光戲為多。古冊、劍俠戲常演的戲齣就是《鋒劍春秋》與《少林英雄傳》（清宮三百年），內容大多抄襲別人的，當然也會穿插一些自己編的內容。但《少林》一劇自己卻編到「白眉」死後，就接不下去了，最後只能再出一個「赤眉」來為白眉報仇；而正派方面則再取別人戲齣裡的「老黑狗過江龍」來與之對抗，收幕以後就此結束了。因此，他只要演到接不下去時，晚上回來就會打電話給許王，請教接下來該如何接戲。黃聰國表示：

我認為「開口」是一大瓶頸，但自從我認識許王老師之後，我就比

〔註220〕「擱」（ko），即再、又之意。「細口」（iù-kháu），意指似小嗓的假聲。「囝仔」（gín-á）指小孩、兒童；「查某」（tsa-bóo）指女人、旦角，這兩種聲音都是運用到「細口」。「攏」（lóng），都、皆。由於《清宮三百年》前面的方世玉還是小孩，由僮仔來飾演，到了胡惠乾下山時已經是武生了。2013.10.08 下午於基隆復興路黃聰國自宅訪談記錄。

〔註221〕2013.06.02 下午於基隆復興路黃聰國自宅訪談記錄。

　　較有辦法去解決。在還沒認識許王以前，對於疊幕都是照本宣科，
　　抄襲人家内台的劇本，也不知道那裡好那裡不好，就傻傻的有做就
　　好。

　　許王來看過我的戲後，知道我是無師自通，就對我說，你要有一個
　　師，才要我拜他爲師。〔註222〕

1991 年在桃園的一個演出兼展覽的場合，黃聰國依照古禮行拜師之禮，向祖
師爺磕頭，下跪奉茶，正式拜許王爲師〔註223〕。

　　同年黃俊雄之子黃文耀於「三立」電視台推出「天宇」系列布袋戲，黃
文耀亦聘請黃聰國擔任藝術指導。基於喜好興趣，黃聰國大量的購置電視戲
偶的尪仔頭與裝備，卻導致財務困難，最終只得宣布破產，舉家搬至基隆居
住；戲路得重新開始，更因接觸了神佛宗教的關係，於居家供奉了多尊神像，
也兼起了靈媒的工作〔註224〕。

　　1997 年「小西園」辦理了「臺灣古典布袋戲藝術人才培訓計畫」向文建
會申請了三年的藝生傳習計畫，前場藝生共收了六名，許王亦找了黃聰國的
加入〔註225〕。在此計畫的課程中，許王所傳授的是傳統戲偶，此對於黃聰國
而言，是較爲陌生的，故在學習操偶上是比其他師兄弟們來得艱辛。三年的
計畫結束後，各自回到自己的劇團發揮應用，只有黃聰國較無機會將此傳統
戲偶用到自己的演出上，也僅能運用於國小布袋戲社團的教學上。

　　1998 年爲了申請文化場演出，劇團登記證必須有統一編號與稅籍編號等
資料，而黃聰國原桃園舊有牌照所借名字的負責人早已不知去向，只好在基
隆重新再申請登記證〔註226〕，也因此成爲基隆唯一的職業布袋戲團。如今已

〔註222〕2013.10.08 下午於基隆復興路黃聰國自宅訪談記錄。
〔註223〕當時與黃聰國同時拜許王爲師的還有臺北「眞快樂」的柯加財與屏東「全樂
　　　　閣」的鄭寶和（已歿）三人。
〔註224〕黃聰國居家所成立之宮廟名爲「清聖宮」，主神供奉「六房天上聖母」，尚有
　　　　其他神像共計二十餘尊。
〔註225〕此六位前場藝生有：屏東《祝安》的陳正義、新莊《全西園》的洪啓文、臺
　　　　中《春秋閣》的施炎郎、高雄《天宏園》的葉勢宏、基隆《新天地》的黃聰
　　　　國，以及辜文俊等。原六名前場藝生並無黃聰國，而是鄭正安，但半年後鄭
　　　　正安放棄退出，許王遂找黃聰國遞補其名額。筆者當時是任職本計畫之專任
　　　　助理。
〔註226〕由於黃聰國前在桃園發生的財務問題，致基隆亦無法順利申請登記證，故當
　　　　時即以筆者爲負責人之名義申請登記證。兩年後，筆者以再以劇團讓渡爲由，
　　　　負責人更改爲黃聰國。

是基隆市文化局的傑出扶植演藝團隊，更是基隆文化中心每年固定邀演的對象之一。黃聰國計畫每年推出一齣以「八仙傳奇」為對象之新編戲齣，其靈感乃來自閱讀看《八仙得道》之章回小說，至目前為止已演出「李鐵拐」及「呂洞賓」等。

小　結

綜觀臺灣布袋戲主演的技藝養成之路，可說是相當複雜的現象。不論是拜師習藝、或是子承父業、或因家族事業，或是自學成師等，最終還是得有其「師承」，甚至沾上「流派」的體系下，其技藝才會較被引起關注。當然，因每位主演個人的資質及修為各異，不論是其師源於何人，終究還是得走出屬於自己的特色，方能樹立出個人的口碑。從本章中所考察的諸位布袋戲主演中，雖大多有其師承之淵源，但其所呈現的藝術已然是各有其個人的風格，甚至有些主演的成就更超越其師。其次，並非每一位主演者的技藝基礎都是來自於所承之師。最關鍵的是藝人個人的自我要求與努力，方能邁向主演之路。

許王家學淵源，父親許天扶時期早已打響了「小西園」的名號，接續到許王手中，憑著許王個人的天賦與努力，開創了「小西園」的最高峰。而「輝五洲」廖昆章雖是「洲派」的第三代，但早在內台時期就已開創出自己的一片疆土，甚至能與師輩者共享盛名，目前在臺灣布袋戲界儼然已是元老級的資深前輩。另，同是拜師「洲派」始祖黃海岱的林振森（林阿三）與林宗男，在學藝的過程中卻有著不同的待遇。林振森憑自的努力與擅長演繹丑角人物，在北部儼然已闖出自己的一片天；林宗男一直是師父身邊的寵兒，不曾受到打罵，在這樣親近的關係下，更能學得師父之技能。當然，一路走來的學習歷程，也造就出林宗男訓練兒子林政興的模式。林政興亦在父親的基礎下，並為順應當代潮流的趨勢，開創新的演出題材。

這種克紹箕裘的主演在高雄「新世界」王泰郎的身上又是不同的歷程，縱然已向父親習得基礎，卻又另拜與父之師同輩份的同門師兄弟為師，雖然同樣是出自於「世界派」，但在師承的輩份上又變成了與父同輩。這也是在臺灣布袋戲師承體系上一個奇特的現象。姑且不論與父親之師承輩份關係，至少王泰郎的演出風格，已融合了師父與父親所學之技藝。

在「大台灣神五洲」這個家族下的陳坤臨、陳坤德兄弟倆，當上主演的

路程是各不相同。陳坤臨雖經父親陳秋火的基本功訓練，但再向外拜師習藝，將所學技藝回家貢獻於家族中，並以重新改造家族戲路，在大臺中地區塑造出新口碑；陳坤德則跟隨母親，耳濡目染的自我學習，自成一格。就如同另一家族，「眞快樂」柯加財承襲於母親江賜美之技藝，雖然起步比別人稍晚了些，但爲延續家族事業之志向是始終不變。至於「諸羅山木偶劇團」吳萬成，雖亦啓蒙於家族之影響，幾經波折，向外拜師學藝，藝成後卻又再關另一個家族事業，亦有另一番成就。

　　因喜好布袋戲而將此藝術當成畢生志業之主演，在技藝的養成卻各自有著不同的心路歷程。「中國太陽園」林大豐與「大中華五洲園」蕭寶堂，從小就爭取拜師學藝的機會，朝著自己興趣而努力當上主演。另一種狀況則先是從當觀眾、聽眾開始，自然地以模仿自己心目中的偶像，自我揣摩、學習。當然，也是由於有其天賦，自能得到名師的賞識，而自願收其爲徒，這種現象亦可從「江黑番」的江欽饒與「新天地」的黃聰國之從藝路程中明顯的看到。

　　由於時代的變遷，布袋戲主演的習藝環境已大不如前，故在當前年輕一輩的演師，若非家族關係或父（母）子關係的話，已鮮少會有人選擇此技藝爲成自己的發展事業。而「集藝戲坊」黃僑偉卻能在因緣際會下與布袋戲結緣，更能受教於名師之下，這種技藝養成的狀況更是較爲特殊的現象。

　　布袋戲主演在學藝的過程中，除了資質之差異外，每個師父所授藝的程序上也有所不同。當學徒者得要有好的眼力與記憶力，方能看清師父的演技與竅門。在學習擎偶技法時，幫助最大的輔助工作就是「鏡子」，從鏡子裡來看自己的操偶姿勢的好壞，以做修正。在聲音的訓練上，舊式的門徑得借助喊嗓練到「破喉」，來讓自己的「五音」更漂亮、嗓音更耐操；雖然沒有「破喉」者依然不完全認同此方式〔註227〕，但至少這也是習藝布袋戲的磨鍊嗓音的方法之一。

〔註227〕廖昆章言：「『破喉』這攏是聽人家講的啦！以前講得多嚴重，說口白就要在那石灰壁喊、喊到吐血，聲梢梢（sau-sau），喉給它破。沒這回事啦！那都是說個形容而已，他們說這叫做『苦練』，其實是攏無影啦！這個聲是天然的。」
柯加財言：「『破喉』那都是騙人的，若傷了喉嚨之後，那聲音一定不漂亮的、一定是沙啞的。所以你看老一輩的主演聲音都沙啞的，都已經「破喉」了。喉嚨若破聲了，那小旦怎麼做？這是個人見解啦！我感覺那只是發聲的技巧而已。」

　　至於到了最後一關的「開口」，大多數演師的第一次「開口」不外乎有三種狀況：一、在被「趕鴨子上架」的情況下被迫的。二、若是有經過師承程序者，則由師父安排先試著演二十分鐘或三十分鐘，慢慢逐以挑起大樑。此種狀況大多發生在「內台」的訓練爲多。三、選擇較無人觀看的場子、或演出場地較爲偏僻的地方，初試啼聲。筆者認爲這些鍛練「開口」的情況，其實質意義應該是訓練「膽量」勝過於「開口」。

　　然而初當上主演者，所演出的戲齣，也大多是先沿襲師父拿手、知名的戲齣，即便是已具有編排能力的主演者、或是其師父擔心自己已出名的戲齣會被徒弟所搞砸，會叮嚀徒弟自立後也不能演他的戲齣，而這些剛出道的主演也只是更其劇名與人名，卻不變關目內容，以換湯不換藥的方式來應付。當然少數功力佳者，自然也會因此創造出屬於自己風格。因此在習藝的歷程中，不是只學師輩的形式與技巧而已；最重要的是能學到師父的精神，並了解自己的本質所在，融會所學，方能發展出屬於個人特色的技藝，才是傑出的布袋戲主演。

第四章　布袋戲主演關目編排之手法

　　布袋戲的主演職責所涉甚廣，對於「劇情結構的安排」也是其重要項目之一，故本章試圖就布袋戲主演對於「配在戲劇中的重要情節」，亦即擔任「戲劇動作」（dramatic action）〔註1〕的編排一職來論述。

　　亞里斯多德（Aristotle，384 BC～322 BC）《詩學》（Poetics）中云：

　　　　衡諸常理，人之動作有思想與性格兩因素，此二因素為造成人們的
　　　　成敗的緣由。今者戲劇中所完成之「動作」係通過故事或情節來具
　　　　現。吾人於此間所指之情節，簡而言之，即事件之安排或故事所發
　　　　生之事件。〔註2〕

由此說明了「戲劇動作」乃是最基礎的事物，是構成戲劇最主要的成分，亦是戲劇統一性中的核心部分，這也是大多數戲劇理論家所公認的事實。〔註3〕

　　有關「劇情結構的安排」、「配在戲劇中的重要情節」、「戲劇動作」，甚或「事件之安排」、「故事所發生之事件」等用詞看來，其實在傳統戲曲中最常被以「關目」一詞以概之。「關目」用語在古代戲劇、小說、曲藝領域裡是時而可見，特別是在明清小說、戲曲之中，或被視為「情節」、或被意指「劇目」、「戲劇條目」之用、甚或於「戲曲批評理論」中當作專業術語所運用，可說是戲劇創作中常見之用語。自元代出現「關目」此一詞後，雖經歷代持

〔註1〕　「戲劇動作」一詞最先見亞里斯多德之《詩學》。詳見姚一葦，《戲劇論集》（臺
　　　　北：臺灣開明書店，1988 年 7 月），頁 43。
〔註2〕　亞里斯多德著、姚一葦譯註，《詩學箋註》（臺北：臺灣中華書局，1992 年 1
　　　　月），頁 67。
〔註3〕　詳見姚一葦，《戲劇論集》（臺北：臺灣開明書店，1988 年 7 月），頁 43。

續地沿習引用，然其確切的定義，於學界依然存有爭議。〔註4〕但從歷來戲曲的創作家、理論家、或評論家，以至現代的學術研究，頻被引用的現象看來，儼然已成爲戲曲美學上的一項重要術語。

在古典戲曲作品中「關目」佳者，不勝枚舉，幾乎所有的古代戲劇作家都非常重視戲劇的關目架構。〔註5〕元代即成爲廣義戲曲結構體系的核心，作爲創作和評賞雜劇的美學理念，其突破文辭聲律的視角，自應受到重視。〔註6〕特別是明末清初文學家、戲曲家李漁（1610～1680年）在其《閑情偶寄》中，系統地闡述了他的戲曲「關目」理論，這些理論在戲曲創作實踐中的自覺運用，形成了他獨特的戲曲「關目藝術」：關目新奇有趣，細密緊湊，關注人情。李漁的戲曲關目理論及創作實踐，對我們深入了解其戲曲創作成就及豐富當代戲曲文化素養，提升創作、改編水準，都具有非常重要的理論意義和現實指導意義。〔註7〕

李惠綿於《戲曲批評概念史考論》之第五章〈關目情節論〉文中提及，從元代戲劇學專論中，對於「情節結構」方面的論述較爲單薄；並說明了關於故事與情節的區別：

> 「故事」是敘述性或戲劇性文學體裁的基礎，作品中按時間順序發生一連串事件所形成的概要，稱之爲故事（story）。「情節」（plot）則不從時間次序角度而從因果關係進行取捨、整理、排列、展現。……「關目」包含兩種意義，其一等同「情節」之義，其二「關

〔註4〕 「關目」一詞之出現，今日可見最早之資料乃於《元刊雜劇三十種》中的總題，其中有二十個劇本使用了「關目」一詞。詳參閱許子漢，〈戲曲「關目」義函之探討〉，《東華人文學報》第2期（花蓮：東華大學人文社會科學學院，2000年7月），頁127。此文乃許子漢鑒於「關目」用語自元代以來廣爲戲曲所常用，故考察歷來有關文獻，用以對此一詞之義涵，做進一步的釐清與釋義。然李惠綿亦認爲「關目」自元代興起後即對戲曲藝術提出一種審美的視角，是廣義戲曲結構體系的核心；並檢視歷代對「關目」運用與意義做了詳盡的說明，同時也對許子漢提出「關目」的觀點，做了不同的看法與解釋。詳閱李惠綿，《戲曲批評概念史考論》【增訂本】（臺北：國家出版社，2009年11月），頁258～266、363～405。

〔註5〕 詳參閱劉曉林、許艷文，〈古典戲劇藝術三題〉，《衡陽師範學院學報》第31卷第1期（湖南省：衡陽師範學院，2010年2月），頁88～91。

〔註6〕 李惠綿，《戲曲批評概念史考論》【增訂本】（臺北：國家出版社，2009年11月），頁364～365。

〔註7〕 詳閱陳慶紀，〈李漁戲曲的關目藝術及當代意義〉，《山西師大學報》（社會科學版）第33卷第4期（山西省臨汾市：2006年7月），頁49～52。

鍵情節」之義……意指「關鍵重要的情節」。……故「關目」即是最緊要、最重要的情節之意。〔註8〕

從李惠綿對於情節與故事的釋義，結合上述亞里斯多德《詩學》所云：戲劇所完成的動作須通過情節來具現，而動作又為人的思想與性格因素所造成；因此就編劇原理上，劇情結構的產生，不外乎得先有「人物」（characters），有了各式不同性格的人物才能激發出不用的「事件」（events），再組合各具有戲劇性的事件後，方以產生一連串的戲劇「情節」（plots），此具有戲劇性的情節就不是單純的故事事件了。因此，「關目」的編排運用，可說是在編劇學上戲劇結構安排的一大技法。故如何妥善把戲劇的情節絲絲入扣地呈現於觀眾面前、吸引觀眾，這就得視編劇者個人的修養與功力。

當然，「關目」除了大多被指為戲劇情節或關鍵情節外，其最重要的作用就在於安排人物、事件與構思情節，亦即是構成衝突（conflict）與矛盾（contradiction），以推進情節發展。老舍（1899～1966年）曾云：「寫戲須先找矛盾與衝突，矛盾越尖銳，才越會有戲。戲劇不是平板地敘述，而是隨時發生矛盾，碰出火花來，令人動心，在最後解決矛盾。」〔註9〕所謂「無阻礙無戲劇、無奮鬥無戲劇、無衝突無戲劇」（no obstacle, no drama; no struggle, no drama; no conflict, no drama）〔註10〕。是故「關目」是可以使戲劇情節曲折、波瀾起伏、懸念叢生、引人入勝。

然而，布袋戲主演既掌其一劇之成，不僅是設計安排戲劇性的情節，內容更須有其衝突性與高潮性，同時亦得操控演出場上的調度與整體排場的演出效果；易言之，布袋戲主演須妥善安置「戲劇行動事件」以傳達劇情、掌握表演效果之呈現，故一位出色的布袋戲主演，其在戲劇關目的編排上更應有其獨到的手法，方能樹立個人風格與特色。

第一節　取材歷史事件或神話典故的古冊戲

早期臺灣布袋戲由唐山師父就閩南掌中戲形式原貌帶進臺灣，並廣傳弟子。劇目沿襲師承，有南管、白字、潮調、亂彈（北管）各類戲曲，卻大多

〔註8〕 李惠綿，《戲曲批評概念史考論》【增訂本】（臺北：國家出版社，2009 年 11月），頁 366～367。

〔註9〕 老舍，《老舍論創作》（上海市：上海文藝出版社，1980 年出版），頁 188。

〔註10〕 姚一葦，《戲劇原理》（臺北：書林出版有限公司，1992 年 2 月），頁 31。

附屬於宗教活動廟前演出的「酬神戲」演出。〔註 11〕在陳金次所主持的《臺灣布袋戲女演師的研究與調查》成果報告書中，亦提到「早期傳入臺灣的南管、潮調布袋戲或在臺灣發展的北管布戲，戲團的頭手主演除了要有掌上功夫外……」〔註12〕；復見於陳龍廷所撰的《臺灣布袋戲發展史》中論述：

> 以戲曲音樂來看，布袋戲的發展脈絡由最早的南管、潮調，到北管布袋戲。這些音樂風格的差異，也與臺灣布袋戲承傳的流派有密切的關係。由演出的劇本來看，布袋戲從最早的清代師傅所傳下來的，以才子佳人的文戲取勝的籠底戲，演變到吸收民間曲館表演劇目，以武戲擅長的正本戲，甚至完全天馬行空自創的劇情。所謂「籠底戲」，大抵是延續先輩師傅所傳下來的戲齣。〔註13〕

這也說明了早期布袋戲傳入臺灣的音樂系統，以及演出內容形式的走向，然後又說：

> 臺灣布袋戲的承傳系統，從歷史淵源來看，最早可分爲南管與潮調兩種。而北管布袋戲，則是受到子弟戲曲館的盛行流風所致，是稍晚才出現的土生土長承傳系統。這三種布袋戲流派，又與臺灣各地布袋戲師承有密切的關係，幾乎掌中班的主要承傳系統都是此演變出來的。〔註14〕

其中所言的北管布袋戲受到子弟戲曲館的盛行流風所致，是稍晚才出現的土生土長承傳系統。換言之，北管布袋戲是臺灣本土所衍生而成的。惟，又於陳木杉所著《雲林縣布袋戲發展史暨布袋戲宗師黃海岱傳奇》一書第三章〈臺灣布袋戲源流〉中敘述：

> 當時臺灣的戲劇基本上仍是大陸原籍流行的家鄉戲或地方戲，而清代時臺灣流行的戲劇正是泉州、漳州和潮州流行的戲劇，是民眾生活中主要娛樂及信仰的重要儀式。根據田野資料，約在清末以後又陸續發展出北管和京劇兩派布袋戲流派，以新莊、大稻埕最爲著名。〔註15〕

〔註11〕 呂理政，《布袋戲筆記》（臺北：臺灣風物雜誌社，1995 年 7 月），頁 36～37。

〔註12〕 見陳金次主持，西田社布袋戲基金會，《女頭手》（臺灣布袋戲女演師的研究與調查成果報告書，宜蘭：國立傳統藝術中心，1997 年 7 月），頁 23。

〔註13〕 陳龍廷，《臺灣布袋戲發展史》（臺北：前衛出版社，2007 年 2 月），頁 25。

〔註14〕 同上註 13，頁 26。

〔註15〕 陳木杉，《雲林縣布袋戲發展史暨布袋戲宗師黃海岱傳奇》（臺北：臺灣學生

從這兩段就「音樂系統」來敘述早期臺灣布袋戲的承傳狀況，又誠如陳木杉所提及的田野資料「臺灣清末以後陸續又發展的北管和京劇兩派布袋戲流派」，這裡所謂的「北管」應就是陳龍廷所指的由子弟戲曲館所衍生的「北管布袋戲」。但若視北管布袋戲就是「臺灣土生土長」，而陳木杉所言的同時出現的「京劇」一派是否亦然呢？雖然江武昌於所主持的「員林新樂園掌中劇團北管布袋戲及重要藝師吳清發紀錄保存計畫」中亦說到：「布袋戲初傳臺灣，演出方式和內容，仍不改福建原鄉南管及潮調布袋戲的傳統表現方式，臺灣本地藝人仍在吸收階段，至二十世紀初，臺灣布袋戲始開始本土化，此即北管布袋戲的產生。」〔註16〕而這種說法是深值再討論的，這也只是闡釋了布袋戲在臺灣發展的過程中，其後場所採用的音樂形式。針對此問題，筆者亦特別訪談、請教了「小西園」的後場資深藝師邱燈煌〔註17〕（1930 年生）。根據邱燈煌所言：

> 大陸過來的是「南管」，有進來臺灣才改做「北管」。應當這個尫仔步若照舊底〔註18〕是有靠平劇〔註19〕，譬如講「跳台」最後一步，腳要舉高，平劇也是。這一步就是要給打鼓ㄟ下鼓起奏。但現在有些「跳台」就沒有這樣了，我都要跟這些少年ㄟ講，你尫仔步要留一個給打鼓的「落介」（loh-kài）〔註20〕。……「北管布袋戲」不是從大陸過來的，是到了臺灣借用臺灣「子弟班」曲館的音樂，再套上尫仔步而衍生出來的。以前我是聽「闊嘴伯」（王炎）有講布袋戲是南管噹咧噹咧（tàng-teh-tàng-teh）〔註21〕，以前布袋戲「貓婆」

書局，2000 年 6 月），頁 26。

〔註16〕 江武昌，《員林新樂園掌中劇團北管布袋戲及重要藝師吳清發紀錄保存計畫》期末報告書（未出版），（宜蘭：國立臺灣傳統藝術總處籌備處，2009 年 12 月），頁 4。

〔註17〕 邱燈煌（1930 年生）父親邱樹為日據時期於臺北新莊自組「新興樓」並擔任主演，師「錦上花樓」之主演王定，王定去世後即接「錦上花樓」之主演。邱燈煌從小即跟隨父親，於曲館及戲棚上成長，20 歲開始擔任父親之後場。父親退休後，加入「新西園」後場七年，1970 轉至「小西園」後場，擔任鑼鈔手，偶兼（粗口）二路唱曲，於「新西園」時除擔任鑼鈔手外，亦兼主要唱曲。

〔註18〕 「舊底」意指舊習。

〔註19〕 「靠平劇」指較接近平劇。「平劇」即是京劇。

〔註20〕 「落介」（loh-kài）意指下鑼鼓點。詳見本論文第五章第三節內文。

〔註21〕 「噹咧噹咧」（tàng-teh-tàng-teh）乃邱燈煌受訪時用來形容南管的音。

來臺灣是用南管，咱們這兒布袋戲給人家改成北管，就靠到平劇去了；至於是誰改的，就不得而知了。〔註22〕

又依江武昌之說明：

> ……日據時期或二十世紀初期中部一帶出名的北管戲曲與布袋戲演師，而且這些藝師都有一共同點：除了布袋戲演出聞名之外，亦都是北管戲曲造詣精深的名家。但是這些布袋戲名家，除少數一兩人不會操作布袋戲或操作不佳之外，大部分的布袋戲操作都是「無師自通」，甚至可以說是將自身所習的北管戲曲身段動作轉換做戲偶的動作搬上戲台演出，而這樣的轉換也就形成了另一種不同以「唐山過臺灣」師父所表演的藝術特質。這種布袋戲的表演藝術，……，全套北管布袋戲的表演藝術可以說完全的自創，也因為是當時一般民眾所喜歡、流行的北管戲曲音樂和戲齣，演出內容比原來的南管布袋戲或潮調布袋戲更豐富，戲曲音樂唱念口白也更為觀眾所熟悉所喜愛，遂也造成北管布袋戲的時勢，此即也就是臺灣布袋戲本土化的先驅！當然……是不可能按照北管亂彈戲的整套表演方式搬上布袋戲台上演出……都必須在布袋戲演出時做不同的改變……。
> 〔註23〕

若就江武昌之敘述來印證陳龍廷的說法是一致的。其實乃說明此類「戲偶動作」的表演方式是在臺灣所產生罷了。若以此再來檢視所謂的「京派」（即被謂為「外江派」）應該也僅指其「戲偶的動作」是衍生於臺灣。否則，稱之「京派」（外江派）顧名思義也都是產於大陸而絕非本土也。惟，在訪談過程中，臺中「大臺灣神五洲」陳坤臨曾言及，其父親陳秋火曾師承的張秋喬，於光復前曾至大陸學習南管及北管布袋戲，「大陸那時也有北管布袋戲，他有地方的鄉音，你聽不懂的，有個腔。」〔註24〕從此條線說來，也說明北管布袋戲在大陸亦是有之，則又呈現兩種不同的判斷與說法，而究竟那臺灣的北管布袋戲與大陸的北管布袋戲，是否出於同源？而當時大陸的北管布袋戲演出形

〔註22〕 本段文字乃 102.11.27 下午於新北市新莊區新泰路邱燈煌之次子自宅訪談邱燈煌記錄。

〔註23〕 江武昌，《員林新樂園掌中劇團北管布袋戲及重要藝師吳清發紀錄保存計畫》期末報告書（未出版），（臺北：國立臺灣傳統藝術總處籌備處，2009 年 12 月），頁5。

〔註24〕 2013.11.23 上午於臺中南屯永春路陳坤臨舊居訪談記錄。

式又是如何？可能就有待再做深入探討、釐清了。

綜觀前述，早期布袋戲在臺灣所呈現出的形式就僅於「音樂形式」之迥異，即便是於臺灣才衍生的「戲偶」表演方式。若再回歸探其「故事內容」，不論是「籠底戲」、「南管戲」、「潮州戲」、「北管戲」等布袋戲演出，總歸大多是演出其有歷史根源的題材為多。因此，諸如這類的布袋戲或可納為所謂的「古冊戲」題材。

「古冊戲」顧名思義內容乃依據「古籍」所演出的題材，大多來自章回小說。或以各朝歷史演義、野史、或歷史神話等所編纂而成，或為描述各朝代的史實、政績、征戰或保家衛民之事。劇中主角大多是歷代名將功臣、或是捍衛江山之忠誠烈士。如《封神榜》、《鋒劍春秋》、《三國演義》、《說唐演義》、《楊家將》、《大明英烈傳》、《萬花樓》……等的歷史故事，其主要不同者乃在於後場的音樂形式。〔註25〕特別是在「北管戲」時代，一直被當時的臺灣民眾所喜愛；甚至台下還常有所謂的「戲虎」〔註26〕無時無地的盯梢、抓包或吐糟等，對主演者亦造成強大無形的壓力。誠如廖昆章所言：

> 古冊戲一定是有前後的，裡面有學問的，你如果做到讓它脫節或走
> 眼了，有的觀眾就會吐糟，「喂，先生做錯了喔！！」這樣反而費事，
> 所以說古冊反而難做。〔註27〕

老資格的觀眾或許不一定完全明瞭舞台上每一句對白的內容，尤其是官話，但他們可能一齣戲早已看過多遍，或早就熟悉相關的歷史演義故事，因而憑著舞台上出現人名，對白所透露的事件等資料，就能很快瞭解相關的故事內容。〔註28〕故於本文中乃試以《牛頭山》〔註29〕此齣古冊戲為例，從中以窺

〔註25〕常見演「古冊戲」所使的後場音樂，以「北管布袋戲」時期為最多。特別是在日治時代，掌中戲班結合臺灣各地最盛行的北管子弟戲。布袋戲沿用北管戲的劇本，通稱為「正本戲」。常見的劇目有《取五關》、《斬瓜奪棍》、《渭水河》、《走三關》、《晉陽宮》、《天水關》等戲碼，大多是布袋戲主演參加地方的戲曲子弟館，連帶著戲曲音樂所學來的。詳閱陳龍廷，《聽布袋戲──一個臺灣口頭文學研究》（高雄：春暉出版社，2008年1月），頁120。

〔註26〕「戲虎」乃是戲班對表演藝術很瞭解的觀眾之稱謂。戲虎是常會喝倒彩、丟石頭、丟甘蔗渣，甚至當場指責演不好，演員就怕戲虎。戲，可以唬人、唬粉絲，但唬不了戲虎！語出江武昌，〈臺灣傳統戲曲文化中的虎〉，《傳藝雙月刊》第86期（宜蘭：國立臺灣傳統藝術總處籌備處，2010年2月），頁23。

〔註27〕2013.11.21下午於桃園青田街廖昆章租屋處訪談記錄。

〔註28〕詳閱陳龍廷，《聽布袋戲──一個臺灣口頭文學研究》（高雄：春暉出版社，2008年1月），頁122。

探不同的主演對於同樣的取材內所擷取的事件、情節結構之安排。

《牛頭山》情節內容乃取自取材自清代錢彩之《說岳全傳》（全名《增訂精忠演義說本岳王全傳》）〔註30〕章回小說，其內容梗概乃敘述：從岳飛出生寫起，發展情節包括拜師周侗、槍挑小梁王、岳母刺字、鏖兵牛頭山、岳雲出世、錘震金彈子、朱仙鎮大捷、最後到岳飛、岳雲、張憲被秦檜等奸臣構陷下獄，以莫須有之罪名在風波亭殺害。再到岳飛次子岳雷率領宋軍打敗金人，直搗黃龍府，恭迎二帝還朝。後半部情節多為虛構，塑造岳飛及率領的「岳家軍」精忠報國之英雄形象，刻劃以秦檜為代表之反派人物的醜陋面目。

「牛頭山」此段情節，主要乃在於《說岳全傳》之第四十至四十二回中所發之事件〔註31〕。其中有關之事件有：岳雲殺番兵保家屬、岳雲錯走山東遇關鈴贈赤兔馬、劉猊搶親鞏致女、岳雲允婚聘定鞏氏、張憲與諸葛英救宋高宗、岳雲番營救牛皋、岳飛遣岳雲金門鎮調兵、狄雷鬧傳總兵爭取先鋒、打碎免戰牌岳雲犯令、挑死金殿下完顏金彈、韓彥直衝營等主要關目。

由於許王與吳清發此兩場（錄影）演出，並非是平日「民戲」（酬神戲）之性質，而是皆屬於「文化場」性質的演出，或因演出場合或時間長度之關係，故所擷取之事件不宜冗長，然二者對於結構之鋪排卻有所差異性。許王僅採「單一」事件以完整情節，主架構乃在於敷演「岳雲打碎免戰牌至挑死金彈子」乙節；而吳清發所節錄為「數段」事件，或稍作擅改。如擷取「岳雲殺番兵保家屬」、融合「岳雲錯走山東遇關鈴贈赤兔馬、劉猊搶親鞏致女、岳雲允婚聘定鞏氏」改為「山東響馬搶親鞏致女、岳雲於鞏家莊夜授岳家拳、鞏致謝恩贈寶馬並聘定鞏女」；改「岳雲番營救牛皋」為「牛、雲二人早已約定中秋會」、「岳飛遣岳雲金門鎮調兵」、「打碎免戰牌岳雲犯令」；改「岳

〔註29〕 本文試取樣二位曾獲教育部頒發的「民族藝術薪傳獎」得主許王（1988年獲獎）與吳清發（1994年獲獎）對同一題材「關目」運用之手法。「小西園」許王主演的《牛頭山》（片長80分鐘，1997年1月於臺大視聽室錄製，傳藝中心出版）、中南部的吳清發主演的《牛頭山》（片長120分鐘，1990年5月於彰化縣大村國小演出錄影記錄，未出版）。

〔註30〕 《說岳全傳》共80回。前61回乃在敘述岳飛的英雄事績及其創業史；後19回則是勾繪岳飛死後的故事，多為杜撰。

〔註31〕 參閱錢彩，《說岳全傳》（上海：文明書局，1925年5月）。第40回殺番兵岳雲保家屬，贈赤兔關鈴結義兄；第41回鞏家莊岳雲聘婦，牛頭山張憲救主；第42回打碎免戰牌岳公子犯令，挑死大王子韓彥直衝營。

雲挑死金殿下完顏金彈子」爲「岳雲斬金嬋公主」，中間安插了「金嬋公主陣
求婚」乙節。

　　在許王的單一情節中，僅稍改「岳飛遣岳雲金門鎮調兵」爲「岳飛派岳
雲往金門鎮催糧」；並於原小說中「岳飛親戰金彈子時，先派余化龍、董先、
何元慶應戰」乙節，刪除「余化龍、董先、何元慶」而多「王應貴」應戰、「七
面」免戰金牌改爲「十三面」；原岳雲擊毀金牌之動機乃是因「有辱岳家之榮
耀」，而許王改以「岳雲誤以爲統制官（牛皋）偷懶，而打碎免戰牌」；並稍
增「牛皋讚佩岳雲之英勇，願爲其擂鼓助其軍威」，且當岳雲擊斃金彈子時，
牛皋上再踹金彈子並將頭顱割下請功；以最後加了一段「牛皋誆岳飛，岳雲
敗戰，岳飛怒欲治岳雲罪，牛皋即獻金彈子頭顱，岳飛即轉怒爲喜，並讚眞
吾兒，將頭顱高峰示眾，賜酒宴慶功」，此節雖屬多餘，但亦明顯地看出許王
乃爲增加情節結尾之趣味性罷了。

　　雖然二位主演對於《牛》劇所編排之關目大有不同，卻可從中看出二位
對於原劇的「人物性格」並未做太大的更動，所運用的技巧則在於「事件」上
的調整，以連貫全劇，使其在「二小時」內依然具有一劇之「開始」（beginning）
→中間（middling）→結束（ending）的關目結構。當然從中可見其所增設、
或修改、抑是刪減的事件，其合理性與趣味性，亦可顯示出主演對於關目設
計之功力。茲舉最後岳雲致勝最重要的關鍵爲例：

表 1 　《說岳全傳》、許王《牛頭山》及吳清發《牛頭山》結尾關目
　　　　對照表

說岳全傳	許王演出版本	吳清發演出版本
岳雲戰金彈子，牛皋見岳雲漸漸招架不住，心中著了急，大叫一聲：「我侄兒不要放走了他！」那金彈子誤以爲是後邊兀朮叫他，回頭觀看，早被岳雲一錘打中肩膀，翻身落馬。岳雲拔劍上前取了首級，回山來見元帥繳令。岳爺就赦了岳雲，令將首級在營前號令。	牛皋見岳雲與金彈子勢均力敵，遂無心擊鼓，改喊「侄兒，拼啊！」金彈子聞聲，疑是兀朮所叫，分心轉頭，岳雲趁機雙錘奏功，打死金彈子，牛皋急上，再補三下，割下金彈子頭顱。牛皋誆岳飛敗戰，岳飛怒治岳雲罪，牛皋即獻上金彈子頭顱，岳飛轉怒爲喜。	金兀朮前往助戰金嬋公主，金嬋公主祭出飛刀追殺岳雲，最後岳雲還施展岳家軍殺人法（岳家劍飛刀殺人）。牛皋於後遂叫「公子回來啊」，金嬋公主以爲金兀朮叫「公主回來啊！」不料，卻爲岳雲所殺。

　　大抵而言，許王對於牛皋那致命的一詞是較忠於原著；若姑且不論吳清
發將金彈子改爲金嬋公主、與其陣前求婚乙節之通俗性，但其到了最後牛皋
一詞之邏輯性，確是有緊抓住「閩南語」語音之關鍵性。

　　在許、吳二人的《牛》劇古冊戲中，許王僅安插於岳雲催糧歸來唱了四句【搖板】，全劇並無再出現其他的「唱」段（曲）。再視吳清發一版中，很明顯地可以看出其為了展現一段操偶「耍雜技」的炫技，特別安排了「岳雲於鞏家莊夜授岳家拳」，但當山東響馬來襲時，岳雲卻阻其鞏家莊莫開門迎匪，而獨赴應戰，殊不合邏輯。當然其中安插了金兀朮、李氏（岳飛妻，即岳雲之母）及岳飛三段唱腔〔註32〕。此外，在演出的排場上，尤其在最後「岳雲戰金嬋公主」一場，顯然已摻雜了「劍俠戲」慣用的「放寶」、「放劍光」之技法，這無非是為「炫技」而「秀技」之目的而編排。

　　其實，按江武昌所說：「北管布袋戲的演出劇本即是北管亂彈戲的總綱〔註33〕，北管布袋戲的演出，在戲偶的身段、動作上，需搭配北管亂彈戲的鑼鼓音樂及戲曲節奏而行，唱唸道白也都是以北管亂彈戲（人戲）的總綱為基準有所發展與調整。」〔註34〕而布袋戲的總綱裡也並非是一種有完整「台詞」的劇本，因此還得藉由演師（主演者）的臨場即興反應，故吳清發這種混搭式的呈現，更足顯示出民間藝人對於關目拿捏的技法。

　　誠如陳龍廷於其所撰之《聽布袋戲——一個臺灣口頭文學研究》中言道：

> 北管戲所特有的即興表演精神，似乎影響了布袋戲的創作方式。……在總綱提供的文字規範下，還容許極大的創作空間。……演員可以依照戲劇身份自由挑選套語來應用，還有直接與觀眾交流，即興表演的方法、滑稽的言語與動作等。這種演員對角色創造的自由性，可說是北管戲尚未僵化的生命力來源。相較之下，布袋戲的表演方式幾乎可以說如出一轍，甚至有的演出抄本只有出場的角色名稱，及簡單的故事內容，連基本的對話內容都沒有，然而一旦放在善於

〔註32〕　此三段唱腔金兀朮與岳飛乃是以道地的「北管唱腔」【緊中慢】來呈現，至於李氏則以【歌仔】的「歌仔戲唱腔」。

〔註33〕　「總綱」，亦稱「總講」，即舊時演出腳本的俗稱。過去除崑劇外，各劇種很少有統一的定本流傳。演員把自己的演法記錄下來，有唱詞、科白、腳色齊全的稱為「總講」或「總綱」，僅有個人所飾腳色的部分唱、白的，則稱「單篇」或「單片」。詳參閱《中國戲曲曲藝詞典》（上海辭書出版社，1985 年 2 月），頁 86。

〔註34〕　江武昌，《員林新樂園掌中劇團北管布袋戲及重要藝師吳清發紀錄保存計畫》期末報告書（未出版），（臺北：國立臺灣傳統藝術總處籌備處，2009 年 12 月），頁 3。

　　口頭創作的布袋戲主演手中，卻變成可以讓人笑，可以讓人哭的戲
　　劇表演。〔註35〕

故此，不論是許王或是吳清發等不同的主演，都有其自我一套關目編排的思
維模式，雖然有其「歷史故事」爲本的題材，但無非還是以最能抓住、最能
吸引觀眾目光的關目與排場，來呈現劇情內容的趣味性與豐富性。尤其是改
編自章回小說的創作，更有其主演／編劇者發揮的空間。若再透過分析，可
歸納出其基本原則，包括細節縫隙的想像，即使只有短短幾行文字的描述，
在空白處卻能容許主演自由地發揮想像力，尤其是布袋戲所特別重視小人物
的刻劃與想像等。〔註36〕

　　布袋戲主演所取決的並非原小說作者所寫出來的，就得照本宣科，每位
主演者所發揮的方式與風格各不同。諸如此類，取材於具有歷史淵源情節的
古冊戲中，其技巧與經驗是最爲重要，也是最爲複雜的。廖昆章亦指出：

　　如果你自己要看古冊來做，是眞歹做（pháinn-tsòr）〔註37〕，因爲
　　它有前後「踏眼」（tah-gán）〔註38〕，你若沒有全本古冊看到透，你
　　就沒能力做，不然前後會接不下去。這是「勾眼」（kau-gán）〔註39〕
　　的關係，不能有痕（hûn）〔註40〕，要夾得緊。時間是其次問題，主
　　要是那「眼」要勾得的緊，要看你要如何去勾這個眼，要勾緊才有
　　辦法。比如說這星期都要做同齣，勾眼就很重要了。所以說如果古
　　籍裡沒有提到的，你也可以自己加進去事件做聯結，這不算拖戲。
　　這個就叫做經驗啦，這經驗就是有的太多派門。所以講，古冊戲我
　　做過很多，都是看書抓起來的、抓重點、主角的名字、發展的事情，
　　不給它跑掉外，以外再穿插。〔註41〕

　　布袋戲表演文本不同於章回小說的創造空間，除了在情節的縫隙發揮想

〔註35〕詳閱陳龍廷，《聽布袋戲——一個臺灣口頭文學研究》（高雄：春暉出版社，
　　　　2008 年 1 月），頁 124。
〔註36〕陳龍廷，〈從籠底戲到金剛戲：論布袋戲的典型場景〉，《戲劇學刊》第 12 期
　　　　（亞洲劇場專輯），（臺北：國立臺北藝術大學戲劇學院，2010 年 7 月），頁
　　　　85。
〔註37〕「歹做」（pháinn-tsòr），指難做。
〔註38〕「踏眼」（tah-gán），意指前因後果。
〔註39〕「勾眼」（kau-gán），乃指銜接處。
〔註40〕「痕」（hûn），即是縫、裂痕。
〔註41〕2013.11.21 下午於桃園青田街廖昆章租屋處訪談記錄。

像力之外，對於某些人物性格的刻劃也可能遠遠超過原始的章回小說所規劃的，尤其是原本可能不太重要的小人物，卻往往是布袋戲主演最喜歡著墨之處。〔註 42〕因此，同樣的題材不同的主演所編演的都會有所迥異的，就事件情節的段落可以編成「單元劇」，亦可做成「連續劇」，就得視主演者個人的經驗、技巧與功力了。

第二節　取材章回小說的劍俠戲

臺灣布袋戲的發展過程中，除了將北管、京劇運用到布袋戲後場，在關目上亦取材改編自歷史故事、章回小說等內容，更為應因滿足時下觀眾求新、尋刺激的心態，尤其於戰後戲班急劇增加，在競爭的壓力下，各團的主演們於表現手法上更得推陳出新，故此腦筋動得快者，即以依據清代到民初的「武俠演義」章回小說來改編、或自編劇本來吸引觀眾，誠如：《武童劍俠》、《五美六俠》、《七子十三生》、《飛劍奇俠》、《荒山劍俠》、《忠勇孝義傳》、《七俠五義》、《金台傳》、《鶴驚崑崙》、《五龍十八俠》、《清宮三百年》、《蕭寶童白蓮劍》、《怪俠紅黑巾》……等，因而產生了更勝於武俠劇關目的「劍俠戲」。

此更是在戰後的 1940 年代至 50 年代時之「內台戲」值盛時期，然而在「劍俠戲」裡人物的武功甚至還比一般武俠小說裡的人物功夫還要炫，常出現一些江湖奇俠、異人，除了有著一般武俠功夫外，甚至還能練氣成丸、吐劍光〔註 43〕、飛劍殺人等奇幻的超凡武功，以展現人物的身懷絕技。故而各主演們為了這種與「酬神戲」截然不同的商業場演出，甚至個人、或戲班的生計是完全取決於觀眾的現實環境下，更須絞盡腦汁地在演出的關目上下工夫。

其實，此時期的主演們對於關目的編排運用，與前所述「古冊戲」採擷於歷史的章回小說大致是相同的，惟「古冊戲」還是較重於歷史事件的鋪陳；

〔註 42〕陳龍廷，《臺灣布袋戲創作論——敘事・即興・角色》（高雄：春暉出版社，2013 年 11 月），頁 15。

〔註 43〕依據李天祿的說法：「昭和五、六年（1930～1931 年）開始流行『吐劍光』，以《火燒紅蓮寺》為代表，幾乎所有的戲班都跟著吐劍光。……臺灣光復後布袋戲又有新的主流，大概受到武俠小說盛行的影響，武俠戲蔚為主流……」詳閱曾郁雯撰錄、李天祿口述，《戲夢人生——李天祿回憶錄》（臺北：遠流出版事業公司，1991 年 9 月 1 日），頁 140～142。

而「劍俠戲」裡除了在編排的事件上可跳脫出歷史窠臼的侷限，其情節總是缺不了有法寶或劍氣之場面。

> 劍俠戲相當重要的情節都圍繞著舞台上出現的法寶或寶劍，而且都是具有靈性，會自動飛出斬殺妖精的法寶。無論是「錦飛箭」、「白蓮劍」、「陰陽太極劍」、「三合明珠劍」，總是配合這種有俠義之士，進行斬魔除妖的戲劇，也就是通稱的「劍俠戲」。〔註44〕

但這種「劍俠戲」關目裡隨時安插「放寶」的情節，就得視各主演者臨場的即興反應，或記憶力強者，以沿襲師父所傳的關目結構適時安排。然而，早期布袋戲戲齣的流傳（傳承）大多以口傳心授，即由演師長期跟隨在師父的身旁耳濡目染，憑著個人的記憶力加上自己的臨場反應能力，繼續傳承了師父的戲齣；加上當時識字者不多，更無法將師父所傳（教）的戲齣詳盡地記錄下來、或是能記錄的也大多僅寫下幾行大綱式的「布袋戲提綱」。因此，同一齣戲在一代一代的傳承演變下來，多少已逐脫離了創始者的原汁原味。當然，演師若造詣出眾、或資質高於其師的話，雖無照原味的呈現，也可能創造出演師個人的風味。

誠如在五洲派始祖黃海岱時代，教育是尚不普及的農業社會，雖主演者大多不識字，也沒有所謂的劇本，自然更不會有編劇的訓練〔註45〕。因此，布袋戲主演能像黃海岱能自己兼編寫劇本者，實不多矣。有些劇團索性請來了「排戲先生」或稱「講戲先生」來為他們「編故事」。〔註46〕綜觀之，從目前大略有較完整的保存留下的劇本中，可看出除了少數一些傳統古冊北管戲題材外，其實還是大多是引自或改編自章回小說的「劍俠戲」，而這些「劍俠」題材則就屬黃海岱最為出色。邱坤良在〈黃海岱的功名歸掌上〉一文裡敘述：

> 他善於從經史中尋找布袋戲的口語對白，並能將富有劍俠色彩的章

〔註44〕 陳龍廷，《臺灣布袋戲發展史》（臺北：前衛出版社，2007年2月），頁141。
〔註45〕 詳參閱鄭慧翎，《臺灣布袋戲劇本研究》（國立中央大學中文研究所碩士論文，1991年5月），頁65。
〔註46〕 誠如：鍾任祥取得劇本的來源是多元的。例如，他在慈善社演出時，曾請台南市的講古先生說戲，完成可以演出七天的《武當豪俠》。其他由講古先生提供的戲齣則有《南宋飛龍》、《鋒劍春秋》、《十八路反王》、《黑俠白俠》、《大八義》、《小八義》等。詳閱詳石光生，《鍾任壁——布袋戲的傳承與技藝》（臺中：行政院文化建設委員會文化資產總管理處籌備處，2009年12月），頁144。

回小說如《七俠五義》、《小五義》編成「劍俠戲」，比起當時普遍流行的「正本戲」、「籠底戲」節奏緊湊、刺激，深受臺灣中南部觀眾歡迎，並建立五洲園的表演風格。……而後海岱仙又從包括《蜀山劍俠傳》在內的武俠小說吸收題材，創作出《鶴驚崑崙》、《黑白彌勒》、《武當教主司徒堪》等武俠布袋戲，刀光劍影、飛簷走壁，爲布袋戲的型式與內容開創更大的表演空間。〔註47〕

這也說明了黃海岱個人的造詣與修養，有著獨具一格的創作功力。也因每位主演對於關目編排的能力不同，其受到的歡迎度也就會有所高低，這都得視主演者個人對於關目編排與觀眾喜好之間的敏銳度而定，當然在師承的底蘊下亦可能會有青出於藍的情況。茲試以《史艷文》一劇發展之始末，來探討其傳承下亦會因主演者各人資質之不同而產不同的現象與變化。

談起《雲州大儒俠——史艷文》是在70、80時全臺灣無人不知無人不曉的布袋戲，除了創造了臺灣布袋戲的另一高峰外，無論是劇中角色「史艷文」紅遍全台、或是在幕後賦生命的主演黃俊雄也爲自己打響了知名度。當然回歸到這家喻戶曉的「史艷文」，其前身乃自黃海岱就已有之。承前所述，黃俊雄的《雲州大儒俠》是承繼黃海岱的《忠勇孝義傳》，然《忠勇孝義傳》又是黃海岱改編自清代夏敬渠（1705～1787年）所撰的《野叟曝言》〔註48〕章回小說。

於陳木杉所撰之《雲林縣布袋戲發展史暨布袋戲宗師黃海岱傳奇》中對黃海岱有這麼一段描述：

黃海岱開始演出布袋戲時，更進一步以自己熟悉的章回小說，如七俠五義、小五義……等爲底，率先改革推出「劍俠戲」，轟動中南部一帶，當時中南部幾乎以劍俠戲取代了北管戲。……黃海岱可說是現存臺灣布袋戲界（甚至可說是臺灣傳統戲曲）中最有文學根基，最有音樂修養的一位布袋戲藝人，他創建的五洲園布袋戲團，以詩詞問答、談經說史、對聯、字猜以及純正福佬漢語說白，將傳統戲曲音

〔註47〕 參見邱坤良，《移動觀點：藝術・空間・生活戲劇》（臺北：九歌出版社，2007年4月），頁117。

〔註48〕 有關《野叟曝言》之考究與介紹，乃於張溪南所撰的《黃海岱及其布袋戲劇本研究》第四章〈黃海岱布袋戲「史艷文」相關劇本〉乙文，頁93～168；及國立中正大學中國文學系王瓊玲教授亦對於「夏敬渠」與《野叟曝言》做了相當的研究。故本文不對此長篇通俗小說多加論述之。

樂改編等等特色而聞名，所傳授的徒弟可說是全省之冠。〔註49〕

可以看出黃海岱個人之天賦及其自我之修養，甚至連在困頓的日子裡依然能持續閱讀，尋求創作靈感。《野叟曝言》就是黃海岱牢獄之災後修養期間閱讀而產生之靈感，他受到集忠勇孝義於一身的書中主角「文素臣」所深深吸引，以及藉由《野叟曝言》中蔑日的情結發酵，故而擷取小說中部分情節，再參考同時代背景的《武童劍俠》與《七子十三生》等資料改編成《文素臣》，並始於巡演於各地。

茲節錄張溪南於 2001 年訪談黃俊雄有關「史艷文」故事來源的一段記錄：

> 《野叟曝言》我不曾見過，但是阮爸爸放在書櫥內，我是曾影一下，書皮影一下，內容什麼我不曾看，主角叫文素臣。以早阮爸爸曾經做「文素臣」，但是「文素臣」互日本政府禁演，後來伊改「史炎雲」時，劇名叫做「忠勇孝義傳」；做「文素臣」時，劇名也是甘啦叫「文素臣」……。我的故事（指雲州大儒俠──史艷文）是有承繼阮爸爸「忠勇孝義傳」的劇情，但是在破昭慶寺了後就脫去，充軍了後就攏沒同款，阮爸爸也有做史艷文充軍的情節，充軍返來了後，伊有一段破青、徐二州七十二島的情節，那段我就沒做。阮爸爸這段戲，是較早在戲園做，剛好可以十天……但是那些戲不適合在電視做，我不曾做，我全創造一些新的角色，怪老子、二齒……，苗疆，沙玉琳──康城公主，攏做隊那去。〔註50〕

從黃俊雄的這段訪談中，不僅大概可以了解《野叟曝言》至《文素臣》，以到《忠勇孝義傳》（史炎雲）的背景過程。此外，亦可看出主演者在傳習過程中，從靈感基礎的運用，以至對關目編排的創發性。然而，對於藝術的修為涵養能承傳其子或徒，進而發揚光大，還是得視演師個人素養能吸收多少的功力而定。

〔註49〕陳木杉，《雲林縣布袋戲發展史暨布袋戲宗師黃海岱傳奇》（臺北：臺灣學生書局，2000 年 6 月），頁 46～47。

〔註50〕按：「影一下」指曾經看過。「書皮一影」即曾看過一次書的封面。「以早」即是「以前」。「互日本政府禁演」乃被日本政府禁演。甘啦叫「文素臣」意指好像也稱「文素臣」。「攏沒同款」即都不一樣。「攏做隊那去」乃指情節都往那個走向。本段節錄自張溪南，《黃海岱及其布袋戲劇本研究》（臺北：臺灣學生書局，2004 年 2 月），頁 279～280。

　　雖然「史炎雲」是被黃海岱之次子黃俊雄所演紅，一般人卻對其長子黃俊卿就較鮮少被人所提及或注意。事實上，最忠於黃海岱改編的《忠勇孝義傳》者，乃屬黃俊卿。時黃海岱改編《忠勇孝義傳》關目之長度，主要也是為了於「戲園」（內台）演出十天至二十天的戲量（內容）〔註51〕。當黃俊卿脫離父親成立了「五洲園二團」，於內台戲時期亦是叱吒風雲之主演；初組團時仍多循父輩演出之形式與戲齣；其於戲院演出《玉聖人大破太華山》，其中玉聖人指的就是「史炎雲」。同時亦利用於戲院演出的空檔進行錄製黑膠唱片，其後場配樂採用傳統鑼鼓現場演湊，並曾錄製《忠勇孝義傳》（全套九張，1964.10.25 出版），這也是當時鈴鈴唱片公司因此保留下來早期的演出風格。〔註52〕

　　另一方面，從張溪南於訪談黃俊雄的紀錄看來，黃俊雄十九歲開台第一齣戲，也是演其父親的《忠勇孝義傳——史炎雲》，劇情大部分也是延續父親的內容，但卻沒造成轟動，故此黃俊雄曾到全省各地去觀摩別人的演出，以吸收經驗，並思索如何來吸引觀眾為前題，而求新求變。直至 1970 年因緣際會下在臺視推出了《雲州大儒俠——史艷文》，轟動全省，更改寫了臺灣布袋戲的歷史，也為自己打開知名度，奠定在臺灣布袋戲史的地位。〔註53〕此外，也為因應觀眾的喜愛，且關涉到電視形態的演出，故原黃海岱《忠勇孝義傳——史炎雲》的關目內容根本是不敷所需。有基於此，更能激發出黃俊雄的創造力，自然在題材與形式上也漸向「金光戲」的模式靠攏了。

　　總之，每一個不同的主演會因為個人的觀察力、記憶力，以及經驗與造詣之差異性，即便是在同樣的題材下，所編演的關目亦會有所迴異。就如同廖昆章所說：

> 《武童劍俠》雖是黃海岱所創，但我演出的大綱都是我自己寫的，
> 且因為記憶的關係並不完全，坦白說我錄製的二十集《武童劍俠》
> 並不專，會有漏掉段落。因為每一個主演在演的都不一樣，已並無

〔註51〕「內台戲」通常劇院老闆與戲班簽約大多以十天為一檔（期）；除非視當下戲班所受觀眾的歡迎度再議，一檔一檔增加。

〔註52〕詳參閱蕭永勝，《「五洲園二團」黃俊卿及其《忠勇孝義傳》、《橫掃江湖黑眼鏡》之研究》（國立臺北大學民俗藝術研究所碩士論文，2010 年 1 月，未出版），頁 65～67。

〔註53〕陳木杉，《雲林縣布袋戲發展史暨布袋戲宗師黃海岱傳奇》（臺北：臺灣學生書局，2000 年 6 月），頁 148～152。

所謂的正統，即便是請我的老師黃俊雄先生來演，也沒有所謂的正
統，他演的也是會有遺缺。這齣戲我當初看的是黃俊雄演的，並沒
有看到黃海岱演的。黃俊雄都演一段一段的，沒演全段，也沒有演
到結尾結束。這二十集雖沒完成，但還是會有個收尾。像我跟黃俊
雄，雖承傳了此戲，但我們並不曾再回去讀《武童劍俠》之原書。
古冊書只是基本而已，花樣是要演出者個人去穿插，作者只是提供
一條路給你走罷了，它賦予一個時代、人物，以及「恩、怨、情、
仇」的情節，但要創造出一些花樣，還是得要靠演出者個人的造
詣。〔註 54〕

因此傑出的主演通常都有博覽群書的閱讀習慣，而章回小說只是其創作靈感
來源之根本，最重要的還得要具有敏銳的反應力與學習吸收能力，最好自己
也能編劇，才能反映在角色的塑造；且平常對於觀摩別人演出，亦是影響個
人創作的最大因素〔註 55〕。諸如黃俊雄、許王與廖昆章等資深主演們皆有著
相同的觀念，乃「最好主演自己也要會編劇」。黃俊雄其在受訪談編劇技巧時
言道：

布袋戲最要緊的就是自己有能力寫劇本，自己寫劇本才有辦法控制
角色的個性、口頭禪及其聲調，這些你可以去控制，所以前後演起
來才會一致。如果別人寫的劇本給你演，當然也是可以演，不過比
較發揮不出來。我要出新角色，在舞台也好，都是日常生活在外面
和朋友、老前輩泡茶，大家一起講古說今，所採集的一些資料，觀
察三教九流，一些人的動態。但是關於特殊的人物，那一種我們可
以將他放到戲裡，他的所做作為，都可以放入到劇情角色當中、可
以編劇情。在舞台演完後就應該跟觀眾在一起，演的時候觀眾沒有
看到主演，都在幕後，他也不知道你是黃俊雄。所以演完要跟他交
流，「大哥，看了之後感覺如何？」電視是可以剪接，譬如現在就舞
台上來說，出現史艷文就按部就班來，身世都要作完整的報告，我
住在雲州，叫什麼名字，我今年幾歲，我現在離開故鄉要到哪裡，
這些身世都說明清楚之後，才開始出門。如果在電視也這樣演，那

〔註 54〕 2009.10.27 下午於廖昆章青田街租屋處訪談記錄。
〔註 55〕 從閱讀各訪談、記錄、或研究的論文裡，發現各傑出的「藝師」在其學習過
程，大多非常重視對他同行演出的觀摩習慣。如：黃海岱、李天祿、許王、
黃俊雄、鍾任壁……等皆有之。

不行，觀眾一定睡著。我們就要趴趴（pha-pha）〔註56〕馬就騎了，用旁白帶過，「雲州大儒俠史艷文帶庸兒要杭州進香，要拜岳飛帝君」，這樣一幕就解決了。接下來上土匪圍攻，這樣開始武戲就熱鬧起來了，特技就打下去了，這樣觀眾才愛看。〔註57〕

這也意謂著一個好的主演除了自己的天賦外，平日還要有自我的修為，以及敏銳的反應能力，隨時注意到當下觀眾的反應。

然而，不同的主演也可能因為各自己對藝術的修養，以及個人的個性差異，另外加注了自己的詮釋內容、演出特色、個人擅長，因此出現不同「殊相」風格。〔註58〕早期的主演著確實有著如此的天分，套句演師常說的「腹肚內有膏」（pak-tóo-lāi-ū-ko）〔註59〕。「諸羅山木偶劇團」吳萬成也說：

主演不要靠編劇、導演，而是憑自己的功力來發揮，尤其是以前的主演就比較利害，他內容看一看就有辦法來發揮，主題固定，劇情靠自己來發揮。主要還是看主演有無其天分，每一位主演都有其自己的天分、程度也有所不同。戲做得好不好也就在於此。編出來的劇情很順、很迸（tsok-piàng）〔註60〕，而且還能讓主要角色突顯出來。例如：史艷文除了有忠、孝外，再而就是他的功夫是暗的，他的功夫是打到某種程度破了，他才會再用神功。不然的話，旁邊的人就會解救他了，他打不死。此外，五大角色擺出來，惡人很瞥（tsok-tshìng）〔註61〕、壞人、淨等角色是為了來當配角，有些比較用腦的〔註62〕這些角色來害好人。此外，還有愛情戲及三小戲，如何來結在一起。〔註63〕

陳龍廷於所撰〈從籠底戲到金剛戲：論布袋戲的典型場景〉一文中也做了明顯的註解：

〔註56〕 「趴趴」（pha-pha），乃黃俊雄在此口音 pha-pha 來形容馬行走之音。
〔註57〕 見慈濟傳播文化志業基金會出版之《戲說人生》乙書所附影音光碟（慈濟大愛電視台「經典」節目製作群攝製），臺北：慈濟傳播文化志業基金會出版，2006 年 6 月。
〔註58〕 詳參閱邱武德，《金光啟示錄》（臺北：發言權出版社，2010 年 3 月），頁 58。
〔註59〕 「腹肚內有膏」（pak-tóo-lāi-ū-ko），指老藝人確實是肚子裡有東西、有內容；誇讚老藝人很有才華之意。「腹肚」（pak-tóo）即肚子之意。
〔註60〕 「很迸」（tsok-piàng）意指很棒之意。
〔註61〕 「很瞥」（tsok-tshìng），意指很紅、名氣很響亮之意。
〔註62〕 「用腦的」指較陰險的角色人物。
〔註63〕 2013.12.24 於嘉義太保吳萬成自宅訪談記錄。

> 布袋戲的典型場景，無論是來自承傳表演系統，或舞臺上經年累月
> 的表演經驗的結晶，不僅存在於古老的籠底戲或帶家齣，也可能在
> 自行創作的新戲齣裡，重新以嶄新的面貌而令觀眾驚豔。……即使
> 在布袋戲創新的戲齣裡，也可以發現這些古老的工藝技術反覆被擦
> 拭而激發的動人光輝藉著與表演者的新時代思維與新戲劇情節之間
> 不斷進行對話，而被重新賦予新的生命。〔註64〕

布袋戲的主演能夠擅於發揮其過人的編劇功力，最主要的還是在於個人內在的修為與經驗的累積。不論是傳統內容或是新創的題材，憑著主演者個人靈活的編排能力，皆有可能營造出引人好奇、扣人心弦的關目情節來吸引觀眾。

綜觀「劍俠戲」關目的運用上，不難會發覺其有幾個共通之處，如：會有一為民除害的「巡按」、熟知天文地理的「軍師」角色，及一付道貌岸然的「淫僧」，有些官名其角色名字是不能更易；在所用的題材，多數以「明朝」為時代背景；其實，劇情都是大同小異，故事來源皆脫離不了「忠孝節義」，亦包括「恩、怨、情、仇」穿插一些愛情戲。此外，再增添一些「放劍光」（放寶貝）的武（法）術，來造成一個劇情的高潮性。〔註65〕而這都只能算是此時期，或許可謂是此種「劍俠」形式的一種公式而已。最主要的還是在於主演者能妥當地取用小說中最為重點的關目，以鋪陳吸引人的內容，取得觀眾的青睞與喜愛這才是重點。

第三節　天馬行空正邪之爭的金光戲

在臺灣的布袋戲發展過程中，當演義傳奇章回小說的題材已無法再吸引廣大群眾時，有創造力的主演，又會再將布袋戲的演出再推向一種玄奇、怪異的情節與聲光感官效果的配合，即發揮了演師極大的想像空間。甚至所塑造的故事，已沒有特定的時代背景，有時還得在千年、萬年之前的隨時轉換，

〔註64〕 詳閱陳龍廷，〈從籠底戲到金剛戲：論布袋戲的典型場景〉，《戲劇學刊》第12期（亞洲劇場專輯）（臺北：國立臺北藝術大學戲劇學院，2010年7月），頁91。

〔註65〕 即便是黃海岱的「史艷文」（史炎雲）亦然。從1998年國立傳統藝術中心辦理《布袋戲「五洲園」黃海岱技藝保存計畫》所出版的十五齣戲裡，觀察到其中《史艷文》一齣之關目中，後場除了依然以「北管唱腔」外，也運用了「放寶貝」的法術來營造劇情的高潮性。

其重點就是要戲能叫好、叫座就可以不斷地延綿下去，故此也就促成了「金光戲」的魅力逐以攏絡時代的觀眾。〔註66〕

再回顧本章前所述，一路下來，不難發現臺灣布袋戲主演對於關目的編排，從「古冊」內容，到「劍俠」題材，以至「金光」的虛構逸想等，每一階段的過度時期並沒有一條很明顯的界線來劃分，各階段的衍生都是有其重疊的交融的時段，這也顯示出臺灣布袋戲的演變過程。其影響主演「求變」的莫過於時下觀眾的喜愛，如此更考驗著戲班、或主演者編劇的能力，而這些前時期（階段）的傳統技法也成為主演們的基礎功底。

主演隨時因應自己所處的環境，再再展現出自己對於掌握劇情結構的敏銳度，也由此經驗的累積，鍛鍊出一套能與觀眾形成密切交流的編劇功力，故而資質佳者、或勤奮者，除了會想盡辦法的博得觀眾的認同與肯定外，同時也因此而突顯了個人的藝術特色，塑造出個人的口碑。這種現象特別是到了「金光戲」階段的競爭力更甚，也由此更激發主演者、編劇（排戲）者戲劇編排的組織能力。綜觀盛名一時的布袋戲主演也大多有曾經歷過這些階段的轉變。誠如廖昆章所云：

> 照理講，「金光」與「劍俠」是沒有所謂的分界線，即從劍俠就連帶起金光了。功夫也是從少林寺以來，才開始有機關布景的變化，有所謂的「氣功」，有氣功才有金光戲。如：洪熙官就有氣功了，用「掌風」打井，井水就噴出來了，這就是氣功。就緊接著有金光了。這是從劍俠而來，而金光的氣功就有連帶關係，有氣功才有掌風。而劍光就不能一概而論了，練劍就必須要有劍氣、有劍風，不用被劍傷到，只要給劍風甩到皮就裂開了。這就是劍俠要接金光的關鍵，也就是金光的「起點」。〔註67〕

又談到其編排「劍俠戲」之過程：

〔註66〕 在 50 年代時期，「金光戲」在戲院演出檔期，少則 10 天，多則連續數個月，完全看觀眾的反應。當時較為有名的戲班有「新興閣二團」的鍾任壁、「五洲園二團」的黃俊卿、「真五洲」的黃俊雄、「寶五洲」的鄭一雄、「正五洲」的呂明國、「輝五洲」的廖昆章、「進興合」的廖英啟；而為之風靡的戲碼有《大俠百草翁》、《斯文怪客》、《六元老和尚》、《大俠一江山》、《五爪金鷹》、《天上三俠》、《南北風雲仇》、《金鏢盛英》、《雲洲大儒俠》、《六合三俠傳》、《儒俠小顏回》、《白馬風雲傳》等。臺北也有「小西園」的許王之《龍頭金刀俠》一演就長達了 12 年。

〔註67〕 2009.10.27 下午於廖昆章青田街租屋處訪談記錄。

劍俠戲裡的角色性格是大同小異，而金光戲一定則得進一步。就如
同《武童劍俠》的一個隱士「江湖老英雄賽諸葛姜有之」是比金光
戲更利害，是知天文、卜卦，眼睛一閉，靈魂出竅，可以去救人，
這是我錄製時的角色塑造，已有些像金光戲的樣子。〔註68〕

蕭永勝在其碩士論文彙集的藝人訪談紀錄中，也描述到黃俊卿當時的狀況：

後來黃俊卿所領導的「五洲園二團」也因為演出《少林寺》故事，
而開始成為劇界矚目的焦點，由於他的編劇手法與演出形式受到觀
眾熱烈迴響，因此間接影響其他劇團爭相模仿，就連黃俊雄也開始
學習大哥黃俊卿的演出模式，因而朝「金光戲」的演出形式去發展，
爾後《少林寺》的布袋戲劇目便成為黃俊卿在各地戲院演出的主要
劇目。……因此，赤眉道人演完後，黃俊卿創編了紅眉道人、黃眉
道人、黑眉道人等角色來延續《少林寺》的故事，直到後來編演《奇
俠怪老人》，他的首部金光戲作表作品才因而產生。〔註69〕

從上兩段引述，印證了當時的主演大多是從「劍俠戲」到「金光戲」；而在關
目上的演變，是從原傳統樣式的基礎，而發展成新的演出風貌。就因為「金
光戲」的出現又與「劍俠戲」產生了重疊的狀況，故而就出現各家爭名「金
光戲」是濫觴於各家的不同說法。

一、發端於「興閣派」說

陳正之於其所著的《掌中功名——臺灣的傳統偶戲》一書中提到：

民國三十六年李天祿的「亦宛然」巡迴唐山演出時，從上海帶回來
一部《清宮三百年》小說，內容描述少林寺俗家子弟方世玉等人的
故事，李氏把它編成劇本扮演布袋戲正大受歡迎之時，大陸易幟，
《清宮三百年》的續集中斷，戲也演不下去了。當時，為李氏兩個
兒子教漢文的吳天來代為接續編劇本供演出。沒想到吳天來憑想像
編出來的劇本，居然比從前的戲更受觀眾喜愛，原來他把劇情編得
更曲折離奇，腳色性格對比強烈，打鬥功夫也更形精采。後來李氏
好友中南部的潮調興閣派鍾任祥，不祇把《清宮三百年》借回去還

〔註68〕同上註。
〔註69〕詳參閱蕭永勝，《「五洲園二團」黃俊卿及其《忠勇孝義傳》、《橫掃江湖黑眼
　　　　鏡》之研究》（國立臺北大學民俗藝術研究所碩士論文，2010年1月，未出版），
　　　　頁24～26。

把吳天來也借走了。鍾任氏學過少林拳多種拳術,把功夫用到戲偶身上施展,這部《清》劇便在他手中演得淋漓盡致,開了金光戲的先河。不過主導金光搬上舞台是鍾任氏的兒子鍾任壁……。〔註70〕

在慈濟傳播文化志業基金會出版的《戲說人生》一書中,直接就認定是起於西螺「新興閣」鍾任壁:

開始「金光戲」時代的第一人——西螺「新興閣」鍾任壁解釋何謂「金光戲」……〔註71〕

又在石光生所撰之《鍾任壁——布袋戲的傳承與技藝》裡亦有重覆提到:

……鍾任秀智的野台民戲大拼場,鍾任祥精彩武戲搏天下,到「金光戲開創者」鍾任壁,在在都是因為一直以「新興閣」堅持選擇傑出的劇本,這也是讓「新興閣」聲勢不墜的原因之一。〔註72〕

鍾任壁想要走出不同於祖父、父親的路,想要創新布袋戲的傳統。在當年揹負著「新興閣」百年招牌使命的推動之下,鍾任壁成為「金光戲」的開創者之一。〔註73〕

二、發端於「洲派」說

不同於「閣派」說法的亦大有人在,誠如黃俊雄的徒弟「輝五洲」的資深主演廖昆章亦表示:

「金光戲」是從黃俊雄開始,若認真講「金光戲」是從明末清初演起,從吳三桂引清兵入關後,自「少林寺」開始,照理講《少林寺》

〔註70〕 節錄自陳正之,《掌中功名——臺灣的傳統偶戲》(臺中:臺灣省政府新聞處,1991年6月),頁198。又參閱陳木杉所撰《雲林縣布袋戲發展史暨布袋戲宗師黃海岱傳奇》一書(頁41)之說法,與本段引陳正之說法略同。其中還敍述了:「……但演到血戰羅浮山一集,上海這套故事突然斷版,劇情無法接下去,鍾任祥、李天祿、吳天來只好研創各種玄奇功夫,來滿足觀眾心理,開啟金剛戲先河」。而在邱武德所著的《金光啓示錄》(頁170)中所言的李天祿上海帶回來的小說是《清宮秘史》,經過改編成《清宮三百年》戲目,在臺北地區試演大受觀眾好評。李天祿高興之餘,更委託友人從香港帶回一套署名「我是山人」著作少林武俠小說做續篇演出,結果造成群眾爭睹風潮。

〔註71〕 吳立萍、董逸華、蔡亞倫,《戲說人生》(臺北:慈濟傳播文化志業基金會,2006年6月),頁32。

〔註72〕 詳石光生,《鍾任壁——布袋戲的傳承與技藝》(臺中:行政院文化建設委員會文化資產總管理處籌備處,2009年12月),頁185。

〔註73〕 同上,頁193。此段說法,可看出石光生已較為語帶保留,在用詞上運用「開創者之一」來敍述。

此部戲是出自於「五洲派」。《清宮三百年》不是一般書本所寫自「李天祿」開始。事實上，李天祿根本只是在北部演出而已，「五洲派」會演出這齣戲，是開始自洪熙官與胡惠乾演起，洪熙官死後換洪文定與胡阿彪，那時候就已經戰到「白眉」了。到至善和尚、方世玉等人都被白眉殺死了之後，洪文定與胡阿彪，一個攻眼睛、一個攻下盤，結果白眉被胡阿彪捏破「懶葩」（lām-pha）〔註74〕、洪文定挖了他的眼睛，白眉死後，換「血戰羅浮山」的赤眉。所以到赤眉開始就做「金光」了。而洪文定生了一個小孩叫「半空兒」、胡阿彪生一個兒子叫「漂海兒」（因為漂海兒出生就被裝在籃子裡，隨海漂泊），又被一個叫「恨世主」救走，才開始演「金光」了。恨世主的「九掌功」救了半空兒、又救了漂海兒，那時就開始在發展金光戲了。〔註75〕

但又在蕭永勝的碩士論文裡，敘述黃俊卿的演藝歷程：

黃俊卿《少林寺》戲齣演到赤眉道人的時候，憑著自己的編劇能力開始天馬行空（茅山）創編其他少林戲齣，繼續編演各種「眉毛」顏色的角色，其特色就是武功越來越強，於是黃俊卿的金光戲便逐漸成形，……〔註76〕

「大中華五洲園掌中劇團」團長蕭寶堂亦說：

黃俊卿他做《少林寺》，做到最後幾乎要到金光戲去了，有白眉、有赤眉、有黑眉……等等，甚麼眉都有。……金光戲不是打不死，若是強的主角尪仔如果攔打不死，這顆主角尪仔就不會紅，人家就不會去注重你這顆尪仔。……《少林寺》做到最後尪仔多，黃俊卿有辦法把它變成金光戲。人家說他很利害，《少林寺》可以拉到《文殊世祖》來。〔註77〕

從以上的引言中，除了可以看出對於「金光戲」之發軔於各派有不同的解釋

〔註74〕　「懶葩」（lām-pha），意指「男性的生殖器」（陰囊）。

〔註75〕　2009.10.27下午於廖昆章青田街租屋處訪談記錄。

〔註76〕　詳參閱蕭永勝，《「五洲園二團」黃俊卿及其《忠勇孝義傳》、《橫掃江湖黑眼鏡》之研究》（國立臺北大學民俗藝術研究所碩士論文，2010年1月，未出版），頁26。

〔註77〕　「攔打不死」意指還打不死。2013.11.02下午於臺中南屯蕭寶同自宅訪談記錄。

外，甚至在同一派裡亦出現開始於不同人的說法。這也歸咎於整個大環境時下觀眾感官的需求改變，傳統故事的題材與義俠式的內容已然無法滿足觀眾，加上長久以來受到統治的壓抑，只能藉由看戲的娛樂中得以抒發。主演者為了提供觀眾的刺激享受，不得不在原有的題材下延伸發揮、再下「猛藥」，以討好觀眾。

此外，不管是那一派說法，也無庸置疑地說明了不論是主演者自編、或請人（排戲先生）編劇，其能受到時下觀眾的接受、歡迎，主要還是在於「編劇者」的手法，豐富了關目情節的結構，增加其延續性與複雜度技巧。此時期的關目編排上，更以跳脫傳統古冊戲或劍俠戲較多採以「必然律」（law of causality）邏輯的單一走向情節（simple plot）發展。反是廣用了複雜情節（complex plot）或重疊情節（overlapping plot），而在情節上大量地加入了「蓋然律」（law of probability）的因果關係，即情節故事的發生不是由於必然的可能、就是由於蓋然的可能。

誠如亞里斯多德於其所著之《詩學》〔註78〕第二十四章中所言：

> 詩人與其採取一種令人難以相信之可能，毋寧採取一種可能之不可能。故事永不可取無蓋然性之事件；而且完全不能滲入這種東西。〔註79〕

此即說明在情節的發展中，而令人難以相信的可能，亦即是「不可能之可能」（improbable possibilities），像這種情節在邏輯上不可能，而在現實中卻有可能會發生。故事的發生有時候也有不可預測的外來因素介入，而這種因素不是在邏輯的範圍之內，而是來自「機會」（chance），此機會是非藝術的，是反自然程序、反理性的。因此，亞里斯多德極不贊成在戲劇中，有此「令人難以相信之可能」的關目出現。至於「可能之不可能」（probable impossibilities）在邏輯上是可能，而現實中則不可能發生的，只要故事是在「假設」（suppose）所堆積的秩序條件下構成，其關目情節的發展是須符合「蓋然律」的原則，

〔註78〕《詩學》被稱為西方文論的奠基之作，是亞里士多德的講義，有佚失，現存二十六章主要討論悲劇和史詩。全書分為「談模仿藝術的分類與詩的起源」、「論悲劇」、「論史詩與悲劇的異同」及「談詩的批評與解答」等四個部分。

〔註79〕詳參閱亞里斯多德（Aristotle），《詩學箋註》，姚一葦譯，（臺北：臺灣中華書局，1992年1月），頁190～193。亞里斯多德此之「詩人」，乃意指的是編劇、戲劇家。

亦不失為好的戲劇〔註80〕。

　　因此，吾人時可見於「金光戲」的結構中，常是在一個毫無年代或朝代的幻想時空裡，強烈地發展著人物恩、怨、情、仇，詭譎多變的故事，觀眾也未曾強烈地懷疑事件的發生或結果是否合乎常理性。也難怪李天祿大師會有這樣的形容吳天來：

> 我覺得吳天來最擅長安排各種恩怨情仇，他還有一種本事，就是把「無理說成有理」，大概當編劇的人都要有這種無中生有的本事吧！〔註81〕

無論關目編排是如何的奇特怪異、變化無定、合不合常理，其最重要的還是在於主演者能在角色人物的「戲劇動作」發展下準確地掌握「主題思想」。廖昆章曾提出做戲的要點：

> 做戲有十二個要點，主要是「喜、怒、哀、樂」、再來是「恩、怨、情、仇」，再而就是要做一個較配合社會的「忠、孝、節、義」這十二字就是要點。就看今天要做甚麼段，如要做「孝」的，孝的部分就用孝做主題，把今天要做的先抓住主題意識後再用恩怨情仇來配、然後再插喜怒哀樂，譬如一些笑詼（tshiò-khue）〔註82〕的再插進去。這是最基本的，不論是古冊、劍俠、金光都一樣。若脫離喜怒哀樂、恩怨情仇、忠孝節義，這樣戲就散了、就沒了，也就是沒有重要的戲了，這是最重要的。〔註83〕

從廖昆章這段「做戲的十二個要點」中，很明顯的說明了關目結構發展的點、線、面，是從基本人物本身的喜、怒、哀、樂，到人物與人物之間互為磨擦碰撞所產生的恩、怨、情、仇，進而連結組合成或忠、或孝、或節、或義等主要事件的情節。

　　而金光布袋戲的編劇者，只要是能讓自己作品中想像國度裡「假設性」的合理化，似乎個個在較量其「金頭腦」的蓋然律邏輯。戲裡的人物藉由主演者的口白中，亦可以「有理由」的千年不死、或「有原因」的多次死

〔註80〕 姚一葦，《戲劇原理》（臺北：書林出版公司，1992年2月），頁110～111。

〔註81〕 曾郁雯撰錄、李天祿口述，《戲夢人生——李天祿回憶錄》，臺北：遠流出版事業公司，1991年9月1日，頁143。

〔註82〕 「笑詼」（tshiò-khue）表示詼諧好笑的事物：指笑科、戲謔，談話輕鬆有趣令人發笑。

〔註83〕 2013.11.21下午於桃園青田街廖昆章租屋處訪談記錄。

而復活，即便是出現人物出場時，報起名號是綿長有力「頭斷未知死，殺人不留屍，縱橫無敵手，魔女鬼亦愁」，觀眾又有誰會去挑剔她姓啥名啥，居住何處。觀眾更在乎的反而是此其高人的武功是如何的深厚，是正派？抑是邪派？

其實，就時代大環境的變遷而言，布袋戲在全臺的南、北部同時發展著，並非就是一人就能促成的變革，亦非因此就歸於一人之功、或一人之咎。總之就是布袋戲主演為了迎合觀眾的味道，滿足觀眾的感官，而造成了布袋戲演出風貌的新走向。

「金光戲」不僅打破傳統演出形式，更後場捨棄傳統的鑼鼓形式，改用唱片配樂（現今亦從錄音帶進化到利用 CD 或 MD、甚或電腦配樂）；且劇情更脫離了歷史範疇，改為迎合社會與感官需求大多為自創的關目情節；而主角方面也因班底的不同，各有不同的主角人物，竭盡所能地推出能力上能掌握的天馬行空、光怪陸離之關目與場面，特別講求「聲光」的感官效果。最重要的是此時期對於關目的取材與編排，亦非全由主演者一人所獨自擔綱，相對的所謂「排戲先生」〔註 84〕的加入，成為輔助主演者達成討好觀眾的主要生力軍。而排戲先生大多與劇團生活在一起，演出時也混在觀眾群中，觀察觀眾的反應，針對觀眾對於當下演出狀況的喜惡，來決定為主演者鋪陳或加強那些角色，因此排戲先生則必須天天想新花招，製造高潮；同時亦得考量主演者較為拿手的專長，來為主演量身設計角色人物與重要關目的安排，排戲先生與主演之間的關係是互動的。然而，因排戲先生是以「講戲」的方式來與主演者溝通，其關目上的連貫、細節上的鋪陳，以及人物所說出的口白，全憑主演者在場上的即興發揮，並視情況需要添增枝節，這也是布袋戲創作的特質之一。〔註 85〕

〔註 84〕 「排戲先生」亦即是「說戲先生」，通常布袋戲是鮮有「完整」的劇本，大多是很簡單的「提綱」形式，並無記錄完整的人物「對白」，即大略記載著情節的發展輪廓、人物、進出場，及重要的動作（事件）提示。甚或排戲先生是不動筆的，僅由其講述再由主演或戲班人員，大略地記錄下來，餘者就由主演臨場即興發揮。陳龍廷對於布袋戲劇本的由來也有這樣的敘述：其實是由排戲先生在戲園中寫出來的，再交由布袋戲主演作即興的表演。在 50～60 年間臺灣布袋戲發展上最重要的排戲先生有：吳天來、陳明華。詳參閱高雄市立歷史博物館編，〈布袋戲的精華──腳（劇）本〉，《掌中乾坤──高雄市布袋戲春秋》（高雄：高雄市立歷史博物館，2005 年 12 月），頁 151。

〔註 85〕 參閱陳龍廷，《臺灣布袋戲創作論──敘事‧即興‧角色》（高雄：春暉出版

　　實際上，主演的即興演出還是佔有重要之關鍵，特別是在角色的對白上，因此可能隨著主演者當天的生理、心理狀況之不同，每次的演出就會產生稍有不同的版本、甚或不同的排場。誠如廖昆章所言：

> 其實「主演」與「編劇」是要分開的，但做布袋戲的主演就是編劇。一個主演就要有編劇的腦筋。布袋戲的主演要兼編劇、口白及演出（操偶），所以劇情一定要做好，要看觀眾的反應，觀眾喜歡看那一個角色，再針對觀眾喜歡的角色直接去發展，這樣的效果才會好，是「安活的」。一個主演今天演這樣，明天再叫他再這樣演，是不可能一樣的。雖然有時也有「大綱」的依據，但畢竟不是劇本。大綱只有名字、山頭（發生地方）、以及「道幕」（幕次）而已。但發生的地點並沒寫、劇情沒寫，故甚至連結局也不同、收的局是不同的，這叫「張」（裝）活的。金光戲眞歹做，不像古冊戲今天在此結束，明天再從此接起，所以古冊戲是固定的，變化也只是大同小異而已，一定變不太多，而金光的就不同了。〔註86〕

雖然「金光戲」演出時，主演臨場反應成分居多，但基於時下觀眾的喜愛，演出環境的需求，其演出的情節與結構儼然已形成了一種「制式化」（公式化）的關目編排手法，也幾乎成了一種趨勢現象。首先將全劇的主要背景，先立足於「正邪」二派對立的鬥爭，引燃一連串的冤冤相報何時了的情節事件。

　　情節的主要發展，乃大多以正義俠士的主角爲首，結合「正派」的武林群俠，對抗另一方以萬惡爲首的「邪派」與眾群魔、妖道。兩方之間彼此互相鬥智、鬥法，劇情發展環節是正、邪兩方，此強彼弱，互爲循環，以營造高潮迭起之氣氛，全視「主演者」（或爲排戲者）而訂，多者可發展成上百集以上、或連演數月，此乃爲金光布袋戲之特色。誠如廖昆章當年叱吒於中、南部的《白馬風雲傳》、鄭一雄的《南北風雲仇》、廖英啓的《大俠一江山》、廖來興的《五爪金鷹》、孫正明的《流浪度一生》、張清國的《玉筆鈴聲世外稀》等，幾乎全省響名的「金光」名劇，大多是不脫離此架構。

　　然而，通常在塑造這種正、邪二分法的對立，最常爲各團（主演）所

　　　　社，2013 年 11 月），頁 102～104。
〔註86〕「眞歹做」（tsin-pháinn-tsuè），意指很難做。2009.10.27 下午於廖昆章桃園青
　　　　田街租屋處訪談記錄。

運用者，爲「東南派」對抗「西北派」，尤其在光復後臺灣當時的政治氣氛下，正方乃以「東南派」群俠、邪方則用「西北派」群魔，時意味臺灣偏處於東南邊，隱喻著國民政府是代表正義的一方，而中共則佔西北，乃貶爲邪惡的一方。〔註87〕亦有少數主演是以「天南派」對抗「地北派」、或「明江派」對抗「八卦派」稱謂者。據陳龍廷於《臺灣布袋戲發展史》一書中論述：

> 以往武俠小說大多分爲「少林派」、「峨嵋派」、「武當派」或「崑崙派」等九大門派。而當時編劇家（戲先生）吳天來編的劇本，在劇中將善惡二元化，乾脆將好人一方劃爲「東南派」、壞人的一方歸爲「西北派」，造成雙方敵對的陣營，以便觀眾分辨。後來吳天來先生爲中南部的劇團排戲，也都依照這個公式。」〔註88〕

這也正呼應了邱武德所言的臺灣族群鬥爭史公式。其實，此眞正的用意也不過是爲金光戲裡，正、邪兩方之鬥法，用個「代號」來將雙方做一個明顯的區分罷了。

據江武昌說：他早年曾訪問李天祿、並曾觀賞李大師「亦宛然」的演出。「東南派」與「西北派」之分，最早應源出於《薛葵征交阯》一劇（又名《東南西北》），即於隋唐故事中加入了「孫悟空」角色，由於兩派的互相角力、勝敗輪迴，使得孫悟空不停地奔波，請來高手以對抗強敵，而累壞了孫悟空；亦因此而衍生有「仙拼仙，拼死猴齊天」之情節。而一般戲班是多數採用正方的「東南派」對抗「西北派」的邪方。至於以代表正方的「東北派」對抗「西南派」的群魔妖道，則是只有黃俊雄一系下來所用之。按廖昆章之解說：

> 爲何取「東、北」爲正派之化身，乃「東」爲日出東昇，萬物之生、「北」即爲極白無瑕，「東北」乃爲至忠、光明之象徵；而「西」屬日落黑暗，鬼魅易出、「南」則是極熱，百蟲易生，而「西南」乃有

〔註87〕 邱武德於所撰之《金光啓示錄》中提到：金光布袋戲開演之初，正值國民政府遷台「反共抗俄」宣傳期，排戲大師吳天來一時靈感將正派武林取名爲「東南派」象徵臺灣，以「西北派」來暗喻邪惡的中國，做爲劇情發展根據。而這些巧妙構想正好吻合臺灣族群鬥爭歷史，更順理成章成爲日後戲團演金光布袋戲依循模式。「東南派」有固定神話一般不死的「群俠」，而「西北派」則有「野火燒不盡，春風吹又生」的「武林大罪人」。（臺北：發言權出版社，2010年3月，頁180～181）。

〔註88〕 陳龍廷，《臺灣布袋戲發展史》（臺北：前衛出版社，2007年2月），頁103。

烏暗、奸巧意味。故我們洲派乃將正派群俠歸爲「東北派」、把反派的一方納爲「西南派」是其來有自。〔註89〕

總之，「金光戲」故事情節大致圍繞於正、邪兩方的先覺、英雄大決鬥發展，而人物身懷的武功也從「劍俠戲」的劍術、劍氣，發展到似有「金鐘罩」、「鐵布衫」的絕世神功，成爲「金剛不壞之身」，爲烘托「金剛不壞之身」神光的特質。因此不論是「東南派」、或「西北派」、或「東北派」、或「西南派」……等，勝敗全憑主演者自己的創意而定。

邱坤良教授在其〈金光傳習錄〉一文提到：

> 五洲園派首創以東南、西北兩派概稱正邪的二分法，後來又出現東北對西南這樣的組合，無論方位如何，天下事皆因魔道鬥爭而起，但魔道不是國共雙方，也非民新兩黨，而是以東西南北方位進行忠奸善惡的辨識。不過，我無法知道後來是否眞的邪不勝正，東北派的道友把西南派消滅了，因爲從頭到尾打打殺殺，永無終止，而觀眾也似乎不太在意武林的最後結果〔註90〕。

的確，爲要迎合觀眾的感官需求，這種正邪兩派之間的仇殺，不斷交相征伐，仇怨越積越深，對於事件的安排，「武戲」成份就變成了推展情節不斷向前走的重要關目。故金光布袋戲就衍生出一種「竹篙式」（竹竿）的結構，是一節一節的向上生長，情節須時時講求戲劇性的事件（events）「要能結也能解」；且爲了配合劇情的無限延伸，就不斷的出現新的「尪仔頭」（角色），而當人物一個個層出不窮的出現時，主演或編劇者就得做一種兩極化的歸類、區分，以讓觀眾能容易又快速的進入理解劇中人物複雜的情況。

基於這樣的公式化，布袋戲的各主演就只能在其「戲肉」（hì-bah）〔註91〕內去下工夫，各顯神通，以贏得觀眾的喜愛。吳天來對於如何掌握「戲肉」之手法亦提到：

> 寫小說的人，當然都是寫情、寫景，將樹上一隻的猴子寫到尾巴都會翹起來，諸如此類的，一隻白猴在那兒，尾巴勾在那兒，所以小說是寫情寫景，寫恩怨情仇只是一小部分而已；而布袋戲在搬演時，要靠恩怨情仇這幾樣才有這「戲肉」，冤仇如何結，恩情如何

〔註89〕 2008.07.08 下午於桃園「眞鍋咖啡館」訪談廖昆章之記錄。

〔註90〕 邱坤良，《眞情活歷史──布袋戲王黃海岱》（臺北：印刻出版有限公司，2007年3月），頁47。

〔註91〕 「戲肉」（hì-bah）意指戲的主要內容及關目安排。

報，才有「戲肉」。〔註92〕

吳天來的說法就如同廖昆章的解釋一樣，而戲的主要內容及關目安排，確實是金光布袋戲主演在這既已形成的「格式」去求變化，發揮自己的想像力，以博取觀眾們的青睞。這箇中的「戲法」就是主演、或排戲先生們所展現的個人功力。不僅得鋪排出能感動人的「恩怨情仇」之複雜情節，而且在劇情的事件中亦應掌握到隱藏、誤解、解開等複雜的結構以創造出高潮的劇情變化。換言之，也就是對於每一個戲劇性的「事件」（event）發生過程中能擅用編劇學上所謂的「戲劇三 S」〔註93〕原則，即「事件發生之前」能營造出一種「懸疑」（suspense）的氣氛、「事件發生之時」要讓觀眾有「驚奇」（surprise）的感覺、而「事件發生之後」觀眾心裡即得到一種「滿足」（satisfaction）的喜悅。

　　林明德所著《阮註定是搬戲的命》一書中，除了敘述許王自認為「當主演要自己會編劇」外，其對於編劇的理念是：

　　　　許王見多識廣，從演出經驗中整理一套編劇的原則：安排結局要合
　　　　情合理，在劇中埋下伏筆，收場一定圓滿解決；劇情前因後果都要
　　　　說明，更重要的是結局的安排要出人意外，入人意內。〔註94〕

事實上，這種「戲劇三 S」原則在金光布袋戲的關目安排上廣被運用，也就是在安排情節事件上要能「結」也要能「解」，而且還要應用自如，這種技巧尤其在其「開幕」與「收幕」之時發揮到最極致。主演者（或排戲先生）通常都得把一個或數個情節置於演出時間結束之前，或開個頭、或進行到最關鍵的時刻，也就是在高潮迭起之處來個嘎然而止，留下讓觀眾追索的興味，才吸引得了觀眾再度掏錢買票看戲；即「收幕戲」一定要將恩怨情仇的情節，安排成無法解開的高潮戲，然後下一集再想出解脫的方法。然而情節該到何時收幕，並無道理可循，一半取決於時間，一半取決於主演的經驗與

〔註92〕擷取自慈濟傳播文化志業基金會出版之《戲說人生》乙書所附影音光碟（慈濟大愛電視台「經典」節目製作群攝製，慈濟傳播文化志業基金會，2006 年6 月出版）。

〔註93〕「戲劇三 S」引用自筆者於 1992.06.12 大二下學期習修王生善教授（1921～2003 年）開設之「編劇理論及習作」課程之課堂筆記。另，於姜龍昭《戲劇編寫概要》（頁 50～56）及孫惠柱《戲劇的結構：敘事性結構和劇場性結構》（頁 96～97）書中均略有解說「三 S 原則」。

〔註94〕林明德，《阮註定是搬戲的命》（臺北：時報文化出版公司，2003 年 6 月），頁64。

智慧。〔註95〕

誠如本文「前言」所言，要造成情節中的事件乃在於要有不同性格的「人物」方得以成，故而主演在劇裡的關目安排中有其忠孝節義、恩怨情仇的情節，而這些情節就得塑造出有個性的人物來達成糾結事件之目的。因此，除了生旦淨末丑〔註96〕各行當的角色會不定時層出不窮的出現外，通常大多會安排的有：充滿正義仁慈的正氣領袖、上通天文下知地理的先覺（仙角）、逗趣貫穿全劇的甘草人物、邪派魔頭無惡不作的武林大罪人，以及武林各類的奇人異士等，同時亦呈現出儒、釋、道的三教融合；而這些人物對於主演（或排戲先生）而言，都只不過是「公式」而已。主演者得能展現個人的智慧、運用技法，是以如何塑造這些公式化人物，讓他突顯出來引發觀眾的好奇、興趣與喜愛，才是真正高深的功力；亦即是塑造自己擅以發揮的角色，炒（捧）紅此角色人物，同時也就使得此戲受歡迎的程度大大的提高。

至於捧紅人物亦有其金光戲的慣用的技巧，主演者還得發揮自己高操的「語言文學」功力及豐富的想像力來對角色「命名」，角色人物的名字則須冗長又要鏗鏘有力，誠如：「未出茅廬生死定三分，文俠孔明生」、「眼鏡藏乾坤，萬教不留情」、「皮箱藏宇宙，宇宙藏乾坤，流浪度一生」、「未曾出生先註死，百法超生武林才子玉判官」、「殺吾死不盡，風吹吾又生，追吾要考慮，三思而行神」、「金光奪日月，真氣散群星，拳聲一響恐龍愁，魔帝九玄祖」、「踏天踏地踏三光，吞神吞鬼吞四方，宇宙世外祖」；再強一點就是「吞天吞地吞三界，滅神滅鬼滅四海，吃人吃地吃天空，殺仙殺佛殺閻王，世界根基祖萬天仇」；再長一點的「天下無人見吾容，一見吾容，六皇悲傷，閻王斷腸，吾是世上最奸雄，真真無天良，抽筋拔骨催命凶」……等，通常大多是此一角色首次出場就要有氣勢的一口氣唸完這一長串的名號，而後再出現就可以僅報最

〔註95〕　詳參閱楊雅琪，《玉泉閣布袋戲團研究》（國立成功大學中國文學研究所碩士論文，1994年4月，未出版），頁129。

〔註96〕　布袋戲角色的「淨」亦即戲曲中的「大花臉」，俗稱「北」，再套上其顏色稱呼，故就可分有黑大花、紅大花、紅北仔、青大花、青北仔、黃北仔、白北仔、白奸等。「末」即指鬚鬢全白的春公或白闊等。此外還「雜」及「神怪、野獸」等，而傳統戲偶分類並無「丑」類，而是把「丑」歸於「雜」類。然而金光布袋戲時期，角色人物愈趨複雜，已漸無此明顯的分類，尤其到了電視布袋戲在角色行當區分上，更是撲朔迷離，只能從角色性格上去分辨，或從主演的口白與五音中去區別之。

後一句的名字。「小西園」許王亦解說對於角色命名的此最大用意是：

> 若是吳天來排的，尪仔名他會寫給我，如果是我自己排的，尪仔名
> 就我自己取的，自己有靈感就記在腦子裡。公式是有分七字、八字、
> 十字的，甚至擱卡長〔註97〕的。這個跟四聯白不同，要講出來會順，
> 觀眾聽起來不會逆耳。觀眾是不會記得那麼長，只會記得尾巴最後
> 那三個字。最重要就是尪仔一出現就要「封」（hong）〔註98〕到讓觀
> 眾就記得此人物。第一就是要封他的氣氛出來，第二就是要講他的
> 身世。〔註99〕

這麼長的尪仔名不僅是在襯托、營造角色的氣勢而已，在這麼大串的名字裡，
常是給觀眾暗喻此角色的內心世界。譬如：許王的《龍頭金刀俠》裡「無了
仇」此人物：「仇深深仇仇深仇，悲慘無了仇。」運用了疊字的修辭法，就隱
喻這個角色的身世，是背著他師父的骨骸，經過十八代皇帝，在尋找誰是殺
他師父的仇人。

其實，「金光戲」都會賦予每一個角色有一個獨特的故事背景。有的是他
們名字就是詩、有的是詩歸詩名歸名。因此，不一定每個角色出場一定得唸
「四聯白」，得需合劇情才有之；而「無了仇」這個角色，許王就沒賦予他「四
聯白」，卻於其名字上埋下了伏筆。故金光戲的尪仔名，所意含的是角色的身
世來歷、或角色有甚麼樣的功夫、甚至角色在武林中又是怎樣的身份地位。
此外，「諸羅山木偶劇團」吳萬成亦說道：

> 主演對於封尪仔角色的名字，首先就要讓這顆尪仔一聽到其名就很
> 響亮。但尪仔名字很響，有時卻「聲」（tshing）〔註100〕不久，真緊
> （tsin-kín）〔註101〕就死了，雖然讓人聽到他的名字會感覺這角色有
> 多屬害，因為它的名字太長，但不易記，而這種角色是為了做一個
> 伏筆，為了烘托後面的主角出場，讓主角打死的，這樣更能顯示主角
> 的屬害。所以主演的功力就是要封一個尪仔給它真「聲」。〔註102〕

尪仔的名字若太長了雖然很響亮，為角色造勢上是發揮相當的效果，但的確

〔註97〕 「擱卡長」，即還有更長的。
〔註98〕 「封」（hong），乃命名、取名，有烘托、強調之語氣。
〔註99〕 2013.11.25 下午於臺北市士林文昌路許王住處訪談許王記錄。
〔註100〕 「聲」（tshing），意指很紅、名氣、很風靡、很出名、很響亮之意。
〔註101〕 「真緊」（tsin-kín），指很快之意。
〔註102〕 2011.03.15 下午於臺北三重「上格大飯店」707 號房訪談吳萬成記錄。

是不容易記，不用說是觀眾一下子記不起來，甚至有時連主演者都還得再想一下〔註103〕。但這響亮的名字，其實還有暗藏著另一種功能，在這麼響亮的人物（角色）若一下子就被對方所殲滅，那表示還有比他更強、更行的角色出現。簡言之，就是它還有一層渲染、強調其他角色的作用。所以主演者就對於角色的出現就要盡其所能的捧紅他。「大臺灣神五洲」陳坤臨也表示其作法：

> 尫仔名的長短，不分正邪，都可以很長。不一定只有出來的第一次唸全名，一個晚上也要唸個十幾遍，讓觀眾有印象，人才會去注目他。尫仔的名字、或住在那裡，都可以做到晚上摸彩，當謎底給觀眾猜。最後一天，我都開始送菸了〔註104〕，觀眾都有能力寫出，那時最長也有十五個字，這也是帶動觀眾的氣氛。〔註105〕

將角色（尫仔）取名一長串的字號，不僅是在增加尫仔的氣勢，甚至也可以成為主演者現場與觀眾互動的方法，以吸引觀眾的注意力，增加其趣味性。

　　總言之，主演者不僅得在戲齣的關目內容下功夫，同時亦得關照到每一個角色的安排，以營造「金光戲」的氣氛。基本上「金光戲」的內容大多是大同小異，充其量而言，只是換個戲名、或是把主角的名字換一下而已，就如同「風速四十米」、「四海遊俠」很多人都有。〔註106〕主演（或編劇）者就在已形成框架的「公式」上去任君套用。「新天地」黃聰國大略地解釋了「金光戲」的公式化處理：

> 金光戲基本模式，開幕→笑詼→陰謀→收幕。有此公式後，再去抓尫仔的名字，中間插一些擲笑、抓藥單（thiah-ioh-tuann）〔註107〕，然後武戲，接下來就收幕，大約就是這樣。
>
> 當一個主演，一定要有概念，開幕完一定要插一段笑詼的，出一個神秘尫仔，再來就是準備要收幕了。簡單說以前廟會就是這樣，若昨晚收三幕武戲，這三幕武戲打下去就半個小時了，再來就是插笑

〔註103〕「新天地」黃聰國曾告訴筆者，有時在演出時看到他講口白稍有停頓了一下，就是他當下在想這整串的尫仔名。

〔註104〕據陳坤臨補充說明：那時候都送「長壽菸」。

〔註105〕2013.11.23 上午於臺中南屯永春路陳坤臨舊居訪談記錄。

〔註106〕語出吳萬成。2011.03.15 下午於臺北三重「上格大飯店」707 號房訪談吳萬成記錄。

〔註107〕「抓藥單」（thiah-ioh-tuann），指取藥單抓藥。

談，不是主人中傷抓藥單、不然就是做一些笑談丑角戲；接下來就
是陰謀家開始又要設計了，請誰要來陷害……等，就開始又要戰了，
要約去那裡，又要收幕了。〔註108〕

「大臺灣神五洲」陳坤臨亦云：

譬如說，武戲戰完，今晚跑三幕、跑五幕攏不管啦！這些都要能解
得開，首先就要進入狀況了，進入戲肉了，戲肉完還要留三分之一
來收幕，中間插一段笑談，這不是拖戲。拖戲是根本都是廢話才叫
做拖戲，不用講的話你又講出來，那才叫拖戲。〔註109〕

金光戲的關目與口白，大多是都換湯不換藥，恩怨情仇也差不多差大同小
異。其主要的重點、就特色在於「神秘」，要讓觀眾意想不到，又得挑起觀眾
的好奇心，能吸引觀眾，而莫敢錯失觀看每一個關目環節的發展。是正？是
邪？讓觀眾猜不透，亦即是「疑者就生神秘」，這就是主演者技法高操之所在
〔註110〕。所謂「戲法人人會變，各有巧妙不同」而已。

綜而言之，主演在編排「金光戲」關目所費的功力，是較「劍俠戲」要
來得更要具有豐富的想像力來做基礎，進而在既有的公式下，發揮個人獨特
的技法，求奇巧、求絢麗、求誇大，來凸顯主演者自己的特色。

第四節　因應文化場演出而創的新題材

自二十世紀末至二十一世紀以來，臺灣經濟不景氣，受大環境影響布袋
戲民戲的演出機會逐漸大幅地銳減、看戲市場萎縮，平常較為老招牌、老字
號的戲班雖勉強保有常久以來的固定戲路，因應市場變異，改為白天演戲、
晚上放映電影，有時還得面對削價競爭接演錄音班，更嚴重地影響演出的場
次（天數）與收入，因此甚或有些戲班也另謀其他生財之出路。然而，堅持
以布袋戲為一輩子志業者，在面對當今的演出環境，為了一家人的生計，也
只能咬緊牙關的撐著。「中國太陽園」林大豐無奈的說：

現在看戲的人少了，不像以前做了就人山人海，還沒做人就超過
五百人以上，太驚死人了。以前做戲的人比較卡有在講究，現在

〔註108〕2013.10.08 下午於基隆復興路黃聰國自宅訪談記錄。

〔註109〕「攏不管」都不管它。2013.11.23 上午於臺中南屯永春路陳坤臨舊居訪談記
　　　　錄。

〔註110〕語出廖昆章。2013.11.21 下午於桃園青田街廖昆章租屋處訪談記錄。

攏是〔註111〕這些做戲的自己搞死的，做錄音的、拼戲金少，攏是自己搞壞的。做戲是要做久長的，文化場若政府不照顧，那就死了。目前我九月最好的是連七天的最多，以前都連做到十月。我重ㄟ是民戲啦〔註112〕！民戲要顧唬屌（kòo-hōo-tiâu）〔註113〕才能生活。如果民戲有顧只要顧政府的，安ㄋㄟ（an-ne）〔註114〕若沒有過就綁起來了。政府的可以是玩一玩，但不可當專業啦！政府的做完要兩三個月或半年才能拿到錢。生活都還要顧、叫來ㄟ咖肖（khah-siàu）〔註115〕都要當場發錢，咖肖是不能給你欠的。〔註116〕

從以上這段話，可以了解臺灣的布袋戲戲班不僅平日賴以為生的民戲逐漸地縮減，另一項演出機會就是指「文化場」的演出。但畢竟文化場的演出機緣，除了主辦單位已有特定對象邀演外，大多數的文化場都是透過甄選團隊的方式來邀演；可說是有演出機會也必未會被選上。因此，一般戲班的重心還是放在於民戲的演出上。至於民戲的演出所呈現的戲齣，大多不脫離本章前三節所論述之範圍，在此就不再贅述。

　　「文化場」的甄選，對於戲班而言首先須面臨的就申報甄選的戲齣問題。第一關得先藉由紙本的文字敘述來凸顯演出內容的特色，以取得評審委員們的青睞。這已非同於前文所述，主演可針對演出當下觀眾反應來即興調整演出內容的關目結構，這對戲班而言也是一項挑戰。回顧前文，老一輩主演創作最大的資源乃來自於古籍、小說為主，下一代的主演則大多承襲了老一輩的代表戲齣。但由於當時並無錄影設備能留下老一輩主演的演出情形，且老一輩時代的學習環境是跟戲學戲，當時演出的機緣多，在見聞習染之下學得也較多；而今演出的次數銳減了，自然見習的機會就變少了，故演師們大多只能憑個人記憶、或老一輩留下來的提綱，來加以發揮。實言之並無多大的突破，甚或不比老一輩的原創出色。嚴格說來僅是承傳了「劇名」與角色「尪仔名」而已，那就更遑論再年輕一代的演師能夠傳承到多少老一輩的

〔註111〕　「攏是」，都是。
〔註112〕　「我重ㄟ是民戲」，意我重視的是民戲（民間廟會的演出）。
〔註113〕　「顧唬屌」（kòo-hōo-tiâu），指顧得住、看得住。
〔註114〕　「政府的」是指政府機關所辦的「文化場」。「安ㄋㄟ」，（an-ne）這樣。
〔註115〕　「叫來ㄟ咖肖」指請來的演師（師傅）。「咖肖」（khah-siàu）原是指腳色，此處泛指演師。
〔註116〕　2014.01.01上午於臺中烏日林大豐自宅訪談記錄。

創作精髓了。

然而，文化場演出的時間長度固定，一場的收入也比做一棚〔註117〕民戲的爲多，戲班還可賺到「名氣」，故戲班們亦不得不關注，爭取演出機會，如此就得在戲齣的題材下功夫。綜觀之，自 1980 年代文化場的機會漸增之初，大多數的戲班所提出的演出戲齣，也多不脫離老一輩聞名的代表作之「劇名」、或常見所謂的「名劇」。這無非想藉老一輩的名氣來吸引評審的關注。此外，文化場演出的時間長度非比民戲、甚或內台戲的時間，故勢必在戲齣的關目結構上得濃縮，或僅取其戲齣之精華以呈現、或在連本戲中擷取其中之一段情節，在短短兩個鐘頭左右的時間內，關目安排得要有「開始」→「中間」→「結束」的完整結構。因此，這就考驗了主演（或編劇）者的功力。

像這種文化場所需的戲劇結構與呈現方式，對於平日素已習慣演民戲的資深主演而言，是較難適應，尤其他們向來是以「做活戲」即興演出，在演出當下「生口白」的功力。茲要以這種安死的、先擬定好的關目架構來表現戲齣的內容，就難以伸展身手了。據林大豐表示：

> 現在的文化場，阮阿寶〔註118〕攏〔註119〕有在送案，我攏給阿寶去處理。我常跟我兒子講，像文化場攏要寫死的，這種戲我不會，抓手抓腳〔註120〕是無法表現啦！我們這種老主演是靠臨時變化的。我們以前攏是臨時變化的，若看到棚下的人攏要走了，這就是代表觀眾已經不尬意〔註121〕看了。戲可能太冷了，就要趕緊想辦法、趕緊截掉、抓別的幕來插，硬的緊撞下去〔註122〕，觀眾就留住了。以前就是要這樣看觀眾，接是活扣的（ua̍h-khàu-ê）〔註123〕、要臨時變化。〔註124〕

〔註117〕 「一棚」乃民戲的計算單位。通常「一棚」泛指演出一天，即下午、晚上各一場。

〔註118〕 阿寶，指林大豐之次子林坤寶（1981 年生），國中畢業，14 歲即當「主演」。

〔註119〕 「攏」都。

〔註120〕 「抓手抓腳」意指綁手綁腳。

〔註121〕 「不尬意」不喜歡之意。

〔註122〕 「硬的緊撞下去」，意指趕緊插（補）進節奏比較快的內容或戲劇動作。「緊」，乃快之意。

〔註123〕 「活扣的」（ua̍h-khàu-ê），是指演活戲、即興的。

〔註124〕 2014.01.01 晚上於苗栗通宵「三仙宮」訪談大豐記錄。

從林大豐的這段話，可以看出主演者演出民戲的即興反應與技巧，是截然不同於文化場的演出形式。

　　在二十一世紀之前所辦的文化場演出，看來是較爲零散、也鮮少有「匯演」的大型活動，且所邀請對象亦大多爲較知名的「老班」，故所呈現的戲齣也都是老一輩資深藝師熟稔的代表作。而至 1999 年起堪稱臺灣「布袋戲的故鄉」雲林縣首辦第一屆「雲林國際偶戲節」至 2013 年已計辦理了 11 屆。每屆均設有其主題〔註 125〕，除了會辦理偶戲的國際學術研討會外，活動亦邀請國際偶戲團隊演出、舉行「金掌獎」競技、經典與創新布袋戲團競演；同時結合文物藝術展、文創展及農特產「偶」裝置藝術，積極將「布袋戲」文化透過推廣與刺激、傳習與體驗等展演活動。

　　在中央方面，2000 年國立傳統藝術中心籌備處（現爲國立傳統藝術中心）先辦的第一屆外台歌仔戲匯演後，隔年（2001）舉辦的第一屆外台布袋戲匯演活動，以後每兩年輪流辦理。期間布袋戲匯演共計辦了五屆〔註 126〕，每屆則甄選出十個團隊參與演出；而每一屆的歌仔戲匯演傳藝中心皆進行錄影，再後製發行出版。惟，在布袋戲匯演方面，演出團隊若以文武場現場伴奏者則尚無問題；然若後場是用錄音配樂者，爲考量有涉諸多音樂版權問題，故五屆的布袋戲匯演均未出版，僅做了錄影保存資料。

　　經觀察這五屆以來，共計入選了 28 個團隊〔註 127〕，在五十齣演出劇目中，新創題材作品僅占 16%。傳統布袋戲的演出劇目，大多數爲資深藝師們常演的古冊戲爲多；劍俠戲只占 2%，在金光戲的部分占 28%，而慣以演出金

〔註 125〕雲林偶戲節各屆主題：1999 年「偶戲乾坤」、2001 年「大開眼界」、2004 年「無獨有偶」、2006 年「掌中萬象」、2007 年「好戲連台」（本屆始設「金掌獎」競賽）、2008 年「金光閃閃」、2009 年「史艷文傳奇」、2010 年「叫偶第一名」、2011 年「金光甲子戲瘋雲」、2012 年「百年風華」、2013 年「田庄演義」等。

〔註 126〕傳藝中心分別於 2001、2002、2004、2006、2008 年辦理布袋戲匯演，共計五屆。此外，特別於 2011 年爲見證「中華民國建國 100 週年」的經典與創新，另辦理了「民國 100 年布袋戲全國巡演」以特定邀請各代表性的團隊有「黃俊雄」、「小西園」、「眞快樂」、「新興閣」、「明興閣」、「陳錫煌」、「昇平五洲園」、「隆興閣」、「眞雲林閣」、「聲五洲」、「廖文和」、「廖千順」、「上西園」等 13 個布袋戲團，自 6 月至 12 月巡演了 11 個縣市；此性質不同於甄選匯演，故不列入。

〔註 127〕有 20 個團隊僅入選一屆。而「小西園」、「亦宛然」與「眞快樂」等三團是五屆均入選；「明興閣」入選四屆；「廖文和」、「隆興閣」與「聲五洲」入選三屆、「天宏園」則二屆。詳參閱附表二。

光戲的戲班所演出的也大多為自己拿手的金光戲齣以「○○系列之○○○」，嚴格說來亦僅是取自己所屬戲齣裡的其中一個「嶄頭」（tsām-thâu）〔註 128〕而已；有些題材雖是古冊戲內容，卻是以金光戲的演出形式呈現。綜觀之，傳藝中心這五屆的布袋戲匯演大部分的作品並無太大突破。當然，入選的團隊大多為老班居多，加上主演也多數為資深的藝師或演師，難免還是會以自己舊有的戲齣為主。筆者試抽樣以 2006 年的匯演〔註 129〕為例：

表 2　國立傳統藝術中心 2006 年布袋戲匯演一覽表

劇　團	主　演	劇　　　目	備　註
小西園掌中劇團	洪啓文	《華光出世》	許王已中風
亦宛然掌中劇團	黃僑偉	《仙拼仙　拼死猴齊天》	李天祿的戲齣
眞快樂掌中劇團	江賜美	《布袋戲黑色喜劇——「白吃店」》	前段柯加財開場
華洲園掌中劇團	林阿三	《三國演義》	
響洲園掌中劇團	吳琮欽	《月唐演義——五虎戰青龍》	
廖文和掌中劇團	廖文和	《天下第一劍》（聖俠白雲生系列）	金光戲
聲五洲掌中劇團	王金匙	《台灣演藝製作系列——林爽文抗清》	新題材
金鷹閣掌中劇團	陳皇寶	《玉筆鈴聲之陰極皇朝前傳》	金光戲
天宏園掌中劇團	葉勢宏	《半屏山傳奇》	新題材
新天地掌中劇團	黃聰國	《濟公傳奇》	古冊戲金光演

　　2006 年的十個團隊中幾乎多為資深演師，最年輕者為「亦宛然」黃僑偉，演出劇目還是以早期李天祿的戲齣；而「小西園」若許王無中風的話，此場應是為許王親自演出。「眞快樂」前開場的主演口白為柯加財，後全由母親江賜美擔綱。新編劇目為「聲五洲」及「天宏園」兩團，其「聲五洲」表現方式乃以現場文武場伴奏兼唱曲、電視的大型戲偶操作；惟，中間安插了 13 分鐘的尪仔吹汽球、噴火、變臉、吊鋼絲、耍盤、頂盤及騎單輪車……等雜耍之噱頭。至於「新天地」雖是古冊的戲齣內容卻是金光的演出形式。純金光的「金鷹閣」與「廖文和」則是以該團習以演出的金光「系列之」戲齣。

〔註 128〕「嶄頭」（tsām-thâu），指「段落」，即有頭尾的完整段落；帶有裁戲之意味。
〔註 129〕本屆全省共 27 個團隊報名甄選。筆者亦參與「響洲園」之行政與演出。

在 2004 年辦理期間，傳藝中心同時亦舉辦了第一屆的「青年主演賽」，限定參賽主演者須 40 歲以下〔註 130〕。之後，2007、2009、2010 年三屆均與「統一蘭陽藝文公司」合辦。2009 年始區分「傳統」與「金光」兩組競賽，並設定主題鼓勵主演者創作新的作品〔註 131〕。有此為例，「統一」於 2011 年即首度主辦「創意布袋戲大車拼」活動，鼓勵表演團隊發揮創意改編傳統劇目，主題設定為「品德教育」、「反霸凌」事件或概念作為議題。2012 年則並非以競賽的方式，「統一」僅限定前四屆「青年主演賽」及 2011「創意布袋戲」有得過獎的主演方能提案徵選，故活動定為「創意布袋戲匯演《英雄會》」，亦從中選了六位青年主演演出新創作品〔註 132〕。的確，從「創意布袋戲」開始這些青年主演們是創作了許多新作，但或許是主辦單位主題設定的關係，所呈現的作品幾乎傾向於「兒童」，宣導作用大於藝術創作內涵，在表現形式與關目結構上大多套用「金光戲」的手法，稍嫌過於平俗、粗糙。

近幾年來各地方政府每年也陸續舉辦了各縣市的「傳統藝術季」演出活動，給予布袋戲班增加了文化場的演出機會。大致看來，目前年 60 歲以上的演師若有兒子接替者，也大多逐漸地退居幕後，若遇重要場合方出來做表演性質的演出。而年輕的主演為了爭取「文化場」的演出機會，也趨向尋求各地方曾發生或傳說的民間故事為題材，甚至以「時裝」的戲偶來表現，無非也是為了爭取演出創造新的話題。其實新一代的主演在創作上大多沿襲上一代的作品，僅稍作修改、或增加一點現代的新想法。譬如：「中國太陽園」的陳坤寶，將以往金光戲正、邪兩派永無止境的戰不完情節，加入了出現異度空間的異形來到地球，殺也殺不死、殺死了又再生復活，無人能敵。除非得東南派與西北派兩派聯手，才能打退這宇宙太空下來的異形。而高雄「新世界」的王泰郎亦表示：

> 我現在演的戲齣是自己發明、自己創作出來的，不是從我爸那裡。

〔註 130〕 僅有 2007 年第二屆是稍放寬限定參賽主演 45 歲以下，其他各屆皆以 40 歲為上限。

〔註 131〕 2009 年主題為「樂活‧環保‧愛地球」、2010 年主題「破格‧跨界‧展創意」。

〔註 132〕 「創意布袋戲匯演《英雄會》」受邀主演有：「中國太陽園」林坤寶演出《英雄行‧日月劫》、「廖千順」演出《毒之風雲‧劍之英雄》、「聲五洲」王英峻演出《那一年，我們一起救的女孩》、「五洲小桃源」陳文哲演出《真假英雄》、「昇平五洲園」林政興演出《誰是英雄》，以及「全西園」洪啟文演出《天心指》等。

我爸那時在做、跟我家師傅在做，都是做陳俊然的《南俠》，一直到我才自己創作出來。因爲我是想《南俠》很多人在做，好像沒甚麼特殊了，所以就創造出一個新的角色出來做了。戲肉大部分都一樣啦，是創作角色的問題，角色不同啦！〔註133〕

綜觀新一代的年輕主演面對目前演出環境的趨勢，在戲齣的關目編排上，大部分還是尚未跳脫上一代的窠臼。何況爭取文化場演出，以文化場的時間限制、及主題性的要求，此能力對於這一代的演師確實是缺乏的。以先輩對於戲齣關目的運用上，若欲適用於文化場的場合上較須考量者，筆者試粗略地歸納有兩大問題：

一、傳統古冊戲性質的戲齣，由於故事大多有所依據，因此對於關目結構的編排上大多偏重於單一情節（simple plot）的發展，在呈現上難免會陷於僅單純的敘述故事而已。

二、金光戲性質的戲齣方面，雖然金光戲形式已有其約定俗成公式化的技法，可呈現多線的複雜情節（complex plot）或重疊情節（overlapping plot），惟卻因文化場有其時間上的侷限，以致無法於時間內能夠發揮到位，而金光戲的格調就是節奏明快、新人物層出不窮地出現製造新奇、神秘感，加上得製造一些效果的畫面，故較難以在限定的時間內讓觀眾進入戲齣內容的主題思想。

難怪「臺北木偶劇團」主演黃僑偉會這麼認爲：

說實在的，我對金光戲比較不喜歡，因爲我覺得金光戲他比較沒有章法，東南拼西北、好人與歹人在鬥法鬥智，比如這好人又牽很多朋友……等。雖然它有很多有趣的東西，但實際上演完你感受不到它要敘述的是甚麼？〔註134〕

因此，國家文藝基金會有鑑於歷年來辦理的「歌仔戲製作及發表專案」已有了相當的成果〔註135〕。故於 2013 年也比照此計畫開辦了第一屆的「布袋

〔註133〕2013.11.12 於臺北八里訪談王泰郎記錄。

〔註134〕2013.12.03 於捷運板橋府中站「爭鮮」定食店訪談黃僑偉記錄。

〔註135〕國家文化藝術基金會自 2003 年起辦理「歌仔戲製作及發表專案」，至 2013 年已連續辦理了七屆，10 年來補助過 8 個團隊，發表 21 齣全新作品，在全臺各地巡演近 200 場，甚至也躍登國家藝術殿堂演出；透過此專案的執行，整合歌仔戲的編劇、導演及音樂設計人才，並藉以吸收現代化的劇場概念，提昇劇團的行政製作及行銷宣傳能力。

戲製作及發表專案」〔註136〕，形式未規定古典或金光，音樂也不限定現場伴奏或錄音配樂。為提升製作水準，專案鼓勵劇團聘請專業編劇、導演、音樂設計、舞台美術等設計人才，結合製作計畫，並由主辦單位推薦專家學者擔任藝術顧問，以提昇製作品質。

此專案計畫重點是要求布袋戲團在編劇與導演至少須有一人為外聘專業人員加入戲班所提的專案計畫中，且所提報之劇本須是新創作、或重新改編者。這對於素以「主演」一人為重心的布袋戲戲班而言，已不似以往單純的請「排戲先生」協助，僅負責想戲、設計戲齣而已。有了編、導的加入，可說是對於傳統布袋戲班在演出上的任務組織結構重新的洗牌。以往「主演」是擔負著全場的主導與主要的演出，茲須被分工僅負責演出上的任務，且須照著已定的劇本內容走，還得有其排練與排演的製作程序。這對於布袋戲班的製（創）作上，可說更是一種新的嘗試與挑戰。

就觀察第一屆的狀況為例，此計畫第一階段首先以計畫書選出八個團隊，再進入第二階段的簡報與質詢後選出三個團隊。第一階段入選的八個團隊有：

〔註136〕國家文藝基金會辦理「布袋戲製作及發表專案」計畫，2013 年～2015 年共計辦理了三屆。因於經費來源問題，2016 年已停辦，適逢國藝會成立二十周年，故僅以邀演方式從三屆以來所入選的九個團隊中，邀請三個團隊「昇平五洲園」、「新世界掌中劇團」及「真雲林閣掌中劇團」，再次演出入選作品。

	入選團隊	入選作品	主演	外聘編導
2013 年 第一屆	臺北木偶劇團	哪吒小英雄	黃僑偉	導演：張嘉容
	真快樂掌中劇團	母子情深——薛剛樊梨花	柯加財	導演：鄭嘉音
	王藝明掌中劇團	台灣英雄傳之決戰噍吧哖	王藝明	編劇：周定邦
2014 年 第二屆	昇平五洲園	黑金英雄淚	林政興	導演：劉信成
	明興閣掌中劇團	南臺風雲朱一貴	蘇俊榮	導演：黃僑偉
	金鷹閣電視木偶劇團	打狗山傳奇——道乾夢空萬年殤	陳皇寶	編導：傅建益
2015 年 第三屆	真雲林閣掌中劇團	傲氣之珠——幽冥節度使	李京曄	導演：傅建益
	新世界掌中劇團	風雲再起——幻海星塵	王泰郎	導演：黃僑偉
	雲林五洲小桃園掌中劇團	鳳山虎之鐵膽雄風	陳文哲	導演：許嘉芬

表 3 國家文藝基金會 2013 年「布袋戲製作及發表專案」第一階段
入選團隊、作品一覽表

劇　　　團	劇　　目	劇　　　團	劇　　目
臺北木偶劇團	哪吒小英雄	眞快樂掌中劇團	母子情深——薛剛樊梨花
昇平五洲園	鯤島奇俠	王藝明掌中劇團	台灣英雄傳之決戰嘍吧哖
金鷹閣電視木偶劇團	玉筆鈴聲之蒼狼印	眞雲林閣掌中劇團	沒有說出口的愛
新復興掌中劇團	新編賽德克巴萊	全西園掌中劇團	劍王

　　從此專案計畫的徵選中，布袋戲班得尋求熟悉劇場及布袋戲生態的導演
是煞費苦心。首先在劇本的編寫上就已面臨了瓶頸，就筆者的觀察與了解，
大多數劇本皆已非由「主演」者親自撰寫，得須請人編寫。誠如：「王藝明」
是請來「臺灣說唱藝術工作室」團長、也是臺語文學作家周定邦撰寫劇本。
「眞雲林閣」則請「霹靂布袋戲」編劇群之一的李世光編寫；而「臺北木偶
劇團」與「昇平五洲園」均由所找之導演協助執筆〔註137〕。「眞快樂」則由主
演柯加財的長子柯世宏負責編劇，請來「無獨有偶工作室劇團」的藝術總監
鄭嘉音執導。此已突顯了民間的布袋戲班在「編導」方面人才之缺乏，要讓
「主演」獨立跳脫出來，的確是需有一段時間的磨合期。畢竟，臺灣布袋戲
演師向來是不靠劇本的，頂多僅是大綱式的參考而已。

　　然而，筆者認爲就是因爲布袋戲大多是即興的「演活戲」，在劇本的關目
編排上，形式還是較無法跳脫民戲的窠臼，場次過於瑣碎、較爲平舖直述、
亦鮮少考量到深入人物內心情感的詮釋，亦不擅用倒敘（Flashback）等技法。
因此，這種種的問題，都是有待編、導者與主演及演師們的協調與溝通。但

〔註137〕「臺北木偶劇團」編劇所掛名者爲主演黃僑偉，而實際撰寫者爲導演張嘉
　　　　容。筆者跟排了多次觀察其排戲過程中主演黃僑偉與導演的互動關係，並訪
　　　　談了張嘉容說道：「這劇本就是我寫的呀！我們的工作流程，簡言之，構思、
　　　　寫作、架構情節人物，都是我這裡完成的。僑偉看了之後會給意見，主要是
　　　　台詞方面。所以我們的合作很輕鬆，我只要負責說服他和讓他了解就好。他
　　　　會把他理解之後，覺得哪些台詞怎麼修改更好，他會去修改。如果沒有僑偉
　　　　潤詞，這齣戲也好看不起來。」
　　　　至於「昇平五洲」乃協請筆者負責導演。惟，初讀過原計畫欲送選的劇本後，
　　　　筆者認爲較偏民戲感覺、場次較爲繁瑣，故而與主演林政興討論後，由筆者
　　　　重寫，改編日本知名導演黑澤明 1962 年的電影作品《椿三十郎》（又名大劍
　　　　客）。

綜觀此第一屆的「布袋戲製作及發表專案」的創作題材是著實地已前進一步了。另一方面，最後入選的《哪吒小英雄》、《母子情深——薛剛樊梨花》與《台灣英雄傳之決戰嘸吧哖》三個團隊的作品中，不論是新創或改編傳統題材，對於人物之間的情感已有較為重視而深入的詮釋。筆者亦訪談了其中兩團的「主演」對於創作的想法。

「臺北木偶劇團」主演黃僑偉表示：

> 這次的第一幕是我設計的，比如說殷氏做為序場，從殷氏帶出來是最好的。我要讓人家知道殷氏也是一個主軸之一。以往傳統戲來講，是以男性為主，用以女性為主的戲是很少。你可以發現其他劇團演「哪吒」，殷氏這個角色一定是被忽略掉的。這次我們特別把她凸顯出來，因為我覺得女性角色是有一些優勢跟特色在裡面，所以著墨在女性身上，我覺得這次是我學到最多的。〔註138〕

「真快樂」主演柯加財表示：

> 布袋戲誰敢做這種完全沒有武戲的，這齣《薛剛與樊梨花》就是把薛剛與樊梨花母子的戲再加強進去。樊梨花跟武則天，我感覺戲一定要讓人家感覺布袋戲不是都是陽剛的。我就是每一齣的女主角拉得很重出來，這個強調女主角是我的 idea，我再把這 idea 丟給柯世宏去做創作。〔註139〕

從兩位主演的訪談中，不約而同的在人物的詮釋上，皆以女性角色為著眼點切入，這很明顯地可以透露出在這次「布袋戲製作及發表專案」作品中，布袋戲的創作者已然重視到人物性格、內心的刻劃與角色之間的情感關係，不再僅是一種平鋪直敘地在演（講）一個故事而已，更能提出如「母子深情」或「父子衝突」等主題為詮釋的重心，將傳統題材重新詮釋為創新作品。茲就「臺北木偶劇團」對於此次新創《哪吒小英雄》乙劇與「新天地」黃聰國於 2000 年 8 月 6 日晚間假基隆文化中心廣場演出之《哪吒傳奇》〔註140〕為

〔註138〕「殷氏」即劇中哪吒之母親。2013.12.03 於捷運板橋府中站「爭鮮」定食店訪談黃僑偉記錄。

〔註139〕柯世宏（1976 年生）為柯加財之長子，亦是《薛剛與樊梨花》之編劇。2013.12.13 於新北市新莊「真快樂木偶工作室」訪談柯加財記錄。

〔註140〕此《哪吒傳奇》一劇，為黃聰國自編兼主演，時乃由筆者協助繕打劇本。據黃聰國表示，此劇是憑他在桃園時曾演過的「民戲」之印象與經驗為此次的「文化場」演出重新寫成的劇本。

例，來探討現代新創與傳統之間的差異性。

　　一般布袋戲班敷演「哪吒」故事者乃大多取材於章回小說《封神演義》
〔註141〕一書內容。而廖昆章卻言道：

> 《封神榜》此書，在布袋戲的各流派非知《封神榜》不行，因爲所
> 有的群星、神奇皆出於《封神榜》，所以一般的祖師交代是「可以知、
> 但不可以演」。特別是我們「五洲派」沒有在演「封神榜」的，不管
> 外派的人演，那是他們家的事。而三太子是從「哪吒鬧東海」是初
> 段，這還是未到「封神榜」。〔註142〕

《封神榜》此類題材戲班較忌諱演出，唯恐演不好反而會褻瀆神明，故若以
此爲題材者，也大多以「哪吒」乙節爲主〔註143〕。而擷取小說中的第十二回
「陳塘關哪吒出世」、第十三回「太乙真人收石磯」、第十四回「哪吒現蓮花
化身」之關目。由於哪吒是民間信仰中聞名的「三太子」（中壇元帥），故戲
班若針對小朋友演出的傳統故事時亦常引以作爲演出題材。最常用的劇名爲
《哪吒傳奇》或《哪吒鬧東海》居多。

　　基本上，大多數的戲班搬演哪吒故事，借用於原小說事件時，主要人物
幾乎比較不曾去更改動或刪減，頂多爲了增添故事的趣味性會加入一些小說
裡沒有提到的小人物。惟，筆者發現或許是取材者（編劇或主演）不曾注意
到、或是一時疏忽，大多會把劇中的「巡海夜叉李良」，喚成「李良」；其次
是而「龍王敖光」而稱「敖廣」。這次「臺北木偶劇團」的《哪吒小英雄》亦
然。其實，若不以考究其歷史爲目的，戲劇演出本來就是有其虛構的成分，

〔註141〕《封神演義》，又名《封神傳》、《武王伐紂外史》、《商周列國全傳》。作者有
　　　　兩種說法，一、是明代鍾山逸叟許介琳撰（南直隸應天府人，生平不詳）；一
　　　　是明代道士陸西星所作（字長庚，南直隸興化縣人，爲諸生，著有《南華經
　　　　副墨》、《方壺外史》等書，並有詩傳世）。依據孫楷第（1898～1989 年）之
　　　　考證，題作者爲陸西星。全書二十卷一百回，乃敘述周武王弔民伐罪、擊敗
　　　　商紂王的故事。所述之人物形像、武器法寶想像奇特，流傳頗廣。參閱陸西
　　　　星撰、鍾伯敬評、楊宗瑩校，《封神演義》（臺北：三民書局股份有限公司，
　　　　1991 年 4 月）頁 1。
〔註142〕2013.11.21 下午於桃園青田街廖昆章租屋處訪談記錄。
〔註143〕許多藝師所標榜其擅長劇目或常演劇目有《封神榜》或《封神演義》者，其
　　　　實也大多僅是以「哪吒」乙節爲多。當然還是有少數主演曾錄製幾近全本的
　　　　《封神演義》故事，以提供做錄音形式演出之使用。如：「黑鷹掌中劇團」柳
　　　　國明（1954 年生，師世界派黑人陳山林）、「磐宇聲五洲掌中劇團」陳文生
　　　　（1955 年生，師「台中第一樓」林瓊琪）……等。

也就較無大礙。

「新天地」黃聰國所編的《哪吒傳奇》原則上幾乎全皆依照原小說之事件與次序一路發展下來，但只引用了第十二回與第十四回；而第十三回「太乙真人收石磯」關目是全然未提，並僅止於太乙真人為哪吒蓮花化身後即收尾結束。從其關目編排上較似「民戲」演出的結構，故其場次瑣碎，多達 23 場。此不難看出《哪吒》此戲在民戲上所演出的傳統基本形式。茲就劇本上所呈現的分場，將「新天地」與「臺北木偶劇團」在場次上的正名列如下表：

表4　臺北木偶劇團《哪吒小英雄》、新天地掌中劇團《哪吒傳奇》場次對照表

臺北木偶劇團《哪吒小英雄》		新天地掌中劇團《哪吒傳奇》			
序　場	靈珠降生	第 1 場	舖　敘	第 13 場	戲　水
第 1 場	真人賜名	第 2 場	詔　旨	第 14 場	究　因
第 2 場	慈親教子	第 3 場	校　閱	第 15 場	勃　谿
第 3 場	哪吒鬧海	第 4 場	分　娩	第 16 場	斬　龍
第 4 場	龍王問罪	第 5 場	頑　靈	第 17 場	噩　耗
第 5 場	真人開導	第 6 場	得　子	第 18 場	尋　仇
第 6 場	逐出家門	第 7 場	命　名	第 19 場	伏　龍
第 7 場	拜別父母	第 8 場	習　武	第 20 場	集　眾
第 8 場	李靖毀廟	第 9 場	下　山	第 21 場	議　論
第 9 場	真人解救	第 10 場	見　親	第 22 場	悔　過
第 10 場	化消恩仇	第 11 場	玩　心	第 23 場	重　生
（詳附錄二）		第 12 場	請　示	（詳附錄一）	

若以近兩小時以內的文化場演出，場景太過零碎就得考驗著幕後工作人員的換景速度與功力，而以「新天地」《哪》劇的演出主要的還是以背景黑幕及走雲景〔註144〕，僅於幾場主要場景頂多擺置少數較為立體的造景，或如在第 14 場「水晶宮」景在舞台前幕以垂吊條狀的透明塑布，加上泡泡機以營造

〔註144〕見本論文第五章第四節內文。

水底景觀。而「臺北木偶劇團」的分場是比較符合現代劇場的習性,在這 11 場中雖也有 19 個景,不過最重要的是已經做了舞台的分區處理,加上燈光的區位控制,畫面分割做「蒙太奇」(Montage)〔註145〕式的手法,讓場與場之間的節奏更為緊湊,因此在同場關目中亦可呈現多個畫面。

在原小說中對於太乙眞人調教哪吒習武、哪吒藝成下山、會見雙親等之關目並未多加著墨。而兩團在《哪》劇中特別增置了哪吒習藝場景,除了強調哪吒高強的武藝外,無非是為表現戲偶武戲的一些噱頭〔註146〕。「新天地」的關目取材乃從原小說中的第十一回「羑里城囚西伯侯」的最後一段,乾元山金光洞太乙眞人接獲崑崙山玉虛官白鶴童子所送達的玉札,交咐須將靈珠子送下山的指令,做為第一場為「舖敘」,而「新天地」把此傳令的白鶴童子角色更改為太白金星。其他順序大多與原小說同,甚至連角色的口白亦直接取用小說中文字。直至太乙眞人為哪吒蓮花化身後,太乙眞人即對哪吒說「哪吒,如今吾借蓮花助你再生,先前之事該與你重生而煙消雲散,不可心生報復之念。今後,你的任務是到西岐輔助你的師叔姜子牙,興周滅紂。」最後以旁白:「日後姜子牙七十二歲下崑崙在西岐登台拜將,扶周滅紂。哪吒遵守太乙眞人教誨,克守其則,不敢忘怠,終在眾人合力之下,除暴安良,成為人人尊敬的三太子李哪吒。」〔註147〕語畢即劇終。至於第十三回「太乙眞人收石磯」關目中僅接到龍王敖光被哪吒拔龍鱗乙節,其他有關「乾坤弓」、「震天箭」,以及骷髏山白骨洞的「石磯娘娘」等關目是全不涉及。

「臺北木偶劇團」乃直接從李府李靖之妻殷氏產肉球之事件起。改原小說所述,哪吒的法寶混天綾與乾坤圈,並非一出生即附在其身,而是太乙眞人所贈之見面禮。在太乙眞人為哪吒取名後,也未直接將哪吒攜回乾元山金

〔註145〕 蒙太奇(Montage)有「組合」的意思,原為建築學術語,後來逐漸在視覺藝術等衍生領域被廣為運用;是一種藉由拍攝鏡頭大量使用拼貼剪輯的電影手法。在《哪吒小英雄》中,由於有其區位的劃分,做了舞台中線(center)的處理,故有些場次的人物下場並不是從舞台景框的兩旁下,而是人物走到中線時即下沉消失。

〔註146〕 「新天地」在此場景中,表現哪吒的武藝,除了展現出戲偶的變大變小形象外,更利用一些金光布袋戲的特效,如金光盤、去漬油、勝利之花、燒怕電(sio-phà-tiān)等(詳見本論文第五章第四節),甚至製作爆破道具。而「臺北木偶劇團」則先以傳統戲偶表現傳統戲偶的武打場面,哪吒亦可變化為動物,動物與動物的對打,再加上變大成金光戲偶的武打……等。

〔註147〕 詳閱附錄一,「新天地掌中劇團」《哪吒傳奇》劇本。

光洞習藝，特別藉由太乙眞人的話，來做爲強調李氏夫婦，對於教養哪吒產生後續的衝突來做伏筆。雖也未擷取太乙眞人收伏石磯娘娘之關目。而將哪吒因好奇玩弄乾坤弓與震天箭，將誤箭死石磯娘娘愛徒碧雲童子乙節，改爲射中李靖，也爲作爲後來化解哪吒父子衝突之伏筆。並刪去後段哪吒蓮花化身後，手提火尖鎗、腳踏風火二輪轉而追殺親生父親李靖這種不合倫常之橋段。亦改原小說中靈鷲山元覺洞燃燈道人所贈李靖之「玲瓏寶塔」，爲太乙眞人用來解開父子心結的重要道具。特別再在第十場利用此寶塔爲媒介，應用了「倒敘」（Flashback）的手法，來促使父子二人能互相看到對方心理所想、了解彼此的重要關鍵。將主題意識更加凸顯出來，著實地呈現出是一部改編的「新創」作品。

在戲偶的呈現上，「新天地」的主體是以「電視」（金光）大戲偶爲主；而「臺北木偶劇團」是以「傳統」的小戲偶爲主。但在兩齣《哪》劇中某些場景，亦皆運用了傳統、金光兩種戲偶的同時出現。「新天地」使用的場景較爲單純，僅用於在武戲打鬥中，爲顯現神話人物皆具有「神力」，可變大變小的功力。而「臺北木偶劇團」則用於區別人物內心深沉的另外一面，在眞實與虛幻中同時存在的空間

圖 4-4.1
《哪吒小英雄》運用燈光與
區位來呈現人物內心的另種聲音

處理，或需做一些特殊效果時得用大戲偶來呈現的場景。

承前文所述，因應文化場的演出畢竟與民戲的演出性質是截然不同，除了得考量時間長度的限制外，在整個劇本關目結構就得有所濃縮，宛如視同現代劇場的規模概念來製作一齣符合屬於現代人所觀看的布袋戲演出。回顧臺灣布袋戲的變遷史，不也是這樣，迎合觀眾的需求才是主演創作主要動力。當然，運用時代的語言亦然。就「新天地」的《哪吒傳奇》即使是爲文化場而編排設計的一場演出，但很顯然的就是傳統舊式的關目結構與呈現方式，對白亦近似原小說所用之語法。而「臺北木偶劇團」的新編《哪吒小英雄》是用現代家庭教育的角度，重新來詮釋這齣戲，很鮮明地刻意強調父親李靖的管教方式是嚴守鐵的紀律、母親殷氏則是愛的教育，來浮現家庭教育對子

女產生衝突與矛盾。亦擺脫了誠如石光生於《臺灣傳統藝曲劇場文化：儀式‧演變‧創新》一書中談到「布袋戲的哪吒形象」問題：

> 過度強調忠孝主題亦是致使人物扁平化的原因。哪吒一直被教導孝
> 順父母……〔註148〕

在《哪吒小英雄》劇中在在可以看出創作者的企圖心，刻意將人物塑造較為現代感的思維，尤其在語言上也大量的運用了現代語言，就連哪吒稱呼父親亦直接採用「爸爸！」、「媽媽！」。又如：第一場「真人賜名」

> 李靖：未曾號名，不如就請真人賜名。
>
> 太乙：就貧道所知，你有三子，長子名喚金吒，二子名喚木吒，如
> 果照五行金、木、水、火、土，所以三子可號作「水吒」
> 〔註149〕。
>
> 李靖：「水車」？阿～如果生第四個不就叫火車～
>
> 哪吒：我不要啦！我不要叫做水吒，我要做哪吒。
>
> 太乙：喔～真有主見，真好、真好，那你就叫做哪吒吧！

第二場「慈親教子」

> 殷氏：你每天都在操練兵馬，一回到家就要罵他。你也知道，這個
> 孩子，和別人不一樣，無一定是今天要讀的書都讀完了，才
> 跑出去玩的。
>
> 李靖：你又在幫他找理由了，讀書哪有嫌少。孩子早晚會被你寵壞，
> 將來變成一個什麼都不會的「媽寶（國語）」。
>
> 李靖：（對神主牌跪拜）我李氏列祖列宗啊，原諒孩兒不孝，教出
> 這麼不用功不用心的孩兒。查甫阿祖、查某阿祖、阿媽、阿
> 公、老父、老母啊，……（氣對哪吒）你竟然連這麼簡單的
> 文章都不會背，給我考兩分！
>
> 哪吒：誰說我不會背？弟子規、聖人訓、首孝弟、次謹信、汎愛眾、
> 而親仁有餘力、則學文、入則孝、父母呼。我看過就背起來
> 了，這對我來說，too eazy！

第三場「哪吒鬧海」

〔註148〕石光生，《臺灣傳統藝曲劇場文化：儀式‧演變‧創新》（臺北：五南圖書出版股份有限公司，2013年9月），頁227。

〔註149〕「水吒」與「水車」臺語音同 tsuí-tshia。

李良：洗身軀當然並不犯法，但是你不該用法寶，震動東海！

哪吒：哼！「懶得理你（國語）」，小小夜叉而已，若要講道理，叫
　　　龍王來見！

敖丙：來者何人？（音同：蒼蠅）〔註150〕

哪吒：什麼來者何神！要吃蒼蠅你不會去吃蚊仔哦？

敖丙：叫你報名。

哪吒：李哪吒。

敖丙：我駕雲來的沒開車。

哪吒：我叫李哪吒。

敖丙：我就跟你說我沒坐車，你幹嘛叫我下車？

哪吒：我姓李名哪吒。

敖丙：李哪吒膽敢闖入我東海行兇，打死巡海夜叉？

第四場「龍王問罪」

李靖：不得無禮！哪吒，繼續說下去！

哪吒：接下來有一個叫做阿扁的！

龍王：是敖丙！

以上……等。不論是應用了語言諧音的雙關性、或是大膽的摻雜了國語，甚
至英語，尤其禁用粗俗用語，以掌握現代語言幽默性，能從輕鬆的對白來沖
淡一齣看似討論沉重家庭教育的問題。這種因應文化場演出而創作的新題
材，也算是給當前布袋戲班應深思創作的一個新方向。

　　隨著大環境的變化，觀眾看戲的喜好與美學觀點同樣亦隨著時代在變，
傳統的戲齣裡固然有它制式性關目結構與其歷史價值。然而，布袋戲主演們
亦不可能一成不變地遵循老一輩的古法而釀製出同樣戲味的作品，畢竟每一
位演師的資質還是各有所不同，但追求讓自己的藝術更好的目標相信必定是
一致的。

小　結

　　總結本章各節所論，布袋戲在臺灣的發展，從所謂的「古冊戲」→「劍
俠戲」→「金光戲」，以至於現今的「文化場」型態等各時期的之劃分，其實

〔註150〕「何人」音為 hô-jîn；「蒼蠅」音為 hōo-sîn。

是並不明顯的，各有其重疊的部分，若是以其「音樂風格」來區分的話，顯然是不足以說清楚布袋戲在臺灣的發展歷史。

我們可以說在布袋戲的發展過程中，就演師個人的生長過程，實際上並不能截然明確地去劃分「傳統」、「劍俠」、或「金光」，多數劍俠戲的演師大多出身於源自傳統鑼鼓的古冊戲時期、而金光時期的演師亦多走過劍俠階段，其呈現是一脈相連、交疊發展且不可切斷之關係。而在學術上若涉及到「分類」與「起源」問題，則往往為陷入「各家之說」的爭議性。再加上前文所及「金光戲」之濫觴，無論是「劍俠戲」或「金光戲」其發端之源各家都有不同的說法。若從地域角度來看，其實各種不同說法，都可能因為當時各派所在地域，受到關注、歡迎的盛況而發聲起，自然各家也會視自我藝術為優者，這些爭議都有待續再研究的。筆者認為欲觀察臺灣布袋戲的發展，無非得從其各「關目」編排的演出上來辨識其性質與時代性，同時亦可從中探究各時期階段嬗變的樣貌。

從其發展的脈絡觀之，古籍的「章回小說」無非是主演（或編劇者）攝取題材的重要本源，只是在「古冊戲」階段，所採用的主題大多以歷史或神話事件為主；而「劍俠戲」則以武俠事件為導向；乃至「金光戲」階段，亦不難發現還是以其劍俠原有的底蘊，進而藉由主演者個人發揮無限的想像空間，以呈現既豐富、又繽紛多彩的藝術樣式。

對於關目編排技法之重點，皆不能脫離須有喜怒哀樂、忠孝節義、恩怨情仇的基本內容；在人物的塑造方面，亦是從眾人皆知的歷史故事（教忠教孝的傳統人物），進而增添了具有儒、釋、道身份、且有揚善懲惡的情節（劍俠戲人物）；再而從生活中去尋找能較貼近人性、植根民眾、有著社會縮影的戲劇性人物（金光戲或電視布袋戲人物）；甚或到了完全打破傳統行當的形貌，卻有蘊含著亦邪亦正的人物（霹靂布袋戲人物）等，各階段都有其不同的特色與風貌。而「關目」則是掌控情節曲折、高潮、衝突走向的最大關鍵。臺灣布袋戲不論在各時期的發展下，其關目的編排技法，似乎已形成了一種約定俗成的基礎「模式」，就視各主演者發揮創造力與想像力的去「套用」。因此主演亦須有豐富的人生經（體）驗，透過自己敏銳的觀察力，並能結合時事、觀眾的當下反應，以因應演出形式，濃縮關目，突顯較為戲劇性之人物性格與事件。

雖然布袋戲在臺灣的演變過程中，除了前文所介紹的「前場」與「後場」

之專職人員外，又衍生了「排戲先生」一職來協助主演編排關目情節，對布袋戲的發展或許有著加分的作用。馳名於布袋戲、歌仔戲界的「排戲先生」吳天來亦曾說：「編劇的秘訣是讓主演與角色融為一體，發揮戲劇效果。」〔註151〕這更反應了編劇者就如同是一根針線，如何將表演者（主演）與角色（戲偶）串成一體，則得需有更大的技巧與經驗。

隨著時代大環境的變遷，布袋戲的風華時代早已不復見，曾歷經布袋戲各階段的重要主演卻逐漸凋零、老去，往日的盛況也只能憑著老藝人支離片段的記憶裡去追尋拼貼，或由少數先輩的研究記載，來判斷往日之景象。綜觀當前於臺灣布袋戲戲班裡的主演所承襲到的大多僅是其師門所曾馳名過的演出「劇目」而已，更甚者雖能承其劇目，但在內容安排上也漸大異其趣，更遑論能夠如前文所述，優秀的主演須有著傳統基礎，又有著豐富的創造力及關目編排的高度技巧，能即興自如地於場上發揮引人入勝的布袋戲演出。

早期的前輩藝師雖受教育的機會不高，卻能唯秉持著自奮努力、自我要求的向學態度，藉由跟隨師父的機會與經驗吸收學習，更甚者還能創發出優於其師，屬於自己風格與特色的技藝。而今卻由於演出環境、時勢條件的變異，演出的機會日益銳減，演師之技藝已未可同日而語，加上新一代的演師往往缺乏自覺性、與自我檢討的觀念，往往抱以不求甚解的心態。這無非加速促使這些深值被傳承的寶貴技藝（或藝術），殆於失傳之窘境。故將布袋戲藝術推向更精緻化的製作，儼然也將成為一種走向，否則就一直停滯於既不能超越前輩的成就，又毫無進步的局面。而加入了新觀念、融入現代編、導的新手法，讓這項藝術分工的更精確，或許能讓主演更專注於演出上的表現，發揮的更得心應手。這也是現代主演者所要適應與磨練的工作。

因此，在重視活絡布袋戲生態發展與世代傳承的前題下，除了鼓勵演師在技藝上須不斷地精進並發揮其創造力外；另一方面，對於布袋戲演出市場的開發、增進新觀眾的培養，也是所應重視的課題之一。

〔註151〕詳閱林明德，《典藏──小西園偶戲藝術》（臺北：中華民俗藝術基金會，2012年 11 月），頁 79。